精品课程新形态教材
“双创”型人才培养优秀教材
21世纪应用型人才培养教材

大学生创新创业素养教程

DAXUESHENG CHUANGXIN CHUANGYE SUYANG JIAOCHENG

主编◎吴自爱　余丙南　陈建兵

哈爾濱工業大學出版社
HARBIN INSTITUTE OF TECHNOLOGY PRESS

内容简介

本书是创新创业教育的通识课程教材。本书为了帮助大学生培养创新创业精神，激发创业意识，提高创新创业能力，系统地从创新创业基础知识、创新思维培养、大数据与创新创业、捕捉创业机会、编制创业计划、组建与管理创业团队、运用管理新创企业、聚焦创新创业活动等八个方面进行论述，培养大学生创新创业的知识、能力和素质，促进大学生创新创业就业全面发展。本书的特点是项目驱动和任务导向，每个章节都有具体的项目和任务，以帮助大学生将所学的知识转化为实践能力。

本书适用于通识课程，特别是那些对创新创业感兴趣的大学生，任何有志于成为创新创业领域专家、创业者或创新创业企业管理者的人都可以从本书中获得实用的知识和技能。

图书在版编目（CIP）数据

大学生创新创业素养教程 / 吴自爱，余丙南，陈建兵主编. — 哈尔滨：哈尔滨工业大学出版社，2023. 8

ISBN 978-7-5767-1030-4

Ⅰ. ①大… Ⅱ. ①吴… ②余… ③陈… Ⅲ. ①大学生-创业-教材 Ⅳ. ①G647. 38

中国国家版本馆 CIP 数据核字（2023）第 177103 号

策划编辑　杨秀华
责任编辑　佟　馨
封面设计　唐韵设计
出版发行　哈尔滨工业大学出版社
社　　址　哈尔滨市南岗区复华四道街 10 号　邮编 150006
传　　真　0451-86414749
网　　址　http：//hitpress. hit. edu. cn
印　　刷　涿州汇美亿浓印刷有限公司
开　　本　787mm×1092mm　1/16　印张 15. 5　字数　397 千字
版　　次　2023 年 8 月第 1 版　2023 年 8 月第 1 次印刷
书　　号　ISBN 978-7-5767-1030-4
定　　价　47. 90 元

编写委员会

主　编：吴自爱　余丙南　陈建兵

副主编：汪恭敬　谢杨梅　王家成　洪　锋
洪为宝　王　娟

编　委：朱德权　李应华　刘丽霞　陈周庆
谭　庆　王来宾　陈丽雯　董春雷
张　汀　罗佳艺　岳国庆　柳思维
王丽娟　赵　娣　郭淑娟　冯尊武
汪根生　舒仁伟

前 言

PREFACE

作为一本创新创业教育通识教程，本书将创新创业教育融入应用型人才培养体系，旨在培养大学生的创新创业精神，激发大学生的创业意识，提高大学生的创新创业能力，从而促进大学生创新创业就业全面发展。

党的二十大报告指出："必须坚持科技是第一生产力、人才是第一资源、创新是第一动力，深入实施科教兴国战略、人才强国战略、创新驱动发展战略，开辟发展新领域新赛道，不断塑造发展新动能新优势。"实施创新驱动发展战略要以科技创新为核心推动全面创新，创新是第一动力，创新创业已经成为一种非常重要的能力。作为一名大学生，需要具备这种能力以应对未来的挑战。为此，我们编写了本书，希望能够帮助大学生们掌握创新创业的基本知识和技能，激发他们的创业意识，提高他们的创新创业素养。

本书涵盖了创新创业的各个方面，从创新创业基础知识、创新思维培养、大数据与创新创业、捕捉创业机会、编制创业计划、组建与管理创业团队、运营管理新创企业、聚焦创新创业活动八个方面，系统地介绍了大学生创新创业的知识、能力和素质。

通过本书的学习，大学生能够获得以下收获：

1. 培养创新创业精神，增强创业意识。
2. 学习创新思维方法和技巧，提高创新能力。
3. 掌握大数据分析的基本知识和技能，了解如何运用大数据开展创新创业活动。
4. 学会捕捉创业机会和制订创业计划的方法，提高创业成功率。
5. 掌握如何组建和管理创业团队的技能。
6. 学习如何运用管理知识和技能，提高新创企业的管理水平。
7. 参与创新创业活动，增强创业实践能力。

本书的特色是项目驱动、任务导向。我们相信，只有通过实践，学生才能真正掌握创新创业的核心要素，而不仅仅是理解概念。因此，在每个章节的结尾，我们都提供了一系列实践任务，让大学生在完成任务的过程中不断提高自己的能力。我们深信，这种任务导向的教学方法可以帮助大学生更好地理解创新创业的实践要素，同时也有助于提高大学生的自我学习和创新能力。本书从理论和实践两个角度，对大学生创新创业相关内容进行了详细的阐述，同时配合了各种案例和实例、项目和任务，让大学生可以更好地理解和掌握这些内容。

最后，要感谢所有参与本书编写的人员，他们的辛勤工作和付出使得本书能够如期完成。也希望本书能够成为大学生创新创业教育的重要参考书，为广大学生提供有价值的创新创业素养培训。要感谢所有为本书的编写和出版做出贡献的人，包括作者、编辑和出版社。特别感谢菲律宾莱西姆大学马尼拉校区公共政策和管理罗佳艺博士、菲律宾国家大学计算机科学博士岳国庆、菲律宾克里斯汀大学教育学博士刘丽霞、菲律宾克里斯汀大学国际商务学博士冯尊武、安徽省烟草公司池州市公司标准化工程师舒仁伟对项目案例和任务设计的编写。特别感谢王来宾、王丽娟、赵娣、郭淑娟和柳思维对各章节的建议。希望本书能够成为大学生掌握创新创业知识和技能的重要工具，帮助大学生掌握创新创业的基本知识和技能，提高创业成功率，促进创新创业就业全面发展。

编　者

2023 年 7 月

目录

CONTENTS

第一章 创新创业基础知识

【学习目标】

理解：理解创新、创业的基本概念，理解创新创业教育、职业生涯规划的基本概念，理解创新的特征、要素和分类，理解创新精神、创业精神的基本概念。

掌握：掌握国内外创新、创业相关理论研究现状，掌握创新创业教育与职业生涯规划的关系，掌握创新创业的内涵和本质，掌握我国创新创业政策的历史沿革。

应用：运用熊彼特的创新理论分析创新创业案例；设计职业生涯规划；运用文献调研法，调研国内外各高校创新创业教育的发展现状。

【思政目标】

“创新创业基础知识”章节，可以围绕以下三个方面来设计思政内容：

1. 传递积极向上的价值观念

可以通过故事、案例、视频等方式，让大学生了解成功的创业者和企业家的精神品质和成功经验，并引导大学生认识到价值观念在创业过程中的重要性。

2. 引导大学生积极参与社会创新创业实践

可以通过学校的创新创业项目、企业家实践基地、创新创业比赛等平台，让大学生亲身体验创新创业的过程，学习创业的基本技能，培养实践能力和团队合作精神。

3. 引导大学生关注社会责任和公益事业

可以通过故事、案例、视频等方式，介绍一些成功的社会企业家和企业，让大学生了解他们是如何创新创业并解决社会问题的。

第一节　创新与创业

案例导入

项目 1-1：TT 科技公司——激发未来的能量创新

背景：

TT 科技公司是一家创新的清洁能源技术公司，由一群对环境问题深感担忧的年轻工程师和科学家组建，致力于开发高效、可持续的能源解决方案。他们的目标是推动能源行业的转型，减少对传统化石燃料的依赖，为全球提供更清洁、更可持续的能源供应。

创新：

TT 科技公司的创新点在于他们开发出一种独特的太阳能技术，利用了太阳能发电和储能系统的整合，解决了太阳能行业中的两个主要问题：不稳定的供电和能源存储。他们设计了一种高效的太阳能板，并结合先进的电池技术和智能能源管理系统，实现了对太阳能的捕捉、存储和使用的最佳优化。

创业过程：

TT 科技公司的创始团队经过多年的研究和实验，成功地开发出了他们的太阳能技术，并获得了一项关键的专利。为了推广他们的技术，他们在全球范围内积极寻找合作伙伴和投资者。最终，他们与一家领先的能源公司达成合作协议，该公司提供资金和市场推广支持，帮助 TT 科技公司将他们的创新技术推向全球市场。

成功影响：

TT 科技公司的太阳能技术在市场上取得了巨大成功，被消费者和企业广泛认可和采用。由于该技术的高效性和可靠性，许多家庭和企业纷纷采用了 TT 科技公司的太阳能系统，实现了对清洁能源的切换，减少了对传统能源的依赖，并节约了大量的能源费用。

同时，TT 科技公司的创新技术也受到了国际社会的广泛关注和认可。他们的技术在一些发展中国家得到了应用，帮助那些没有电力供应的地区改善能源状况，提供可持续的电力解决方案，改善了当地居民的生活质量。

总结：

通过创新的技术和积极的创业精神，TT 科技公司成功地开创了一个全新的市场，并为清洁能源领域做出了重要贡献。

（资料来源：编者根据相关资料编写。公司名字为化名。）

思考：

1. 创新是TT科技公司成功的关键因素之一。你认为创新在创业中的作用是什么？为什么创新对于一个创业公司的成功至关重要？

2. 哪些理论能够支撑创新创业？

一、创新

创新始终是推动一个国家、一个民族向前发展的重要力量。党的十八大以来，以习近平同志为核心的党中央高度重视科技创新，提出“实施创新驱动发展战略”等重大决策部署，我国把创新的重要性提升到了前所未有的高度。在经济社会领域专家座谈会上，习近平总书记强调：“以科技创新催生新发展动能。实现高质量发展，必须实现依靠创新驱动的内涵型增长。”创新已成为我国经济高质量发展的重要底色。我国政府一直致力于促进创新和科技发展，围绕创新驱动和科技发展，我国实行了以下相关战略和政策：第一，“创新驱动发展战略”。该战略强调创新对我国未来经济发展的重要性，并提出了一系列政策措施，如加强知识产权保护、优化科技创新环境等。我国创新驱动发展战略的有效实施，正在有力地推动经济发展质量变革、效率变革、动力变革，提高全要素生产率，对于转变发展方式、优化经济结构、转换增长动力、实现高质量发展有着重要的促进作用。第二，“双创计划”。该计划旨在鼓励创业和创新，特别是在技术领域。政府提供各种资源和支持，例如创业孵化器、科技金融等，以帮助初创企业发展壮大。第三，“中国制造2025”。该计划旨在推动我国制造业的转型升级，以实现高质量的发展。该计划涉及各个方面，如提高生产效率、加强自主创新能力、推广新能源等。第四，“国家自主创新示范区”。政府鼓励各地区建设自主创新示范区，以推动技术创新和产业升级。这些示范区可以享受一系列优惠政策，如税收减免、科技创新基金等。第五，“数字中国建设”。该计划旨在推动数字化和信息化建设，包括加强数字基础设施建设、推广人工智能技术应用等。政府将加大对数字经济和数字社会的支持，以促进创新和发展。这些政策的实施，将有助于我国推进创新和科技发展，提高经济质量和效益，实现可持续发展。

随着我国经济进入高质量发展阶段，对于人才的需求和要求也在不断提高，特别是在“大众创业、万众创新”的背景下，大学生不仅需要掌握专业的技能，还应具备创新意识、社会责任感及实践能力，因此，需要从理论和实践两个角度来审视大学生关于创新和创业的认知。

创新，顾名思义，创造新的事物。《广雅》：“创，始也。”新，与旧相对。创新一词出现很早，如《魏书》中有“革弊创新”，《周书》中有“创新改旧”。创新，已经成为21世纪最为响亮的词语，是一个社会发展的动力，是一个民族进步的灵魂，是一个国家经济增长的驱动力。创新遍布人类的方方面面，如观念、知识、技术的创新，政治、经济、商业、艺术的创新，工作、生活、学习、娱乐、衣、食、住、行、通信等领域的创新等。可以说，创新本身是一门学问。这门学问做好了，学好了，就能帮助人们在从事创新活动时，少走弯路，多走捷径；创新有助于促进社会消除各种抑制或阻碍创新的干扰和屏障，从而充分挖掘和调动人们所具有的巨大的创新潜能；创新有助于提高全民族的创新素质，增进国家在创新基础上真正而持久的繁荣昌盛。这门学问，我们可以叫它“创新学”。

自熊彼特 1912 年在《经济发展理论》中首次系统提出“创新”这一概念以来，经过 100 多年的持续发展，各国学者对创新理论与政策进行了深入而广泛的研究，取得了大量的研究成果。

（一）国内创新学的理论研究

我国对创新学的研究始于 20 世纪 80 年代对技术创新方面的研究。傅家骥先生对技术创新的定义是：企业家抓住市场的潜在盈利机会，以获取商业利益为目标，重新组织生产条件和要素，建立起效能更强、效率更高和费用更低的生产经营方法，从而推出新的产品、新的生产（工艺）方法，开辟新的市场，获得新的原材料或半成品供给来源或建立企业新的组织。此定义是从企业的角度给出的。彭玉冰、白国红也从企业的角度为技术创新下了定义：“企业技术创新是企业家对生产要素、生产条件、生产组织进行重新组合，以建立效能更好、效率更高的新生产体系，获得更大利润的过程。”

学者陈伟构建了创新管理学科架构体系。1994 年，陈伟提出创新的第三种不确定性、创新追赶陷阱模型、以工艺变化为中心的产业创新模型等。1996 年，陈伟在科学出版社出版我国第一部《创新管理》专著，成为该领域奠基之作。专著思路架构领先于欧美同领域学者。1992—1995 年，陈伟承担国家“八五”重大项目“中国技术创新理论研究”之子课题“技术创新过程组织”；1999 年，项目获国家教育部科技进步一等奖。2007 年，陈伟在《财富》杂志（中文版）开设创新专栏。

进入 21 世纪，在信息技术推动下知识社会的形成及其对技术创新的影响进一步被认识，科学界进一步反思对创新的认识：技术创新是一个科技、经济一体化过程，是技术进步与应用创新“双螺旋结构”共同作用催生的产物。党的十八大以来，在“大众创业、万众创新”的时代背景下，创新已成为各领域、各行业发展的驱动力。

（二）国外关于创新概念的研究

1. 创新理论的奠基之作——熊彼特的创新理论

美籍奥地利经济学家熊彼特与凯恩斯于 1883 年同年诞生。20 世纪 30 年代左右，熊彼特与凯恩斯几乎同时创立并完善了自己的学说。由于 1929 年爆发了世界性的经济大萧条，凯恩斯对以前背离现实的萨伊等人的经济理论进行了批判，在 20 世纪 30 年代建立了自己的新经济学说。经济学史上称之为凯恩斯革命。此后 30 多年，凯恩斯的经济学说一直扮演主流经济学的角色。与此同时，熊彼特于 1912 年在《经济发展理论》一书中提出“创新理论”后，又于 1939 和 1942 年分别出版了《经济周期：资本主义过程之理论的、历史的和统计的分析》（*Business Cycle：A Theoretical，Historical and Statistical Analysit of Capitalist Process*）《资本主义、社会主义与民主》两部专著，对创新理论加以补充和完善，形成了以创新理论为基础的独特的理论体系，开创了创新理论的先河。其创新理论主要包括以下五点：

第一，创新的内涵。熊彼特首先提出了用以解释资本主义经济发展和周期的理论。第二，创新的主体是“企业家”。熊彼特把“新组合”的实现称为“企业”，那么以实现这种“新组合”为职业的人们便是“企业家”。第三，创新必须能够创造出新的价值。熊彼特认为，先有发明，后有创新。发明是新工具或新方法的发现，而创新是新工具或新方法的应用。第四，建立资本市场及其运转是实现创新的制度条件。熊彼特认为，在资本主义制度下，资本与高度发达的信用制度是企业家实现创新的必要条件。他认为信用使得个人能够在某种程度上不依靠继承的财产而独立行事，信用对企业的最初建立是必要的，信用机制一旦建立就会占领旧的组合。第五，有两种模型途径来实现创新。模型之一，由企业家来推动实现创新，企业家在该模型中起到至关重要的主导作用；模型之二，垄断企业对创新的巨大影响。

熊彼特认为创新不仅是技术创新，还包括制度创新。他这种开创性概念的提出为西方创新理论的研究做出了巨大的贡献。但由于熊彼特只是从经济的长期发展和历史结构变化的角度，为了揭示资本主义经济发展的根本规律来研究创新问题的，因此，他不可能深入研究创新的机制、过程、影响因素、创新系统等，对制度创新的理解也比较狭窄。

2. 创新理论的发展

到 20 世纪 60 年代，随着新技术革命的迅猛发展，美国经济学家华尔特·罗斯托提出了经济发展阶段论，把“创新”的概念发展为“技术创新”，把“技术创新”提高到“创新”的主导地位。

1962 年，由伊诺思在其《石油加工业中的发明与创新》一文中首次直接明确地对技术创新下定义，“技术创新是几种行为综合的结果，这些行为包括发明的选择、资本投入保证、组织建立、制订计划、招用工人和开拓市场等”。伊诺思的定义是从行为集合的角度来下定义的。而首次从创新时序过程角度来定义技术创新的林恩认为技术创新是“始于对技术的商业潜力的认识而终于将其完全转化为商业化产品的整个行为过程”。

20 世纪七八十年代开始，有关创新的研究进一步深入，开始形成系统的理论。厄特巴克在 20 世纪 70 年代的创新研究中独树一帜，他在 1974 年发表的《产业创新与技术扩散》中认为：“与发明或技术样品相区别，创新就是技术的实际采用或首次应用。”缪尔赛在 20 世纪 80 年代中期对技术创新概念做了系统的整理分析。在整理分析的基础上，他认为：“技术创新是以其构思新颖性和成功实现为特征的有意义的非连续性事件。”

1987 和 1988 年，英国的弗里曼相继出版了《技术政策与经济绩效：日本国家创新系统的经验》和《日本：一种新的国家创新系统》，突出了创新的系统性。作者分析了日本特别是通产省的“技术立国”政策及其在推动全国性的技术创新中的作用，提出了国家创新系统是日本经济高速发展的核心驱动力，从而拉开了世界范围内国家创新系统研究的序幕。弗里曼认为创新不仅仅是企业家的功劳，主要是由国家创新系统推动的。国家创新系统是影响创新资源的配置及其利用效率的行为主体、关系网络与运行机制的综合体系。

创新理论的另外一个分支是制度创新论。制度创新论以两个流派为其代表：一是以加尔布雷斯、缪尔达尔、海尔布伦纳等人为代表的制度学派。该学派以现行体制的反对派和批判者的身份，对现存制度进行抨击，认为应从根本上改变现存制度才能促进创新，被学术界称为新马克思主义派。二是以科斯、诺思为代表的新制度经济学派。该学派以新古典经济学的方法研究制度，认为由于存在交易成本，制度将影响到资源配置的效率；市场失败是存在的，但解决的关键在于制度安排；历史上经济增长的源泉来自有效率的制度安排，不是单纯的技术革新和进步，技术革新和技术进步是经济增长的表现，而不是源泉；制度在经济运行过程中具有内生性与稀缺性，经济增长的关键在于制度因素。显然从技术创新新古典学派，到以曼斯费尔德、卡罗为代表的技术创新新熊彼特学派，再到较近的创新理论，无论是以弗里曼和纳尔逊为代表的国家创新系统学派，还是加尔布雷斯、缪尔达尔、海尔布伦纳等的制度创新论，都越来越重视国家、制度系统对创新的影响。

总之，创新理论研究系统化的趋势日益明显，学术界已经认识到国家、制度对创新的引进、消化、应用和扩散等起着重要作用，西方有关政府不应介入企业和社会创新行为的观念也由于国家创新理论的普及而瓦解。由此，创新系统理论日益为各国所关注，体现在我国就是实施创新型国家战略。

综上所述，创新学研究正呈现出由创新经济学、创新管理学、创新哲学相互集成并形成创新学的趋势。国际创新理论的发展趋势与国内创新实践的迫切需求，构成了创新学产生的基础和动力。

二、创业

创业是极具挑战性的社会活动，是对创业者自身智慧、能力、气魄、胆识的全方位考验。创业活动是经济发展的基本推动力之一，已经成为市场经济运行的一个基本职能，在一个国家的经济发展过程中扮演着重要角色。由于创业活动对经济增长和劳动就业的重要作用，国内外学术界加速了有关创业学的新知识的探索和研究。自 1947 年哈佛大学商学院开出第一门创业课程以来，创业学作为一门新兴学科得到了迅速的发展，取得了一定的成就，并正在走向成熟。

（一）国内创业学的理论研究

相较于国外，我国的创业理论研究起步较晚，但在创业浪潮和国外创业学研究的推动与影响下发展较为迅速。特别是 21 世纪以来，国内创业学研究开始升温，不断有创业学相关新作问世。近些年来，关于创业学术研究更加受到关注，许多学者从各自的专业角度探索研究我国创业学学科领域的各种问题，如中国创业学学科体系、学科定位、研究对象、核心概念等。虽然这些内容目前还没有形成一致的定论，但一些学者研究发现，我国创业研究正朝着独立的学科领域方向发展。诸如：①经济学视角。学者李新春和朱仁宏将创业活动看成创业家、创业环境与机会交互的过程并试图从中构建企业家理论和创业理论。②社会心理学视角。学者贾文华从行为动力理论、创造心理、发展心理、教育心理等角度分析了创业教育的心理基础，并据此对创业教育的实施途径进行了探讨。③教育学视角。学者张玉利认为创业是一种素质教育，现实中人们对创业的理解仅是建立新企业和商业个体形成，这些意识是我国创业教育面临的最大障碍。

伴随着知识经济时代的到来，创业在世界各国都越来越受到关注和重视。现阶段，高校大学生的创业，已形成创业理论和实践并存，理论主要在于创业教育、创业意识培养等方面，实践主要在于大学生创新创业训练、创新创业学科竞赛、创业孵化、创客空间建设等方面。

（二）国外创业学的理论研究

1. “创业”名词的提出

理查德·坎蒂龙（Richard Cantillon）是 18 世纪著名的经济学家和作家，被许多人认为是术语“企业家”的创造者。他用这个词来指在寻求机遇的过程中扮演积极承担风险角色的人。18 世纪晚期，创业的概念被拓展到不仅仅包括承担风险，还要策划、引导、组织甚至拥有生产要素。

2. 创业理论的形成与初步发展

产业革命的技术创新提供了连续发明和创新的推动力，19 世纪成为创业活动的多产时期。在 19 世纪早期，当吉恩·巴普蒂斯特·赛（Jean Baptiste Say）提出创业所得的利润与拥有资本而产生的利润是不同的、是相互独立的这一理论后，把创业过程看作一系列独特活动的观点更加盛行了。吉恩·巴普蒂斯特·赛把创业理论的内容扩大了。

3. 创业理论的丰富阶段

20 世纪后期对创业理论进一步丰富和发展的学者是彼得·德鲁克（Peter F. Drucker）。他的有关创业理论主要是：使机会最大化的内容。他为创业的概念添加的观点是，企业家们对机会的认知和采取的行动。德鲁克提出，创业不仅仅是在有蓝图的情况下发生，也会作为对企业家如何看待未曾使用、未曾开发的机会的一种回应而产生。进入 21 世纪，研究者们仍在继续研究企业家及其创业历程，从全球范围来看可以得出这样的结论：创业在一个国家的经济增长中起着重要的作用。

项目实操

项目实操名称：“创新加速器”实操

［项目情景］

项目 1-2：创新加速器

背景：

根据熊彼特在《经济发展理论》中提出的创新理论，创新是推动经济发展的核心驱动力。为了促进创新和支持创业者，某高校大学生创新创业团队（以下简称大创团队）设计了一个创新加速器项目，旨在提供资源、指导和网络支持，帮助创业者将他们的创新想法转化为可行的商业项目，并推动经济的发展和增长。

项目目标：

该创新加速器的目标是培育创新创业者，促进他们的项目快速发展，并帮助他们实现商业化成功。通过提供资源、指导和网络支持，大创团队希望能够加速创业者的学习和成长，并提供必要的支持和平台，以使他们的创新想法得到有效实施。

项目实操步骤：

1. 招募和筛选创业者

通过广泛的宣传和申请流程，招募有创新想法和潜力的创业者。筛选过程中，重点考虑项目的可行性、市场潜力和团队背景等因素。

2. 创业加速阶段

(1) 提供资源支持：为创业者提供办公空间、设备、技术支持和访问各类数据等必要资源，以促进他们的项目开展。

(2) 导师指导：为每个创业团队分配经验丰富的导师，提供个性化指导和反馈，帮助他们克服挑战、完善商业模式和市场策略。

(3) 行业专家讲座：邀请行业内的专家进行定期讲座，分享行业趋势、市场洞察和实战经验，帮助创业者扩展视野和知识储备。

(4) 战略合作伙伴：建立与投资机构、行业企业和大学研究机构等的合作伙伴关系，为创业者提供潜在的合作和融资机会。

3. 演示日和投资路演

定期组织演示日和投资路演，让创业者有机会展示他们的项目，并吸引潜在的投资者和合作伙伴。同时，提供投资对接服务，帮助创业者获得资金支持和战略合作机会。

4. 后续支持和孵化

对于在加速器项目中取得成功的创业者，组织与投资者的对接活动，帮助创业者与潜在投资者建立联系并获得资金支持。提供市场营销支持，帮助创业者制定市场战略、品牌推广和用户获取计划。

[项目任务]

请结合所学知识，分析以下问题：

1. “创新加速器”项目，创新体现在哪些方面？
2. “创新加速器”项目，创业实操步骤方面，还有哪些需要完善？
3. 作为专家，你对“创新加速器”项目进行评估，会提出哪些专业性意见？

第二节　创新创业教育与职业生涯规划

案例导入

项目 1-3：Career Planning——职业生涯规划的创新平台

背景：

Career Planning 是职业生涯规划的创新平台，由一群热衷研究人才发展和职业规划的专业人士创立。他们意识到许多人在面对职业选择和发展时感到困惑和无助，因此决定开发一种创新的平台，帮助个人探索职业道路、规划职业发展并实现自身目标。

创新：

Career Planning 的创新点在于他们结合了人工智能和大数据分析技术，为用户提供个性化的职业生涯规划解决方案。他们开发了一种智能算法，根据用户的兴趣、技能、价值观和市场趋势，分析职业领域的需求和机会，为用户提供最佳的职业建议和发展路径。

创业过程：

Career Planning 的创始团队通过市场调研和用户反馈，不断改进和优化他们的平台。他们与教育机构、企业和人力资源专家建立了合作伙伴关系，以确保平台上的职业信息和资源的准确性与实用性。同时，他们还积极与用户互动，收集反馈和建议，以不断改进平台的功能和提升用户体验。

职业生涯规划：

Career Planning 平台上的职业生涯规划过程如下：

自我评估：用户通过填写问卷和参与评估测试，分析自己的兴趣、技能、价值观和职业偏好，了解自己的优势和发展方向。

职业探索：基于用户的个人信息和评估结果，平台提供相关的职业领域和行业信息，帮助用户了解不同职业的工作内容、前景和要求。

职业匹配：平台利用人工智能和大数据分析技术，根据用户的个人特点和市场趋势，匹配最适合用户的职业选项，并提供相关的职业建议和发展路径。

职业规划：用户根据平台的建议和自身目标，制定职业规划，设定长期和短期目标，并制订实施计划。

职业发展支持：平台提供职业发展资源和工具，包括培训课程、导师指导、求职技巧和个人 360 度评估、职业推荐等。

（资料来源：编者根据相关资料编写。平台名字为化名。）

思考：

1. 职业生涯规划应包含哪些内容？

2. 创新创业教育对大学生职业生涯规划有哪些帮助？

3. 作为专家，你对“Career Planning 平台”项目进行评估，会提出哪些专业性意见？

创新创业教育是指培养学生具有创新意识、创业精神和创业能力等综合素质的一种教育方式，在培养学生具有创新创业能力之外，还要针对那些具有创业意向或创业项目的学生、团队进行不同程度的创新创业孵化。创新创业教育具有明显的价值导向、协调、激励等功能，为我国社会主义现代化强国培养创新型人才、应用型人才和技能型人才。职业生涯规划主要是指通过对自我认知、职业认知、职业决策等综合分析，并结合自身条件和社会环境进行主观与客观分析与总结，根据个人职业倾向，制定适合自身的职业规划与未来奋斗目标，并为目标的实现规划行之有效的方案。

一、创新创业教育与职业生涯规划的关系

（一）相辅相成

创新创业教育和职业生涯规划之间是相辅相成的。两者都是解决学生就业问题，帮助学生树立正确职业观、事业观，提升学生的就业能力、职业发展水平。不过，两者也存在不同，职业生涯规划的重点是职业规划，可以帮助学生正确认识自己并进行职业定位，提升学

生规划能力，拓展职业道路；创新创业教育重点是培养学生的创新思维、创新精神和塑造学生的创业理念。职业生涯规划可以使创业奋斗和创业发展规划具有明确的目标和努力方向，最终保证创业行动计划的可行性。若将两者有效结合，彼此互动，有助于提升学生就业竞争力，为学生带来更广阔的发展空间。

（二）职业生涯规划提高了学生创业的成功率

当代大学生在创新创业中项目的成功率低于5%，失败率高。主要的原因是大学生对于自身能力认识不够准确，对自身竞争力难以进行评估，无法发挥自身的最大优势。此外，大学生对于社会环境认识不足，对风险和机会难以判别，市场实时因素分析能力欠缺，也是导致创业失败的原因。而职业生涯规划可以帮助大学生对自己优劣势进行全面的认识，合理规划创业路径，减少创业试错，提升创业成功率。

（三）职业生涯规划提升了大学生创新创业的潜能

每个人的经历、经验和性格特质都有所不同，这些基本决定了一个人的未来发展。不同人对同一事物也有不同的看法，出现或多或少的偏差，从而得出不同的结论。职业生涯规划可以帮助大学生通过分析自身性格特质，结合学习专业背景、社会环境、个人职业偏好，制定职业发展目标。因人而异、因地制宜开展创新创业教育，尊重学生个体差异，可充分挖掘学生创新创业潜能，全面提升学生创新创业素质，拓展创新创业发展空间。

（四）创新创业教育引领大学生职业生涯规划教育

目前，大学生职业生涯规划课程与实际社会经济发展的相互联系较少，更新明显出现滞后性，此外，教学方法单一、理论陈旧、未与时俱进，对当今瞬息万变的社会环境而言，缺乏适应性和针对性，导致了职业生涯规划教育缺失个人职业创新能力培养。创新创业教育要求与日新月异的社会发展相匹配。把创新创业与大学生职业生涯规划教育相结合，有利于提高对最新职业发展的认识，能帮助大学生寻找到适合自己的工作岗位。创新思维能够帮助大学生拓展自身素质，挖掘个人潜力，提升在职场上的竞争能力，激发开拓进取精神，有利于实现自己的职业理想。职业生涯规划根据现实条件的变化随时都会发生变化，是一个动态的规划。创新创业教育可以帮助大学生进行职业方面的探索，科学规划未来，保证良好的心态，更好地学习职业所需的知识和技能，及时调整职业规划，适应外界的变化，实现自我价值。

（五）创新创业教育促进就业观转变

随着国家一系列创新创业政策的出台，全民积极参与创业，社会创新创业氛围浓厚。在互联网经济带动下，创业门槛降低，创新创业观念深入人心，促进了大学生创新创业意识的觉醒。创新创业教育鼓励大学生尝试新事物、新的工作方式，极大地提高了大学生对于自身人生规划认识的准确性，促进了大学生就业观念的转变。通过创新创业来实现自己的人生理想，为社会创造更多的财富，成为越来越多人的共识。

调整预期，强化创业能力培养，提升大学生核心竞争力，就应当重视和实施职业生涯规划教育，在大学生接受高等教育期间，为他们提供创业指导和职业生涯规划教育。从自我探索和个人能力等方面，为大学生提供良好的指导，鼓励他们对自己的职业生涯和创业做出更高的期望和预期，并对他们的社会资源做出科学分析，最终为学生的创业生涯决策做出初步引导，保证他们的创业目标具有明确性和弹性，并在此基础上，制订可行性计划，全方位加强大学生的创业能力。

二、创新创业教育推动职业生涯规划的作用

创新创业教育和职业生涯规划是密不可分的。通过创新创业教育的培养，学生可以更好地认识自己的职业发展目标和方向，并在实践中不断提升自己的能力和素质，为自己的职业生涯规划打下坚实的基础。创新创业教育，在推动职业生涯规划方面发挥着重要作用。

1. 培养创新思维和创业精神

创新创业教育强调的是创造力、创新思维和创业精神的培养，而这些能力也是职场上成功的关键因素。创新创业教育可以帮助大学生养成积极进取的心态、勇于尝试的精神和追求卓越的意愿，这些品质也会对职业生涯有所裨益。

2. 帮助职业生涯规划

创新创业教育可以帮助大学生了解不同领域的创新和创业机会，从而更好地规划自己的职业生涯。学生可以在学校里通过参加创新竞赛、创业讲座等活动来获取实践经验和行业信息，这些经验和信息会对他们日后的职业生涯规划起到重要的指导作用。

3. 增强就业竞争力

创新创业教育培养的是学生的创新能力、实践能力和团队合作能力，这些能力都是企业所青睐的。具备创新创业能力的大学生在就业市场上将更加有竞争力，他们能够更好地适应企业需要的变化和创新，更容易获得职业发展的机会。

4. 帮助大学生了解行业发展趋势

创新创业教育通常会涉及各个领域的创新和发展趋势，这对大学生了解所学专业所处行业的现状和未来趋势非常有帮助。了解行业的发展趋势，大学生可以更好地预测未来的职业需求，从而更好地规划自己的职业生涯。

5. 培养创新型人才

随着时代的变化，社会对人才的需求也在不断变化。越来越多的企业需要拥有创新思维和创业精神的人才，这些人才可以带领企业不断创新和发展。创新创业教育可以培养大学生的创新能力和创业精神，从而培养出更多的创新型人才，帮助企业更好地应对市场需求和变化。

6. 培养终身学习能力

职业生涯规划需要大学生具备自我认知和自我发展能力，而这些能力也需要终身学习的支持。创新创业教育可以培养大学生的自我学习和自我发展能力，帮助他们更好地适应职业生涯中的变化和挑战，不断提升自己的职业能力和竞争力。

项目实操

项目实操名称：职业生涯规划与大学生创新创业教育实操

[项目情景]

项目1-4：Career Path Pro ——职业生涯规划支持项目

项目背景：

Career Path Pro 是一个职业生涯规划支持项目，旨在帮助个人制订和实施有效的职业生涯规划，提升职业发展和就业竞争力。该项目致力于为个人提供全面的支持，以实现其职业目标并建立有意义的职业生涯。

项目实操步骤：

1. 需求调研与资源准备

(1) 需求调研：对目标用户（大学生、职场新人等）进行调研，了解他们在职业生涯规划方面的需求、挑战和期望。

(2) 收集资源：整理和准备相关的职业生涯规划资源，包括在线职业测试、职业指导手册、职业发展培训课程等。

2. 职业评估和兴趣探索

(1) 提供评估工具：提供在线职业评估测试，帮助个人了解自己的兴趣、价值观、技能和性格特点。

(2) 探索兴趣领域：根据评估结果，提供相关的职业领域信息和案例分析，帮助个人探索适合自己的职业方向。

3. 目标设定与规划

(1) 目标设定：帮助个人设定明确的职业目标，包括短期和长期目标，并提供目标制定的指导和方法。

(2) 职业规划：协助个人制订职业规划，包括具体的行动计划、发展阶段和时间表，以实现设定的职业目标。

4. 职业发展支持

(1) 培训和教育：提供职业发展培训课程，包括求职技巧、面试技巧、沟通能力等，帮助个人提升职场竞争力。

(2) 导师和指导：提供导师和职业指导者的支持，帮助个人获得实践经验、职业建议和行业洞察。

5. 职业资源

提供在线职业资源库，包括行业报告、就业趋势、职位信息等，帮助个人了解就业市场并做出明智的决策。

6. 职业网络和实践

个人扩展职业人脉，获取实践经验，并提升职业发展的机会。

[项目任务]

1. 请结合以上项目，系统思考创新创业教育与职业生涯规划之间的关系。
2. 请结合以上项目，设计一个基于创新创业教育的在线课程创业项目。
3. 请结合以上项目，并结合你所学的专业，设计你的职业网络和实践。

第三节　创新创业的知识与要素

一、创新的知识与要素

（一）创新的特征

第一，创新具有目的性。创新活动一定带有目的性，这个特性贯穿创新过程的始末。

第二，创新具有变革性。创新必须是对已有事物的改革和革新，是一种深刻的变革。

第三，创新具有新颖性。创新是对现有的不合理事物的扬弃，革除过时的内容，确立新事物。

第四，创新具有超前性。求新是创新的灵魂，创新具有超前性。

第五，创新具有价值性。创新必须有明显的、具体的价值，对社会具有一定的经济效益。

第六，创新具有开拓性和原创性。体现在思路的探索方面、思维的方式方法方面和思维的结论方面，独具卓识，能够提出新的见解，取得新发现，实现新突破。

（二）创新的要素

以系统论来看，完整的创新主要有四个要素：创新主体、创新对象、创新过程和创新环境。

创新主体：是创新行为的执行者，一般分为个体主体、群体主体和类主体。群体主体和类主体是由个体主体组成的，所以个体的创新是所有创新行为的基础。在创新的要素中，创新主体会推动整个创新系统运行、改变、发展，是创新决定性的要素。

创新对象：是创新主体进行创新的领域和事物，创新对象涉及政治、经济、社会、文化、科技等各个领域，可以说其范围遍布人类认识和实践活动中的所有事物。

创新过程：是创新主体从思想转变为行动，从假设和构想到创新对象的实际产生的发展过程。创新的过程一般是事物由简单到复杂、由低级到高级的，有规律的、系统性的发展过程。

创新环境：是创新主体在进行创新行为时所处的环境。创新行为是在一定的时空范围内将创新对象从无到有地创造出来。创新环境会对创新主体的创新效率和创新效果产生非常重要的影响。创新环境既包括创新氛围、创新精神、创新文化等软环境，亦包括设施、经费、场所等硬环境。

创新行为的产生是各个创新因素之间相互作用的结果，即在一定创新环境条件下的创新主体对创新对象进行创新实践的活动。

（三）创新的分类

创新研究的领域非常广泛，对创新的分类方式也有很多不同的观点。根据创新内容主要将其分为三类：管理创新、技术创新和市场创新。

管理创新一般包含观念创新、战略创新、组织创新、文化创新、制度创新、方法创新；技术创新包含产品创新、工艺创新、服务创新；市场创新包括市场发展、市场营销。

根据创新的过程特征划分，其主要分为延续型创新、构建型创新、适度创新、模组型创新、根本性创新。

二、创业的知识与要素

创业是创业者或创业团队在一定的创业环境中，通过识别和利用机会，调动一定的资源，创建新的组织，创造价值或开展业务的一个有机的、不可分割的整体或过程。创业的研究很多，但通常认为创业主要包含三个要素：创业者、创业机会和创业资源。创业者是创业的主观因素，创业机会是创业的前提，创业资源是创业者产生新的产品、服务或是新的价值的基础，是创业的保障。

（一）创业的特征

1. 创新性

创业创造的新的事物必须有一定的价值，是一个不断创新实现的过程，不仅对创业者有价值，而且对市场或消费对象也有价值。只有创新才能保持自身的竞争力，只有创新才能使创业不断地发展进步。

2. 自觉性

创业是创业者自主选择进行的行为，是其能动性的表现，需要创业者敢于冒险、勇于创新，自觉自主地为所做的事业贡献时间，付出努力。

3. 风险性

创业过程中机会与风险是共存的，所以必然要承担一定的风险。创业的风险有很多，通常包括政策风险、市场风险、财务风险、决策风险等。成功给创业者带来的是喜悦，失败带来的不仅是沮丧，还有经济的损失、人生信心的丧失。

4. 利益性

创业为客户带来价值的同时，也可以为创业者创造丰厚的利益。作为创业者来说，最重要的回报可能是由此获得经济上的独立、心理上的获得感和成就感。另外，经济的回报无疑也是很重要的。在市场经济下，货币也是衡量创业是否成功的重要尺度。

5. 曲折性

创业的过程不是一帆风顺的，充满了曲折，会出现各种困难，如市场疲软、资本不足、管理漏洞等。对此，要保持清醒的认识，只有坚持不懈、百折不挠才能成功。

（二）蒂蒙斯创业要素模型

1. 蒂蒙斯创业要素模型的要素

创业过程中有些要素推动着创业不断前行，目前，人们对创业要素总结最公认的是蒂蒙斯创业要素模型。蒂蒙斯创业要素模型是创业学领域中一个经典的模型，由著名学者威廉·蒂蒙斯于 1989 年提出，用于描述和分析创业过程中的各种要素和因素。该模型主要包括五个要素，分别是创业者和团队、市场、资本、技术和战略。

（1）创业者（Entrepreneur）和团队（Team）。

创业者指具有创造性思维和行动力的个人或团队，是创业过程中最关键的要素。蒂蒙斯认为，创业者需要具备创新能力、决策能力、领导能力和管理能力等多种素质，才能在创业过程中获得成功。创业者和团队包括创业团队、领导能力、合作伙伴等内容。

创业团队：拥有合适的、具有相关经验和技能的创业团队，能够共同实现创业目标。

领导能力：创业者需要具备领导能力，能够激励团队、解决问题并适应变化。

合作伙伴：与其他机构、专家和合作伙伴建立关系，弥补自身团队的不足并获得支持。

（2）市场（Market）。

市场是指创业者选择的行业、市场和消费者群体。蒂蒙斯认为，市场分析是创业过程中的一个关键步骤，创业者需要了解市场的需求、竞争情况、市场规模和潜在机会，以制定适当的商业计划和营销策略。市场包括目标市场、目标客户、市场趋势等内容。

目标市场：创业者需要明确选择一个具有潜在需求和市场规模的目标市场。

目标客户：了解目标客户的需求、偏好和行为，以便提供有吸引力的产品或服务。

市场趋势：了解目标市场的发展趋势、竞争格局和变化，为创业者提供指导和机会。

（3）资本（Capital）。

资本是指创业过程中所需的资金和投资来源。蒂蒙斯认为，资本是创业过程中的一个要素，创业者需要明确自己的资金需求和来源，并制定有效的融资策略，以确保项目的成功实施。资本包括资金、物质资源、网络和关系等内容。

资金：创业者需要明确的资金筹集计划，确保项目的启动和持续发展。

物质资源：确保拥有必要的设备、原材料和基础设施，以支持产品或服务的生产和交付。

网络和关系：建立广泛的人脉和关系网络，包括供应商、合作伙伴和潜在客户，以支持业务发展。

（4）技术（Technology）。

技术是指创业者所采用的技术、产品或服务。蒂蒙斯认为，技术创新是创业过程中的一个要素，创业者需要了解和掌握最新的技术趋势和技术应用，以提供具有竞争力的产品和服务。技术包括核心技术、技术可行性、知识产权等内容。

核心技术：创业者需要具备或获得必要的核心技术，以实现产品或服务的创新和竞争优势。

技术可行性：评估所采用的技术在商业化方面的可行性和可靠性，以确保能够满足市场需求。

知识产权：保护核心技术的知识产权，如专利、商标和版权等，以确保创业者的创新优势。

（5）战略（Strategy）。

战略是指创业者在创业过程中采用的战略和规划。蒂蒙斯认为，创业者需要制定明确的商业计划和策略，包括市场营销、人力资源、财务管理等方面的规划，以实现商业目标和成功实施项目。

蒂蒙斯创业要素模型是一个基础性的框架，可以帮助创业者全面理解创业过程中的各种要素和因素，并在制定商业计划和策略时提供指导和参考，旨在帮助创业者识别和评估创业机会的可行性和潜力。

2. 蒂蒙斯创业要素模型的目的

蒂蒙斯创业要素模型的目的是帮助创业者全面评估创业机会，并识别潜在的风险和挑战。通过对创业者、市场、资本、技术和战略的分析，创业者可以更好地理解创业环境，并制定相应的策略和决策。

具体来说，蒂蒙斯创业要素模型的目的包括以下几点。

（1）评估市场机会。

通过对市场的分析，创业者可以了解市场需求、竞争态势和潜在机会。这有助于创业者判断是否有足够的市场需求来支持创业项目，并找到合适的定位和市场策略。

（2）评估技术可行性。

创业者需要评估所采用的技术是否具有足够的可行性和竞争力。这包括了解技术趋势、市场接受度和技术实施的难易程度。通过对技术的评估，创业者可以决定是否需要进一步发展或改进技术，以满足市场需求。

（3）评估团队能力。

团队是创业成功的关键因素之一。创业者需要评估团队成员的能力和经验，确定是否具备实施创业项目所需的技能和知识。这有助于确保团队能够有效协作，并解决可能出现的问题和挑战。

（4）评估资源可行性。

创业过程中需要各种资源的支持，包括资金、物质资源和人力资源等。创业者需要评估是否有足够的资源来支持创业项目的启动和发展，并制订相应的资源筹备计划。

通过对市场、技术、团队和资源的全面评估，创业者可以更准确地了解创业机会的潜力和风险，并做出明智的决策。这有助于减少创业风险，增加创业成功的可能性，并为创业者提供指导和方向。

（三）创业的类型

创业可以根据不同的动机、标准、角度等，分为不同的类型。根据创业的动机可分为机会型创业和生存型创业。机会型创业指创业的出发点并非谋生，而是为了抓住市场机遇并利用市场机遇；生存型创业指为了生存而产生的创业，是在现有市场上寻找创业机会，多数属于尾随和模仿型。根据创业者的数量可分为独立创业和合伙创业。根据创业项目性质可分为：传统技能型创业、高新技术型创业和知识服务型创业。根据创业方向或风险可分为：依附型创业、尾随型创业、独创型创业和对抗型创业。此外，创业还可以有很多分类。比如：依据创业的融资形式，可以分为独资创业、合伙创业等；依据创业的主体，可以分为大学生创业、失业人员创业、退役军人创业等。

可见，创业的类型可以根据不同的分类标准进行划分。以下是几种常见的创业类型。

1. 创新型创业

这种类型的创业侧重于通过引入新的产品、服务、技术或商业模式来满足市场尚未满足的需求。创新型创业者通常具有独特的创新思维和创造力，致力于改变现有的行业和市场。

2. 复制型创业

这种类型的创业着重于复制已经成功的商业模式或经营理念，并在新的市场中进行推广。复制型创业者不一定需要创造全新的概念，而是将成功的商业模式迁移到其他地区或领域。

3. 社会创业

社会创业关注解决社会问题和提供社会价值。社会创业者通过创新性的商业模式和方法来解决社会问题，如环境保护、教育改革、贫困缓解等，追求社会、环境和经济的可持续发展。

4. 小企业创业

小企业创业者通常创建和经营小型企业，提供一定规模的产品或服务。这种类型的创业侧重于满足本地市场需求，注重经营稳定性和利润。

5. 创业创造

这种类型的创业者是基于发现和抓住机会而进行创业。他们灵活应对市场变化，不断寻找新的商机，并利用机会进行创业。

6. 科技创业

科技创业者专注于将科技创新转化为商业机会，并构建以科技为核心的创业项目。他们致力于开发和推广高科技产品或服务，如互联网、人工智能、生物技术等。

需要注意的是，以上分类只是对创业类型的一种概括，实际的创业项目往往具有多重特征和组合。创业者可以根据自己的兴趣、技能和市场需求来选择适合自己的创业类型，并灵活调整和发展创业项目。

三、创新创业的内涵和特征

创新创业是基于技术创新、产品创新、品牌创新、服务创新、商业模式创新、管理创新、组织创新、市场创新、渠道创新等方面的某一点或几点开展创新而进行的创业活动。创新是创新创业的特质，创业是创新创业的目标。

（一）创新创业内涵

创新创业是基于创新基础上的创业行动，既不同于单纯的创新，也不同于单纯的创业。创新强调的是开拓性与原创性，而创业强调的是通过实际行动获取利益的行为。因此创新创业这一概念中，创新是创业的基础和前提，创业是创新的体现和延伸。

（二）创新创业的特点

1. 风险高

创新创业是在创新基础上进行的创业，但创造出来的新事物会冲击人们固有的习惯和认知，阻碍人们对创新的接受，使得创新创业比传统创业具有更高的失败风险。正如彼得·卢德克所言，真正重大的创新每成功 1 个，就有 99 个失败。

2. 回报率高

创新创业一般都会对现有的技术、产品和服务进行更优化组合，使得资源获得更优的配置，从而创造出新的价值，开创市场领域的“蓝海”，获得超额回报。

3. 促进升级

创新创业是创新基础上的创业活动，创新是创业的基础和前提，同时创业又是创新成果的载体和呈现。创新创业在创业活动中不断优化资源配置，总结提炼，以实现创新的更新与升级，创新带动创业，创业促进创新。

（三）创新创业的本质

创新创业是具有创新能力的创业者在市场中发掘出创业机会，创造出新的商品或服务，对生产方式进行改革或为提高生产效率降低成本等而冒险，是企业家精神的体现。一般来说，创业者的卓越往往体现在其灵敏的市场嗅觉及敏锐度方面，能够快速准确地对市场机会进行辨别与捕获。同时，创新创业精神是一种基于责任心、事业心的不怕困难、永不满足、永不停息的冒险精神和首创精神。

（四）创新和创业的关系

创新和创业既有区别，又有密切联系。

1. 创新与创业的区别

许多学者尝试定义创新和创业的差异。一些学者认为，创新包括新技术的导入，创业是新财富的创造。一些学者认为，创新是结果，创业是手段。一些学者认为，创业不是创新，创新不是创业，创新可能涉及创业，也可能不涉及；反之亦然。有的学者认为创新泛指创新成果的商业价值实现过程，创业特指创建企业和创业过程。前者完全可以在现有的企业组织的框架内实现，不一定参与企业组织系统的建设；而后者必然参与企业组织系统的建设。尽管创业活动不可避免地含有创新活动，但创新不一定是创业活动。

2. 创新与创业的融合

近年来，国内外专家学者在研究创新和创业之间区别的同时，也研究了创新与创业之间的本质联系。

（1）创新是创业精神的源泉，是创业的本质。

在创业过程中，创业者需要强有力的和持续的创新精神、创新意识，才可能产生富有新意和竞争力的想法或方法，才可能不断产生新观念、新方法、新模型、新方式，最终获得创业成功。

（2）创新的价值在于创业。

在一定程度上，创新的目标是将知识、技术和市场机会转化为实物价值、生产力，促使社会财富增加。这种转化的实现最根本的途径就是创业。创业者不一定是创新成果的创新者或发明者，但必须具有能找到潜在商业机会和敢于冒险的特质；创新者也不一定是创业者，但创新成果须经由创业者推向市场，使创新价值市场化，只有这样才能将创新成果转化为实际生产力。

（3）创业促进创新。

创业可以促进新发明、新产品或新服务不断转化为实际价值和现实生产力，并促进新的市场需求产生，以进一步推动和深化新一轮的科技创新和创业，推动国家的经济增长，提高企业或整个社会的创新能力。由此可见，创新与创业有着各自的范围，创新不等于创业，创业也不等于创新。但创新与创业并不是完全相互独立或者互相对立，两者之间是相互交叉、相互渗透与相互融合的。

3. 创新与创业本质的一致性

创新和创业都是开创不同的、新颖的，同时在实践过程中可以产生正面作用的做法或结果，两者在本质上是一致的，都具有“开创”的特性。创新一般多指思维创新、理论创新、方法创新、制度创新等方面的活动，是创造活动的第一阶段；创业是创造的实践活动，是创新思维、创新理论和创新技法等在实际中的应用和体现，属于创造活动的第二阶段，这是创新的最终目的。

4. 创新是创业的前提和理论指导

在创业过程中只有具备创新思维和创新精神，创业者才能发挥出自己的聪明才智与特有的智慧。现在很多人都在有意或无意中进行创新和创业，因为大多数人并不会完全被动地去适应工作，否则难以发展，社会不会进步。我们靠着创新不断发展出新的事物、行业和职业，把各行各业推升到新的水平。

第四节　创新创业精神的内涵与特征

案例导入

项目 1-5：李某的创新创业精神——WH 科技公司

背景：

李某在创立 WH 科技公司时，中国相关市场仍然被国际巨头垄断。然而，他看到了中国市场的潜力和国际市场的需求，并决定通过创新来打破这种垄断。1997 年，亚洲金融风暴席卷了整个亚洲地区，WH 科技公司的销售业绩也受到了影响。在这个危急关头，李某决定进行一次冒险的创新尝试，他把公司的重心从销售转移到了研发上，决定推出自主研发的产品。这个决定在当时是非常大胆的，因为当时 WH

科技公司几乎没有研发经验，而且还缺乏专业的研发团队。然而，李某毫不动摇地坚信自己的决策是正确的，并将这个决策付诸实施。为了让 WH 科技公司能够在短时间内实现自主研发，李某采用了一系列创新的方法。首先，他鼓励员工大胆尝试，不断进行试错，以期找到最好的解决方案；其次，他加大了对研发部门的投入，提高了员工的待遇，吸引了一批优秀的科技人才；最后，他还不断地调整公司的组织结构，使得 WH 科技公司能够更好地适应市场的变化。经过不断的努力和创新，WH 科技公司最终推出了一系列自主研发的产品。这些产品的推出极大地提高了 WH 科技公司的市场竞争力，使得 WH 科技公司在中国的市场上迅速崛起，并逐渐走向国际舞台。

在整个创业过程中，李某始终秉持着创新创业精神，不断尝试和创新，最终实现了 WH 科技公司的快速发展和壮大。

创新创业过程：

1. 技术创新

李某认识到技术创新对于企业成功的重要性。他将大量资源投入研发和技术创新，致力于开发和推广先进的设备与解决方案。WH 科技公司通过自主创新和研发，推动了中国相关产业的快速发展。

2. 国际化战略

李某采取了积极的国际化战略，将 WH 科技公司扩展到全球市场。这种国际化战略使 WH 科技公司在国际市场上取得了显著的成果，并成为全球领先的设备供应商之一。

3. 创新文化

李某鼓励员工创新和实践，建立了积极的创新文化。他注重团队合作和知识共享，鼓励员工提出新的想法和解决方案。这种创新文化推动了 WH 科技公司的持续发展和使其不断推出创新产品。

4. 长期发展战略

李某坚持长期发展战略，注重技术研发和人才培养。他鼓励员工具有远见和耐心，关注技术趋势和市场需求，持续改进和创新。这种长期发展战略使 WH 科技公司能够在激烈的市场竞争中保持竞争优势。

影响和成功：

WH 科技公司凭借创新创业精神取得了巨大的成功。它的成功不仅在于技术和产品创新，还体现了李某积极的领导风格和创新创业精神。

（资料来源：编者根据相关资料编写。人物名与机构名称均为化名。）

思考：

1. 李某采用了哪些创新的方法来实现 WH 科技公司的自主研发？

2. 你认为李某的创新创业精神有什么值得借鉴的地方？

3. 李某的创新创业精神，体现了创新创业精神的哪些驱动力？

一、创新精神

创新精神体现了个体对主观和客观世界的开发和超越，创新精神体现了人类求真、求善、求美的理想与发展目标。

关于创新精神的概念，很多学者都有自己的见解，有的学者提出创新精神是一个综合的概念，包含了个体的创新素质的所有因素，即个体从事创新活动、创造创新成果、成为创新的人所具备的综合素质，同时也提出创新作为一种精神，主要是指人的创新思维、胆识等方面，是个体展现出来的志气、意志力量。创新精神的本质是一种主体精神，而且当个人的能力发展到一定的水平，能够主动运用自身力量改变客观世界时，才会出现创新精神。创新精神也是一种实践精神，创新来源于实践，并且体现了实践的精髓，只有通过实践才能创造新的价值。创新精神也具有时代性，当社会发展比较落后的时候，创新精神只是少数人表现出的特质，但当社会发展到知识经济时代，创新是社会生产力发展的需要，大多数人都可以产生创新的行为。所以说，创新具有时代性。有的学者认为创新精神可分解为"敢于质疑、敢于批判的精神，尊重知识、尊重科学的精神，勇于探索、不断开拓的精神，百折不挠、乐于奉献的精神"。虽然对创新精神的构成要素的分析不尽相同，但比较能够取得共识的是：具有创新精神的个体一般都表现出自信、拥有敢于冒险的勇气、充满质疑和批判的气质、善于逆向思维。

创新精神是一种精神力量，激励着人们不断推陈出新，创造出更多的生产力，推动社会各领域的发展和进步。缺少创新精神，人们会变得不思进取，难以适应社会的发展和变化。具备创新精神积极地迎接挑战，主动地适应形势的变化，才能在竞争中保持优势，创新精神对于社会群体而言是社会进步的精神源泉。当创新精神受到压抑时，生产力的发展也会陷入停滞。如果创新精神成为社会的主导精神，特别是大多数人都具备创新精神时，才能促使整个社会不断进步。创新精神有着重大的实践功能与价值，具有创新精神的人与物质的力量、制度的力量相结合能够转化为改变世界的力量。

二、创业精神

（一）创业精神的内涵

创业精神是指在创业者的主观世界中，那些具有开创性的思想、观念、个性、意志、作风和品质等。创业精神的核心是创新，在全社会利用已有的各种资源，创造出新的价值，为社会发展注入新的动力。创业是极具挑战性的社会实践活动，创业的本质体现的是一种人生价值的实现方式和世界观的价值取向，即创业主体在实现个人价值的同时更要实现社会价值，体现了一种强烈的创业理想和持久稳定的创业信念，实现创业成功的前提是创业者要具备坚定的创业精神和良好的创业素质，特别是大学生创业者，更需要首先培养和塑造创业精神。

（二）创业精神的构成要素

关于创业精神的构成要素，国内外学者们对其进行了不同角度的研究。但创业精神主要构成要素包括创业理想、创业意向、创业心理品质和创业规范意识。在创业精神的构成要素中，创业理想是创业精神的导向系统，体现了创业者的价值观和目标追求；创业意向是创业活动的动力系统，促使和激发创业行为的产生；创业心理品质是创业过程的调节系统，维护创业过程的稳定性和可持续性；创业规范意识是创业实践的保障系统，帮助创业者规避风险，降低创业成本。四者之间相互依存、相互影响，共同构成了创业精神的完整体系。

三、创新创业精神的内涵与特征

（一）创新创业精神的内涵

创新创业精神是指在创业过程中展现出的创新、冒险、坚持和适应能力，它是创业成功的关键要素之一。应从以下几个要点理解创新创业精神的内涵。

1. 创新思维

创新创业者具有敏锐的洞察力和前瞻性的思维，能够发现市场中的机会和问题，并提出独特的解决方案。他们勇于打破传统思维的束缚，寻求创新和改进，为市场带来新的价值。

2. 冒险精神

创新创业者具有勇于冒险和承担风险的精神。他们愿意面对不确定性和挑战，敢于尝试新的商业模式、产品或服务，并对失败保持乐观态度，从失败中吸取教训，不断调整和改进。

3. 坚持与毅力

创新创业者具有坚持不懈的精神和持久的毅力。他们面对困难和挫折时不轻言放弃，而是坚持追求自己的目标，努力克服困难，并在遇到挑战时找到解决问题的办法。

4. 适应能力

创新创业者具有适应市场变化和变革的能力。他们敏锐地观察市场趋势，及时调整战略和业务模式，以适应市场需求的变化，并保持竞争优势。

5. 团队合作

创新创业者重视团队合作和合作伙伴关系。他们懂得倾听和理解他人的意见，善于激发团队成员的潜力，建立和谐的工作氛围，并与合作伙伴共同实现创新创业的目标。

6. 持续学习

创新创业者具有持续学习的意识和能力。他们不断追求新的知识和技能，关注行业动态和市场趋势，通过学习和反思不断提升自己的能力，为创新创业提供有力的支持。

总结起来，创新创业精神是一种积极进取、敢于创新、持续学习和适应变化的态度和能力，它包括创新思维、冒险精神、坚持与毅力、适应能力、团队合作和持续学习。它推动创业者发现机会、创造价值，并在竞争激烈的市场环境中取得成功。

创新创业精神是创业者成功的基石，它驱动着创业者不断探索和追求创新，不断挑战自我，为社会和经济发展带来新的动力和活力。创新创业精神主要表现在社会责任感、创新意识和能力、团队意识、扎实的专业知识等方面。社会责任感是指社会群体或者个人在一定社会历史条件下所形成的为了建设美好社会而承担相应责任、履行各种义务的自律意识和人格素质，是社会群体或个人对价值观、忠诚、良知、信仰的认同，是个人价值观、态度和信念的表现。

创新意识和能力是素质教育的一种，不仅为创业提供思维基础，更为成功创业提供扎实的知识储备。创新意识的培养不仅是一次教育理念的创新，更是培养创新精神和创业能力的教学实验。创新意识培养包括创新的动力系统、认知系统、个性系统和行为系统。

团队意识是一种主动性的意识，是将自己融入整个团体对问题进行思考，想团队之所需，依靠团队的力量实现自己的最大价值的一种能力。

扎实的专业知识在创新创业精神中尤为重要。大学生系统学习了科学文化知识，掌握了某个领域的专业知识和基本技能，成为具有一定创新精神和实践能力的专门人才。在创业过程中充分发挥这些优势，依靠知识创业，大学生的创业实践将具有更高的成功率和更大的效益。一方面，大学生需要结合专业课学习，通过渗透、结合、强化的方式，加强创业意识的培养，使学业与创业自然有机地融合；另一方面，需要提倡文理互补、文史哲互补等多学科协作方式，培养视野开阔的通才，为创业打下坚实广阔的知识基础。

（二）创新创业精神的特征

创新创业精神驱动着创业者不断追求创新、挑战自我，并为创业过程中的风险和挑战做好准备。它是成功创业的关键要素，帮助创业者在竞争激烈的市场中脱颖而出，实现自己的创业目标。创新创业精神具有以下特征。

1. 创新创业精神具有先进性

先进性，也可以称为超越性。创新创业与“模仿创业”“复制创业”所展现的创业精神有明显的差异。“模仿创业”和“复制创业”缺乏创新创业精神的内涵，在市场上，它们虽然带有冒险成分，但是无法创造全新的价值。而“创新创业”重在创新，无论是制度创新、管理创新、产品或服务创新还是其他创新，都在做开创性的事业，创造全新的价值，与市场需求相适应，与经济发展相适应，与现代化相适应。创新创业精神具有明显的时代先进性。

2. 创新创业精神具有批判性

从创新创业精神的内涵来看，创新创业精神具有明显的批判性。批判思维是创新创业的前提条件，用批判的态度对待已有的事物，在肯定事物存在合理性的同时，发现事物的不合理之处，持续优化，不断更新，不断改进，不断变革，不断创新。

3. 创新创业精神具有科学性

创新创业精神具有实事求是的科学性，创新创业活动必须立足于现实存在，杜绝凭空幻想，遵循事物发展规律，主动挖掘事物之间的联系，尊重科学，运用科学。科学精神是创新创业精神的基石，要求人们在创新创业活动中以现实为依据，尊重客观规律。创业者必须有丰富的创新创业知识、科学的思维方式和思维方法才能保证创新创业的成功。

项目实操

项目实操名称：张某和王某的创新创业精神

［**项目情景**］

项目 1-6：张某的创新创业精神

张某是中国著名的企业家，他展现了杰出的创新创业精神，并在电子商务领域取得了巨大的成功。以下是有关他的创新创业精神的描述：

（1）发现商机：张某在创办 CR 平台时，中国的电子商务市场尚未成熟。然而，他敏锐地意识到互联网的潜力，相信电子商务将成为未来的发展趋势。他抓住这个商机，并将其转化为 CR 平台的创业机会。

（2）打破传统观念：张某勇于挑战传统观念和行业规则。他认为传统的线下零售模式存在诸多问题，而互联网可以为消费者和企业带来更多便利和机会。他引领 CR 平台团队打破传统，探索线上电子商务模式，推动了中国电子商务的蓬勃发展。

（3）创造性思维：张某具备创造性思维，不断寻求创新解决方案。他推出了电子商务平台，引入了担保交易等创新工具，解决了消费者和商家之间的信任和支付难题，推动了电子商务的快速发展。

（4）全球化视野：张某一直秉持着全球化的战略思维。他积极推动 CR 平台的国际化进程，帮助中国企业走向世界。他在全球范围内寻找合作伙伴，并在全球建立了多个分支机构和交易平台，打造了一个全球化的商业生态系统。

（5）社会使命：张某注重社会责任和公益事业。他积极推动可持续发展，倡导普惠金融，创建了公益基金会，致力于教育、环境保护和公益慈善等领域，为社会做出积极贡献。

（资料来源：编者根据相关资料编写。人物名与机构名均为化名。）

项目 1-7：王某的创新创业精神

王某是中国著名的企业家，他展现了卓越的创新创业精神，并成功将 MJ 打造成一家全球知名的科技公司。以下是有关他的创新创业精神的描述：

（1）挑战传统观念：王某在创建 MJ 之前，曾担任过某软件的 CEO，并在业界积累了丰富的经验。然而，他敢于挑战传统观念，决定离开某软件，创办一家手机公司。他认为中国手机市场有巨大的潜力，而传统手机厂商对年轻消费者的需求和市场机会并未充分关注。

（2）用户至上：王某将用户需求置于核心位置。他注重用户反馈和产品体验，不断改进和优化产品，致力于为用户提供卓越的产品和服务体验。

（3）全球化视野：王某一直以全球化的视野来规划和发展 MJ。他意识到中国市场的竞争激烈，于是将目光投向全球市场。他带领 MJ 进军印度、东南亚和欧洲等国际市场，并取得了显著的成绩。他通过本土化战略，深入了解当地消费者需求，推出适合不同市场的产品和服务。

(4) 生态链布局：王某推行了 MJ 的生态链布局，通过投资和合作伙伴关系，建立了一个庞大的生态系统。MJ 不仅仅是一家手机制造商，还涉足智能硬件、互联网服务、物联网等领域。他通过整合资源和协同创新，实现了多元化的业务发展。

(5) 技术创新：王某强调技术创新的重要性，并投入大量资源进行研发和创新。MJ 在手机领域推出了一系列创新产品和技术，如高性价比的手机、定制化的操作系统、云服务等。他致力于将科技创新应用于产品和服务中，不断提升用户体验。

(6) 创业精神的传承：王某注重培养创业精神和企业文化。他鼓励员工勇于创新、追求卓越，并提倡团队合作和共享成功。他建立了开放、自由、平等的工作环境，鼓励员工积极参与决策和发展。他还坚持不懈地推动年轻创业者的成长，通过创投基金和创业孵化器支持和培养新兴企业。

（资料来源：编者根据相关资料编写。人物名与机构名均为化名。）

[**项目任务**]

任务一：小组讨论。请分组并围绕"创新创业精神"，对比张某和王某的创新创业精神展开讨论，思考并回答下列问题：

1. 张某和王某的创新创业精神，有哪些相似点？有哪些不同点？
2. 大学生创新创业精神的驱动力，应从哪些方面加强？

任务二：结合以上案例，落实创新创业精神，设计一份农村电商扶贫创新创业计划。

设计要点如下：本项目旨在践行创新创业精神，通过发展农村电商，促进农村经济发展，改善农民生活条件，并实现农村扶贫的可持续发展。

第五节　国内外创新创业教育

案例导入

某高校在大学生创新创业教育设计大赛中，收到两份项目方案。

项目 1-8：创新创业教育设计项目——青年创业营

项目描述：

该项目旨在通过创新创业教育，培养大学生的创业精神和创新能力，帮助他们在未来的职业生涯中更好地应对挑战和把握机遇。

项目实操步骤：

1. 培训和导师指导

(1) 设立创业培训课程，包括创业思维培养、市场调研、商业计划书撰写等方面的内容。

(2) 邀请成功创业者和行业专家作为导师，提供指导和实战经验分享。

2. 创业项目孵化

(1) 鼓励大学生提出创新创业项目，并提供资金等支持，帮助他们将创意转化为实际可行的商业模式。

(2) 设立创业孵化器，提供办公场地、设备、法律咨询等支持，帮助学生团队快速发展和成长。

3. 创业竞赛和评选

(1) 举办创业竞赛，为大学生提供展示创新创业项目的平台，吸引投资者和行业合作伙伴的关注。

(2) 设立评选机制，评选出优秀创业项目，并提供额外的奖励和支持。

4. 实践和实习机会

(1) 与企业、初创公司和社会组织建立合作关系，为学生提供创新创业实践和实习机会。

(2) 鼓励学生参与社会创新项目，锻炼实践能力和团队合作能力。

5. 创新创业讲座和沙龙

(1) 邀请知名创业者、投资人和创新思想家举办讲座和分享经验，激发大学生的创新思维和创业热情。

(2) 组织创新创业沙龙，提供交流和合作的平台，促进大学生之间的互动和创意碰撞。

6. 创新创业文化建设

(1) 建立积极向上的创新创业文化，鼓励大学生勇于创新、追求卓越，并提倡团队合作和共享成功的价值观。

(2) 举办创新创业文化活动，如创业分享会、创意展示等，营造浓厚的创业氛围。

思考：

1. 阅读以上项目，思考创新创业教育有哪些特点？

2. 参考以上项目，设计一份创新创业教育的项目方案。

一、我国创新创业教育的发展

（一）我国创新创业教育的发展阶段

20 世纪 80 年代，上海交通大学最早引入了创造学的概念。1998 年，清华大学举办了首届创业设计大赛，标志着我国创新创业教育的开始。2002 年初，教育部确定了清华大学、上海交通大学、中国人民大学、北京航空航天大学等 9 所高校为创业教育试点院校。近年来，高校越来越重视创新创业教育，许多学校把创新创业教育纳入学校的发展规划中。很多高校设立创新创业实验中心、大学科技园、创新创业孵化基地、科研中心，以及各类创新创业的研究和实践平台。总体来看，我国创新创业教育具有起步晚、发展快、创新创业效果显著等特点。

归纳起来，我国创新创业教育的发展可以分为以下几个阶段。

（1）起步阶段（1978—1991 年）。

随着改革开放逐步推进，我国开始吸收国外的创新创业教育理念和模式。在这一阶段，我国的创新创业教育还处于起步阶段，大多数高校并没有专门的创新创业教育机构和课程。

（2）试验阶段（1992—2001 年）。

在这一阶段，我国高等教育开始加强对创新创业教育的关注，并开始试验不同的创新创业教育模式。一些高校开始成立创新创业中心和创业孵化器，提供创新创业培训和支持服务。

（3）加速阶段（2002—2012 年）。

在这一阶段，我国政府开始将创新创业教育纳入国家战略，加快推进创新创业教育的发展。各地相继成立了创新创业示范学院和创新创业基地，政府也提供了各种创新创业政策和资金支持。

（4）成熟阶段（2013 年至今）。

随着我国经济的快速发展，创新创业教育也进入了成熟阶段。越来越多的高校和企业开始投入到创新创业教育中，国家也加大了对创新创业教育的投入和支持。同时，创新创业教育也不再局限于高等教育阶段，越来越多的初中、高中和职业教育机构开始开展创新创业教育。

（二）我国创新创业教育发展的关键事件

我国创新创业教育发展包括以下关键事件。

1988 年，清华大学首次设立校内“挑战杯”竞赛。

1989 年，在国家教委的支持下，清华大学等 34 所高校和全国学联、中国科协及部分媒体联合发起举办了首届“挑战杯”大学生课外科技活动成果展览暨技术交流会。

1993 年，我国政府出台《中华人民共和国科学技术进步法》（2007 年第一次修订，2021 年第二次修订），明确了科学探索和技术创新对国家经济发展的重要性。

2010 年，教育部开始实施“卓越工程师教育培养计划”，鼓励高校培养具有创新创业能力的工程师。

2010 年，教育部出台《关于大力推进高等学校创新创业教育和大学生自主创业工作的意见》，完善了大学生自主创业扶持政策，加强了对高校创新创业的指导和管理。

2012 年，教育部实施国家级大学生创新创业训练计划。国家级大学生创新创业训练计划内容包括创新训练项目、创业训练项目和创业实践项目三类。

2015 年，国务院办公厅印发《关于深化高等学校创新创业教育改革的实施意见》，全面部署深化了高校创新创业教育改革工作。

2015 年，国务院出台《关于大力推进大众创业万众创新若干政策措施的意见》，加强全社会以创新为核心的创业教育，把创业精神培育和创业素质教育纳入国民教育体系，实现全社会创业教育和培训制度化、体系化。加快完善创业课程设置，加强创业实训体系建设。加强创业创新知识普及教育，使大众创业、万众创新深入人心。加强创业导师队伍建设，提高创业服务水平。

2015 年，国务院办公厅印发《关于深化高等学校创新创业教育改革的实施意见》，深化高等学校创新创业教育改革，是国家实施创新驱动发展战略、促进经济提质增效升级的迫切需要，是推进高等教育综合改革、促进高校毕业生更高质量创业就业的重要举措。

2016 年，中共中央、国务院印发了《国家创新驱动发展战略纲要》，该纲要明确提出创新是引领发展的第一动力，要推动创新创业，激发全社会创造活力。

2017 年，国务院印发《关于强化实施创新驱动发展战略进一步推进大众创业万众创新深入发展的意见》，提出要进一步系统性优化创新创业生态环境，强化政策供给，突破发展瓶颈，充分释放全社会创新创业潜能，在更大范围、更高层次、更深程度上推进大众创业、万众创新。

2019 年，教育部印发《国家级大学生创新创业训练计划管理办法》，厘清了各级管理部门职责，明确指出，教育部是宏观管理部门，省级教育行政部门主要负责本区域的项目组织与管理，高校是“国创计划”实施和管理的主体。

2020 年，农业农村部等七部门印发《关于推进返乡入乡创业园建设　提升农村创业创新水平的意见》，提出要重点建设返乡入乡创业园，完善返乡入乡创业政策，优化返乡入乡创业指导服务。

2021 年，国务院办公厅发布《关于进一步支持大学生创新创业的指导意见》，强调提升大学生创新创业能力、增强创新活力，进一步支持大学生创新创业。

可以看出，我国创新创业教育发展经历了从起步到成熟的过程，政策的不断推动和支持是关键。政策推动和支持主要体现在加强教育培训、提供孵化空间、租金补贴、科技资源开放共享、开展“揭榜挂帅”、探索建立创业风险补助、实践平台对在校生免费开放、减免税费、提高贷款额度、降低贷款利率、引导社会资本支持、促进成果转化、办好创新创业大赛、加强信息服务等方面。同时，大学生创新创业大赛、创新创业教育实践基地等实践活动也为大学生提供了更多的机会和平台。此外，近年来，我国政府还出台了一系列支持创新创业的政策，如设立创新创业基金、支持创新创业园区建设等，为创新创业教育提供了更好的发展环境。在实践方面，我国高校和企业也在积极探索创新创业教育的新形式和新方法，如开展大学生创新创业竞赛、设立创新创业实验室、建立创新创业导师制度等，不断提升创新创业教育的质量和效果。

（三）我国创新创业教育的特点

我国的创新创业教育发展迅速，具有以下几个特点。

（1）多元化课程设置。

随着创新创业教育的发展，我国高校逐渐增加了创业课程的设置。除了传统的创业管理课程外，还涵盖了科技创新、社会创新、文化创意等多个领域，满足了不同专业背景和兴趣的学生需求。

（2）实践教学模式。

我国的创新创业教育注重实践教学，尤其是强化了创业实践环节。通过创业训练营、创业大赛、创业孵化器等方式，让大学生接触到真实的市场环境和实际的创业操作，提高了大学生的实际能力和创业素养。

（3）产学研结合。

我国高校与产业界的联系越来越紧密，创新创业教育也在此基础上实现了产学研结合。高校与企业、创业孵化器等机构合作，共同开展科技创新、技术转移等项目，加速科技成果的商业化落地。

（4）创新政策支持。

我国政府也在积极支持和推动创新创业教育的发展。近年来，政府出台了一系列相关政策和计划，鼓励高校、企业和社会各界共同参与创新创业教育，为大学生提供更好的创业环境和机会。同时，政府还大力推进科技创新和人才培养，为创新创业教育提供更多的支持和保障。

（5）交叉融合。

“交叉融合”是我国创新创业教育的一个重要特点。在实践中，我国的创新创业教育不仅关注传统的学科知识，还强调跨学科、交叉融合的教育方式，鼓励大学生在不同领域之间进行创新和创业尝试。这种教育方式有利于培养大学生跨界创新的能力和提供创业的机会，同时也促进了不同学科之间的互动与合作，推动了科技和产业的发展。

（四）我国创新创业教育的效果

我国创新创业教育的效果与其发展的阶段和特点密切相关。在过去几年中，我国政府高度重视创新创业教育的发展，并出台了一系列政策和举措，推动创新创业教育的普及和深入开展。以下是我国创新创业教育取得的一些效果。

（1）培养了大量的创新人才。

通过创新创业教育，我国培养了大量的具有创新精神和创业能力的人才，为我国的创新发展和高质量发展注入了强大的人才力量。

（2）推动了科技创新。

创新创业教育的开展，推动了科技创新的加速发展，促进了技术的转化和应用，为我国的经济发展注入了新的动力。

（3）增加了创业成功的机会。

创新创业教育可以帮助大学生更好地了解创业的知识和技能，提高创业成功的概率，并降低了创业失败的风险。

（4）增强了大学生的就业能力。

通过创新创业教育，大学生可以提高自身的创新和创业能力，增强自己的就业竞争力，在就业市场上更具有优势。

总的来说，我国创新创业教育在一定程度上取得了较好的效果，但仍须持续推进创新创业教育的深入发展，不断提高创新创业教育的质量和水平，以满足我国经济高质量发展的需求。

二、国外的创新创业教育发展

（一）美国

美国高校的创新创业教育是从研讨型、教学型逐渐演变到创新创业型。美国的创新创业教育体系完善，具有科学的人才培养目标，学科完善、师资力量优质、课程系统化，注重培养学生的创新创业精神，教育覆盖面广，包含了初中、高中、大学本科及研究生的全方位教育体系，具有完备的、特色的课程体系和教学计划。创新创业教育主要以应用为主，注重与市场的有效结合，而且创业项目多为高科技项目，成功的比率较高。

1. 美国创新创业教育的发展阶段

美国创新创业教育发展历史悠久，主要经历了以下几个阶段：

（1）基础阶段（20 世纪 40—70 年代）。

在这个阶段，美国的高等教育主要是为满足国家经济发展需要而开展的。大学教育主要注重培养工程师和科学家，培养的重点是技术和知识。在这个阶段，大学并没有特别注重创新创业教育的开展。

（2）初级阶段（20 世纪八九十年代）。

在这个阶段，由于经济发展的需要和社会的变化，美国的高等教育开始逐渐重视创新创业教育。很多大学开始提供创业课程，开展创业活动，支持大学生创业。同时，政府也开始制定相关政策和资金支持计划，为大学提供支持和鼓励。

（3）成熟阶段（21 世纪初至今）。

随着互联网和新科技的快速发展，美国的创新创业教育进入了成熟阶段，大学和政府加强了对创新创业教育的投入和支持。很多大学成立了创业中心、创业孵化器等机构，为学生提供创业支持和资源。同时，政府也制定了一系列支持创新创业的政策和计划。此外，一些知名企业家和投资人也开始积极投身于创新创业教育，为大学生提供指导和资源支持。

在美国，创新创业教育是一项广泛且多样化的教育活动，包括创业课程、创业比赛、创业实践、创业导师指导、创业投资等。这些活动旨在培养大学生的创新思维和创业精神，提高其创业能力和成功的机会。总的来说，美国的创新创业教育发展经历了漫长的历程，不断地在实践中探索和创新。

2. 美国创新创业教育发展的关键事件

根据美国创业领导中的一份调查报告，调查人数中 91% 的人认为创业是一项令人值得尊敬的工作，接近 10% 的人想创办自己的公司 。迄今为止，美国高校毕业生创业比率高达 25%。以下是美国的创新创业教育发展的一些关键事件和特点。

（1）二战后的创新创业热潮。

在二战后的几十年里，美国政府和商界都非常重视创新和创业，鼓励和支持大量的科研和企业创新，从而带动了美国经济的快速发展。同时，大学也开始在教育中引入创新创业的理念，培养更多的创新型人才。

（2）大学科技孵化器的出现。

20 世纪 80 年代初，美国大学开始建立科技孵化器，为大学生和教师提供场地、设备和资金支持，帮助他们将科技成果转化为商业机会，从而促进科技创新和创业发展。

（3）创新创业课程的兴起。

随着创新创业理念的逐渐普及，美国大学也开始提供更多的创新创业课程，培养大学生的创新能力和创业精神。这些课程既包括纯粹的创新创业课程，也包括针对特定领域的创新创业课程，如生物技术创新和信息技术创新等。

（4）创新创业竞赛的盛行。

美国的大学和企业经常举办各种创新创业竞赛，为大学生和创业者提供展示和交流的平台，同时也为他们提供资金和资源支持。这些竞赛包括商业计划竞赛、科技创新竞赛等，旨在鼓励更多的创新和创业活动。

(5)创新创业生态系统的形成。

在美国，创新创业教育和科技创新生态系统已经逐渐形成，涵盖了大学、孵化器、风险投资、企业等多个方面，形成了良性互动的创新创业生态系统。这种生态系统不仅促进了创新创业的发展，也为大学生和创业者提供了更好的创业环境和资源支持。

3. 美国创新创业教育的特点

除了以上提到的关键事件和活动，美国的创新创业教育还有一些独特的特点和亮点。

(1)多学科交叉。

美国的创新创业教育注重跨学科交叉，将商业、科技、工程、艺术等多个领域的知识融合在一起，培养出具有多元化背景的创业人才。

(2)实践导向。

美国的创新创业教育注重实践导向，大学会提供各种实践机会，例如创业比赛、创业实习、创业训练营等，让大学生能够亲身体验和实践创业过程，增强实际操作能力。

(3)风险投资支持。

美国的风险投资行业非常发达，大学和企业家们通常会投资和支持初创企业的发展，为创业者提供资金和资源支持。

(4)创新创业生态系统。

美国的创新创业生态系统非常完善，政府、大学、企业、投资机构等各方面都相互支持和衔接，形成了一个良好的创新创业生态环境，促进了创新创业的发展。

总的来说，美国的创新创业教育经历了多个阶段和不断的实践探索，形成了自己独特的发展模式和教育理念。这种创新创业教育的培养方式已经成为一种全球范围内的趋势，能够给其他国家和地区提供一些借鉴和参考。

(二)日本

20世纪80年代日本开始推行“科技立国”战略，创新创业教育引发日本国民的关注。日本创新创业教育起步晚，但发展快。日本的创新创业教育具有极强的功利性，目的是培养大批企业家，以促进经济发展，缓解金融危机带来的压力。近年来，日本的创新创业教育转变为面向大众，具有由政府、高校和社会互相协同完成，地域性强，教育体系衔接性强等特点。

1. 日本创新创业教育的发展阶段

日本在过去几十年里也经历了很多发展，特别是在经济、教育和科技方面取得了很多成就。日本的创新创业教育也在不断发展和创新，其主要发展历程如下。

(1)技术创新阶段(1945年—20世纪60年代)。

战后初期，日本的经济处于低迷状态，政府提出了“技术革新论”“科学技术第一”的口号，旨在通过技术革新和科技进步来促进经济的发展。大学和研究机构开始注重培养工程技术人才，但并没有专门的创新创业教育。

(2)创新思维阶段(20世纪70—90年代)。

随着经济的快速发展和国际竞争的加剧，日本开始注重创新思维和创新文化的培养。大学开始推出创新创业相关课程，并开展创业活动，政府也提出了一系列相关政策和资金支持计划，鼓励、支持大学和企业家的创新创业。

（3）创业生态系统阶段（20 世纪 90 年代至今）。

随着全球化和科技革命的深入，日本开始加强创业生态系统的建设和优化，注重建立起由政府、大学、企业、投资机构等各方面组成的创新创业生态系统。在这个生态系统中，大学和政府扮演着重要的角色，推出了许多创新创业的支持计划和项目，形成了一个创新创业良性发展的环境。

总体来说，日本的创新创业教育发展起步较晚，但随着国际竞争的加剧和全球创新创业的热潮，日本开始注重创新创业教育的发展和创新。现在，日本的许多大学都开展了创新创业相关的课程和项目，并与政府和企业紧密合作，形成了一个创新创业良性发展的生态系统，为日本的创新创业事业注入了新的活力。

2. 日本创新创业教育发展的关键事件

日本的创新创业教育发展经历了以下关键事件。

（1）20 世纪 60—80 年代。

日本的经济快速发展，大学开始注重培养技术人才，重视技术研发和技术创新，但是创新创业教育并不是大学教育的主要目标。

（2）20 世纪 90 年代。

日本经济进入衰退期，政府开始制定相关政策支持创业和创新创业教育。1998 年，日本政府出台了创业推进基本法，鼓励创业和创新，提供资金和税收优惠等方面的支持。

（3）21 世纪初至今。

日本的创新创业教育开始迅速发展，大学开始开设创业课程，支持大学生创业。政府继续加强对创业和创新的支持，例如在 2007 年成立了创业支援机构“创业日本”（Entrepreneur Japan），为创业者提供资金、设施、技术支持等方面的帮助。

3. 日本创新创业教育的特点

日本的创新创业教育有以下几个特点。

（1）实践导向。

日本的创新创业教育非常注重实践，大学会组织大学生参加创业比赛、创业实践等活动，鼓励大学生创业，并提供必要的支持和指导。这种实践导向的教育模式可以帮助大学生更好地掌握创业知识和技能，增加创业经验，提高成功的概率。

（2）培养创新和创业文化。

日本的创新创业教育注重培养创新和创业的文化与精神，鼓励大学生发挥自己的想象力和创造力，提倡团队合作和社会责任感。这种教育模式可以培养大学生的创新思维和创业精神，帮助他们更好地适应未来的社会和经济环境。

（3）多样化的课程设置。

日本的创新创业教育的课程设置非常多样化，既有基础课程，如创新思维、市场营销等，也有实践课程，如创业计划书撰写、商业模式设计等。这种多样化的课程设置可以满足不同学生的需求，帮助他们全面地掌握创业知识和技能。

（4）政府的支持和鼓励。

日本政府非常重视创新创业教育的发展，并且提供了各种政策支持和鼓励，如出台创业推进基本法、成立创业支援机构等。政府的支持可以促进创新创业教育的发展，帮助更多的人实现创业梦想。

日本高校创新创业教育最初的目的就是培养大学生成为企业家、实业家，以达到刺激日本经济复苏的目的，有效地缓解全球经济危机给日本带来的就业压力，体现了功利性极强的创业教育的特点。但是随着时间发展，近年来在日本，高校创新创业教育将原有的功利性教育转变成了现今的大众式教育。

（三）英国

1. 英国创新创业教育的发展阶段

英国的创新创业教育也有着悠久的历史和丰富的经验。以下是英国创新创业教育发展的主要阶段。

（1）基础阶段（20 世纪 70—80 年代）。

英国高等教育在这个阶段主要注重传授学术知识和专业技能。创新创业教育并不是主要关注点，但是一些大学和学院开始为大学生提供一些创业课程和创业支持服务。

（2）初级阶段（20 世纪 80 年代末—90 年代末）。

随着英国经济的转型和全球化的加速发展，创新创业教育成为英国高等教育的重要组成部分。政府开始制定相应的政策和措施，促进创新创业教育发展。同时，越来越多的大学和学院也开始加强创新创业教育的内容和质量，为大学生提供更多的机会和资源。

（3）成熟阶段（进入 21 世纪以来）。

英国高等教育的创新创业教育已经进入成熟阶段。大学和学院提供的创新创业课程和支持服务不断增加和完善，政府也在不断地加大对创新创业教育的支持和投入。此外，英国高等教育的创新创业教育也越来越注重跨学科和跨领域的整合与合作，与行业和社会各界的联系更加紧密。

总的来说，英国的创新创业教育发展特点包括政府的支持和投入、高等教育机构的积极响应和创新、跨学科和跨领域的整合与合作以及与行业和社会的紧密联系。这些特点使英国的创新创业教育在国际上得到了广泛的认可和赞誉。

2. 英国创新创业教育发展的关键事件

以下是英国创新创业教育发展的一些关键事件。

1981 年，英国牛津大学成立了第一个商业化技术转移中心，帮助大学与企业之间的技术转移和创新合作。

1982 年，英国政府成立“英国高校学生创业”项目，目的是缓解英国高校毕业生“就业难”问题。

1983 年，英国政府成立了技术创新基金会（Technology Innovation and Growth Fund），支持科技领域的企业和项目发展。1990 年，英国政府经济压力缓解便停止了该项目。

1994 年，英国创业教育网络（National Council for Graduate Entrepreneurship）成立，致力于推广创业教育和支持毕业生创业。

2000 年，英国政府设立了创新基金（Innovation Fund），提供资金支持和培训机会，鼓励新兴企业和初创公司的发展。

2012 年，英国政府启动了“创业与创新计划”（Entrepreneurship and Innovation Programme），旨在推广创业和创新文化，提高创新能力和竞争力。

这些事件反映了英国政府和高等教育机构对创业和创新的重视，并通过政策和资金支持促进了英国创业创新教育的发展。21 世纪，英国的创新创业教育又改变为对创业文化的建设以及营造出和谐的企业环境。目前，英国政府制定和完善了有关高校创新创业教育的相关政策，鼓励高校开设专业的创业课程，鼓励中小企业与高校进行合作，完善创业教育的配套措施。

3. 英国创新创业教育的特点

英国创新创业教育具有以下特点。

（1）多样性。

英国的创新创业教育形式多样，包括创业课程、创业竞赛、创业孵化器等。同时，英国的创新创业教育也具有跨学科和跨部门的特点，吸引了来自不同领域和专业的大学生和创业者。

（2）实践导向。

英国的创新创业教育注重实践，强调大学生通过实际经验和实践活动来掌握创业和创新的核心技能与知识。许多英国大学的创新创业教育项目都与当地的初创企业和创业生态系统紧密联系。

（3）全球化。

英国的创新创业教育具有全球化的特点，吸引了来自世界各地的大学生和创业者。许多英国大学还开设了国际性的创新创业教育项目，如国际商业计划竞赛和跨国创新创业项目等。

（4）政策支持。

英国政府在创新创业教育方面给予了政策和资金支持。例如，英国政府设立了创新基金和创业与创新计划等项目，为初创企业和创业者提供了资金和资源支持。

（5）社会影响。

英国的创新创业教育也注重社会影响力。一些英国大学的创业项目专注于解决社会问题，如环保、医疗、教育等领域的创新创业项目。同时，英国的创新创业教育也强调社会责任和可持续发展的概念。

英国的创新创业教育的特点有教师水平高、环境宽容、政策良好、课程设置优势明显、创新创业的地区发展不平衡、重于商业课程等特点。

（四）德国

1. 德国创新创业教育的发展阶段

德国的创新创业教育发展可以分为以下几个阶段。

（1）基础阶段（1949—1989 年）。

这个阶段德国的经济主要是由制造业和传统产业驱动，创新创业教育并不是当时教育系统的重点。然而，随着经济和社会的发展，政府开始逐渐重视创新创业教育，一些大学和科研机构开始开展相关课程和研究。

（2）初级阶段（1990—2000 年）。

这个阶段德国政府逐渐制定了相关政策和措施，鼓励大学开展创新创业教育。德国的大学开始开设创业课程，建立创新创业中心和孵化器等机构，为大学生和创业者提供支持。

（3）成熟阶段（2001 年至今）。

随着互联网和新科技的迅速发展，德国的创新创业教育进入了成熟阶段。政府在法律、税收等方面出台了一系列支持创新创业的政策和措施，鼓励大学和科研机构加强与产业界的合作，促进技术转移和商业化。

总体来说，德国的创新创业教育注重实践和应用，尤其是在技术转移和商业化方面有很高的水平。大学和科研机构与产业界的紧密合作也是德国创新创业教育的一个显著特点。

2. 德国创新创业教育发展的关键事件

德国的创新创业教育发展历史可以追溯到 19 世纪，但直到 20 世纪后期，德国政府才开始意识到创新创业对于经济发展的重要性，随后逐步出台了相关政策措施。以下是德国创新创业教育发展的一些关键事件。

1998 年，德国政府启动了“创业万里行”计划，旨在通过提供创业培训、咨询和资金等支持帮助创业者实现自我创业。

2003 年，德国联邦经济和技术部成立了“中央创新计划”，旨在支持和推动德国企业的创新发展。

2006 年，德国联邦教育与研究部开始支持大学开设创业课程，并设立了“创新和创业教育基金会”，以资助大学开展创新创业教育。

2013 年，德国联邦教育与研究部成立了“创业大学联盟”，旨在促进德国高校的创新创业教育，支持大学开展创业课程和创业孵化器等创业服务。

2015 年，德国政府颁布了“高校未来计划”，计划在 10 年内向德国高校投入近 40 亿欧元的资金，其中包括创新创业教育方面的投资。

2019 年，德国联邦经济和能源部成立了“创业与创新平台”，旨在支持德国企业的创业和创新发展。

可以看出，德国政府近年来在推进创新创业教育方面投入了大量的资金和精力，通过政策和资金支持，逐步促进了德国创新创业教育的发展。

3. 德国创新创业教育的特点

德国作为工业强国十分重视科学技术成果的产业化，因此十分关注高校对创新创业人才的培养。高校设立有教授席位制度，政府资金支持较大，注重创业教育与专业和实践相结合，这些使得创新创业教育具有针对性。德国创新创业教育有着以下几个特点。

（1）实践导向。

德国的创新创业教育非常注重实践，强调大学生通过实践来掌握知识和技能。德国的高等教育机构通常会与当地企业合作，提供实习和项目实操机会，帮助大学生在真实的商业环境中学习和应用知识。

（2）跨学科合作。

德国的创新创业教育非常注重跨学科的合作和交流。在德国的大学和研究机构中，不同学科和专业的学生与教授经常会参与到创新创业项目中，共同解决问题和创造价值。

（3）强调创新精神。

德国的创新创业教育非常注重培养大学生的创新精神和创新能力。德国的高等教育机构通常会鼓励大学生提出新的想法和创新方案，鼓励大学生从不同的角度思考和解决问题。

(4) 实用性强。

德国的创新创业教育非常强调实用性。德国的高等教育机构通常会与当地企业合作，提供实践机会和项目支持，帮助大学生在真实的商业环境中学习和应用知识。

(5) 政府支持。

德国政府非常注重创新创业教育的发展。政府通常会制定相应的政策和计划，提供资金等支持，鼓励教育机构开展创新创业教育。

(五) 韩国

1. 韩国创新创业教育的发展阶段

韩国高校创新创业教育的历史可以追溯至20世纪80年代初，可分为正规课程和非正规课程两大类。韩国高校本科阶段的创业教育多以非正规课程为主，在经济学等专业里作为拓展内容加以实施。韩国的创新创业教育发展主要经历了以下几个阶段。

(1) 起步阶段 (20世纪90年代)。

在这个阶段，韩国的高等教育系统逐渐形成，各大学开始建立技术转移中心和企业孵化器，为大学生提供实践机会和创业支持。同时，政府也开始出台相关政策和法规，鼓励创新创业活动的开展。

(2) 快速发展阶段 (21世纪初)。

在这个阶段，韩国的经济开始快速发展，政府开始加大对创新创业教育的支持力度。大学开始开设创业课程和实践项目，为大学生提供更多的创新创业机会。政府也开始出台一系列政策，提供资金和税收优惠等支持措施，鼓励创新创业活动的开展。

(3) 成熟阶段 (2010年至今)。

随着政策和环境的逐步成熟，韩国的创新创业教育进入了成熟阶段。政府继续出台一系列支持措施，鼓励大学和企业合作，推动科技创新和产业升级。大学也逐渐转向以培养创新人才为目标，开设了更多的创新创业课程和实践项目，为大学生提供更多的机会和资源。同时，韩国的创新创业生态环境也逐渐形成，创新创业公司数量逐年增加，为韩国的经济和社会发展注入了新的活力。

2. 韩国创新创业教育发展的关键事件

韩国创新创业教育的发展经历了以下几个关键事件。

1998年，政府开始推行“创业浪潮”政策，鼓励年轻人参与创业，开展创新创业教育。

2000年，政府设立“创新经济委员会”，推动创业教育和创新创业生态系统的发展。

2002年，政府制定“创业基础法”，规定了创业相关的政策和制度，为创业提供了支持和保障。

2011年，政府开始推动高校开展创业教育，设立“大学创新中心”，支持大学开展创业教育和科技创新。

2013年，政府实施“创业教育普及化计划”，将创业教育纳入高中和初中的教育体系，为学生提供创新创业教育。

2015年，政府推出“青年创业基金”，为年轻人提供创业资金和创业培训，支持年轻人创业。

2015年，为了支持创新和创业，韩国政府启动了“Creative Korea”战略。

2016 年，韩国政府启动了“K-Startup Grand Challenge”项目，这是一个国际性的创业竞赛，吸引了全球的创业家来韩国发展他们的技术和创意。

2017 年，韩国开始实施“大学创业支援项目”，该项目为大学生和初创企业提供资金和技术支持。

以上事件是韩国创新创业教育发展的重要节点，政府在其中扮演了重要角色，通过政策和资金支持，推动了韩国创新创业教育的发展。

3. 韩国创新创业教育的特点

韩国的创新创业教育在近年来也有了较快的发展。韩国创新创业教育具有以下特点。

（1）政策支持。

政府对于创新创业教育非常重视，在政策层面给予了较多的支持，如设立了创新创业部门、制定了相应的政策、提供了资金支持等。

（2）大学创新创业中心。

韩国许多高等院校都设立了创新创业中心，为大学生提供了创业培训、创业咨询和创业孵化等服务。

（3）企业合作。

韩国许多企业与高等院校合作，共同开展创新创业项目，为大学生提供实践机会和资金支持。

（4）国际化。

韩国的创新创业教育注重国际化，积极与国外高等院校和企业开展合作，为大学生提供海外创新创业机会和资源。

（5）创新创业竞赛。

韩国每年都会举办多个创新创业竞赛，为大学生提供了展示创新创业能力和吸引投资的平台。

总体来说，韩国的创新创业教育在政策、教育、企业和国际化方面都比较突出，为大学生提供了丰富的资源和机会，帮助他们培养创新创业精神和实践能力。

项目实操

项目实操名称：创业孵化器设计实操

[项目情景]

项目 1-9：创新创业教育实操项目——创业孵化器设计

项目描述：

该项目旨在为大学生提供实践机会，通过参与创业孵化器的运作和管理，锻炼创新创业能力，培养实际操作和团队合作的技能，促进创业教育的有效实施。

项目步骤：

1. 确定创业孵化器的定位和目标

(1) 定义孵化器的发展方向和服务对象，如科技创业、社会企业或行业特定领域的创新项目等。

(2) 确定孵化器的目标，例如培育一定数量的创业团队、推动项目的商业化进程等。

2. 孵化器运营和管理

(1) 建立创业孵化器的团队，包括项目经理、导师和行政人员等，负责孵化器的日常运营和管理。

(2) 确定入驻条件和评估标准，筛选符合条件的创业团队，并提供必要的资源和支持。

3. 提供创业资源和支持

(1) 提供办公场地、设备、网络等基础设施，为创业团队提供良好的工作环境。

(2) 提供导师指导和咨询服务，帮助创业团队解决问题、制定发展策略等。

4. 创业项目的申请和评估

(1) 设立创业项目申请流程，包括项目申请书的撰写、面试和评估等环节。

(2) 评估创业项目的商业可行性、市场潜力和团队能力，决定是否接纳项目入驻孵化器。

5. 提供创业培训和指导

(1) 开展创新创业培训课程和工作坊，包括商业模式设计、市场营销、融资策略等方面的内容。

(2) 安排导师与创业团队进行定期交流和指导，帮助他们解决创业过程中遇到的问题和挑战。

6. 创业项目的展示和推广

(1) 组织创业项目的展示活动，邀请投资人、行业专家和媒体参与，为创业团队提供展示和宣传的机会。

(2) 制定推广策略，通过线上线下的方式宣传孵化器和入驻项目，提升孵化器的知名度和影响力。

7. 创新创业文化建设

(1) 通过校园媒体、社交媒体和宣传渠道，宣传和推广创新创业文化，鼓励大学生积极参与创新创业活动，分享成功故事和学习经验。

(2) 营造积极向上、勇于尝试和创新的氛围，激发大学生的创业激情和创新能力。

[项目任务]

任务一：小组讨论。请分组并围绕“创新创业教育”，分析创业孵化器设计项目并展开讨论，思考并回答下列问题：

1. “创业孵化器设计”项目，对推动高校创新创业教育有哪些帮助？

2. “创业孵化器设计”项目，哪些方面还有待完善？

任务二：参考“创业孵化器设计”项目，设计一份创新创业项目。

第六节 创新创业政策

案例导入

项目1-10：创新创业大赛项目——创业政策研究与推广中心

项目描述：

该项目旨在通过深入研究创新创业政策，并将其推广给创业者和创业团队，帮助他们了解并合理利用政策支持，推动创新创业的发展，成立创业政策研究与推广中心项目团队。项目将包括政策研究、宣传推广和实操指导等方面。

项目实操步骤：

1. 政策研究

(1) 调研和分析当地、国家或国际的创新创业政策，包括支持创新研发、创业培训、创业融资等方面的政策内容和实施情况。

(2) 深入了解政策的目标、适用对象、申请条件和支持力度等要点，为后续的推广工作提供准确的政策信息。

2. 创业政策推广计划制订

(1) 根据政策研究的结果，制订创业政策推广计划，明确推广的目标群体、渠道和方式。

(2) 设定推广的时间表和阶段性目标，确保推广工作的有序进行。

3. 宣传材料和工具制作

(1) 制作宣传材料，如政策手册、简介、海报等，清晰明了地介绍创新创业政策的内容和申请流程。

(2) 设计推广工具，如宣传视频、网络平台、社交媒体账号等，用于传播政策信息和与创业者进行互动。

4. 创业政策宣讲会和培训

(1) 组织创业政策宣讲会，邀请相关政策部门、专家和成功创业者分享政策的解读和实践经验。

(2) 开展创业政策培训班，培训创业者如何申请和利用创新创业政策，提升他们的政策意识和操作能力。

5. 实操指导和辅导

(1) 提供实操指导，帮助创业者理解政策申请材料的要求，如商业计划书、财务预算表、申请表格等。

（2）辅导创业者进行政策申请，提供申请过程中的咨询和帮助，确保申请材料的准备和提交。

6. 政策效果评估和反馈

为确保创新创业政策的有效实施和改进，需要进行政策效果评估和收集用户反馈的工作。以下是相关步骤：

（1）数据收集：通过问卷调查、面试、访谈等方式，收集创业者使用创业政策研究与推广中心的数据，包括服务满意度、政策理解程度、政策申请结果等信息。

（2）效果评估：分析收集到的数据，评估创新创业政策实施的效果。比较使用创业政策研究与推广中心的创业者与未使用服务的创业者的差异，评估服务对创业成功率和政策利用率的影响。

（3）用户反馈：定期向创业者征求意见和建议，以了解他们对创业政策研究与推广中心的满意度和改进建议。可以通过在线反馈表单、邮件或面对面会议等方式收集用户反馈。

（4）数据分析和报告：对收集到的数据进行整理和分析，制作详细的政策效果评估报告。报告应包括数据分析结果、问题和挑战的发现，以及改进措施的建议。

（5）政策优化和改进：根据评估报告和用户反馈，对创新创业政策、创业政策研究与推广中心的服务流程和内容进行优化和改进。可以与政策制定部门和相关利益相关者合作，推动政策的持续优化。

（6）反馈回应：向参与评估和提供反馈的创业者分享评估结果和改进措施，并回应他们的关注和建议。通过透明的沟通和反馈机制，建立起与创业者的信任和合作关系。

政策效果评估和反馈机制，可以不断改进创业政策研究与推广中心的服务，提高创业者对政策的满意度和利用率，促进创新创业的蓬勃发展。

思考：

1. 阅读以上项目，思考创新创业政策服务有哪些特点？

2. 参考以上项目，设计一份创新创业政策服务的项目方案。

一、政策与创新创业政策

（一）政策

政策是国家行政机关、政党组织和其他社会政治集团为了实现自己所代表的阶级、阶层的利益与意志，以权威形式标准化地规定在一定的历史时期内，应该达到的奋斗目标、遵循的行动原则、完成的明确任务、实行的工作方式、采取的一般步骤和具体措施。

（二）创新创业政策

创新创业政策是指国家行政机关为了做好大学生就业工作，以文件的形式规定的在一定历史时期内大学生就业相关部门应该达到的奋斗目标、遵循的行动原则、完成的明确任务、实行的工作方式、采取的一般步骤和具体措施。

从创新创业政策的含义不难发现，创新创业政策既有国家层面的，也有省、市、县等地方层面的，本书主要从国家层面来介绍创新创业政策。

二、我国创新创业政策历史沿革

我国创新创业政策的历史可以追溯到20世纪80年代初期，当时我国刚刚开始实施改革开放政策，对外开放程度逐渐加深，国家也开始逐步引入外资和吸收国外的先进技术，这也促使我国的创新创业政策开始有了起步。我国的创新创业政策，经历了五个阶段。

第一阶段：1949—1978年。

中华人民共和国成立后，为了重建和发展国民经济，政府采取了一系列措施，包括实施土地改革、推行工业化、实行社会主义改造等。在这个时期，国家主要依靠政治动员和人力资源开发来培养各行业的技术人才。

第二阶段：1979—1992年。

改革开放以后，随着国家经济的发展和高等教育的普及，我国开始着手建设更加完善的人才培养体系。这个阶段，国家推出了许多政策，包括取消高考分数限制、引入外资合作办学、招收港澳台学生等，以促进高等教育的发展。改革开放的初期，政府主要推出的是引进技术和管理经验的政策。此时期的创新创业政策以鼓励外商投资和技术引进为主。

第三阶段：1993—2001年。

这个阶段，我国开始实施“九五”计划和“十五”计划，这些计划为高等教育的发展提供了资金和政策上的支持。同时，国家开始推动高等教育改革，包括实行“高水平、特色化”的发展战略、推进教育质量评估、扩大研究生教育规模等。这个阶段也是我国实施“走出去”政策的时期，政府提出了“引进来，走出去”相结合的创新创业政策。政府加大了对高科技产业的扶持力度，同时鼓励企业自主创新和技术创新。

第四阶段：2002—2015年。

我国在这个阶段逐渐进入了一个经济全球化和信息化高速发展的时期。高等教育和人才培养也逐渐面临了新的挑战和机遇。政府提出了一系列政策，包括制定了《国家中长期人才发展规划纲要》、推出了“211工程”和“985工程”等高水平大学建设计划，加大了高等教育国际化的力度。这个阶段也是我国科技创新政策制定的起步期。2006年，国务院发布了《国家中长期科学和技术发展规划纲要（2006—2020年）》，明确提出要建设创新型国家。政府提出了一系列扶持措施，如设立创业基金、建设创业孵化器等。

第五阶段：2016年至今。

这个阶段是我国深化创新创业体制改革的时期。政府提出了“双创”战略，即“大众创业、万众创新”。政府在创新创业领域的投入继续加大，鼓励大众创业、众创空间建设等。政府还出台了一系列扶持政策，如创新券、创新创业人才引进等，助力创新创业发展。

总的来说，自2016年以来，我国政府逐步加大了对创新创业教育的支持力度，提出了一系列具体的政策措施和发展规划，旨在培养更多的具有创新创业精神和实践能力的高素质人才，推动科技创新和经济发展。随着人工智能、大数据、云计算等新兴技术的不断发展，创新创业教育也将与之相应地进行深度融合，为创新创业人才的培养提供更加广阔的空间和更加丰富的资源。

三、我国创新创业相关政策

我国创新创业相关政策主要包括支持创业平台、支持初创企业、支持个人创业和支持创业服务四个方面。创新创业相关政策实行属地管理，下面以福建省漳州市为例，对相关政策进行梳理。

1. 支持创业平台

支持创业平台包括省级、市级孵化基地资助。

①补贴对象：利用现有房屋和闲置厂房等兴办创业孵化基地、创业大本营、众创空间等，为创业者提供低成本场地支持、指导服务和政策扶持的高校、科研院所、企业、创业投资机构和各类社会组织等。

②补贴标准：申报项目经资格审核、推荐申报、实地考察等评审流程并入围的，被评为省级创业孵化基地的给予 50 万元资助，被评为市级创业孵化基地的给予 20 万元资助。

2. 支持初创企业

对初创企业的支持包括初创企业人员高层次进修补助、一次性创业补贴、创业带动就业补贴三个方面。

（1）初创企业人员高层次进修补助。

①补贴对象：在当地登记注册 5 年内的初创企业以及民办非企业等单位担任法人、董事长或总经理、副总经理等职务人员。

②补贴标准：创业人员进修学习费用，由承办单位按进修学习相关规定提出方案，由市人社局审核后，按照最高不超过 1 万元/人的标准从就业补助资金予以补助，实际发生的费用由承办单位按照相关规定统筹处理。

（2）一次性创业补贴。

①补贴对象：补贴对象为大中专毕业生、就业困难人员、返乡农民工三类，在漳州市行政区域内首次使用本人身份信息注册创办企业、个体工商户、农业合作社、网店等并担任法定代表人或负责人，所创办企业（实体、网店）自工商登记注册之日起正常运营 6 个月以上（含 6 个月）且当前仍在正常运营（在各类创业孵化基地、创业园等已享受政府租金优惠政策的；与用人单位签订了劳动合同，办理了就业登记的；用人单位正在为其缴纳社会保险的除外），可申领一次性创业补贴。每位创业人员只能享受一次创业补贴，每份营业执照只能申请一次补贴。

第一类：大中专毕业生，指毕业 5 年内全日制普通大中专院校毕业生。毕业 5 年内是指申请人毕业证书记录的签发日期距提交一次性创业补贴申领材料的时间不超过 5 周年。

第二类：就业困难人员，指《福建省人民政府关于进一步做好促进就业工作的通知》（闽政〔2008〕18 号）第十条规定的就业困难人员、参照享受就业困难人员政策的农村三类人员，以及《福建省人力资源和社会保障厅、福建省财政厅关于推进精准就业扶贫六条措施的通知》（闽人社文〔2016〕225号）规定的建档立卡贫困家庭劳动力。

第三类：返乡农民工。主要指离开户籍所在地县（市、区）外出务工或经商，近3年内返回户籍所在地县（市、区）的农民。

②补贴标准：创业者及所创办的企业、个体工商户、农业合作社、网店等符合上述条件，在创办企业为本人及企业职工缴纳职工社会保险或以灵活就业人员身份缴纳职工社会保险6个月以上（含6个月）的，给予1万元一次性创业补贴。

（3）创业带动就业补贴。

①补贴对象：初创3年内，吸纳本市户籍人员就业（签订1年以上期限劳动合同并缴纳社会保险费）的小微企业（含个体工商户）。相同登记注册地址的不同初创企业、带动相同人员就业的，只能有一家企业申请一次补贴。

②补贴标准：按吸纳就业的人数（法定代表人除外），给予每人1 000元、总额不超过3万元的创业带动就业补贴。

3. 支持个人创业

对大中专毕业生省级、市级创业项目给予资助。

①补贴对象：福建省内全日制普通大中专院校和省外全日制普通大中专院校（福建生源）在校生或毕业5年内在漳创业的全日制普通大中专毕业生。申报人已在漳州市行政区域内创办独资、合资、合伙企业以及民办非企业单位、农民专业合作社、个体工商户等创业实体，并为该申报项目（企业、民办非企业单位等）法定代表人或（个体工商户等）经营者。申报人在创业企业或实体中出资总额不低于注册资本的30%。

②补贴标准：申报项目经资格审核、书面评审、实地考察和现场答辩等评审流程并入围的，省级资助每个项目给予3—10万元创业资金扶持，市级资助每个项目给予1—3万元创业资金扶持。省、市级项目同时评审，项目资助省级、市级不同时享受。

4. 支持创业服务

创业服务支持包括公共创业服务补助和购买社会专业化创业服务。

①公共创业服务补助：支持各级组织开展创业师资培训、创业项目成果展示交流、创业项目推介、创业创新大赛等创业服务和专项活动。

②购买社会专业化创业服务：各地可通过政府购买服务的形式，购买为自主创业人员或初创企业提供的有关创业服务。服务项目可包括信息服务（项目开发、政策资讯等）、事务代理（工商、会计、税务等）、咨询指导（管理、法务、融资等）等，具体项目清单由各地结合实际制定。

四、我国创新创业政策概要

我国近年来在大力推进创新创业方面取得了显著进展，相应的政策和措施也在不断出台。以下是一些主要的政策概述。

1. “双创”政策

“双创”政策是指鼓励大众创业、万众创新的政策，包括在政策、资金、资源等方面为创新创业者提供支持和保障，推动新兴产业的发展，提升国家的创新能力。

2.《国家创新驱动发展战略纲要》

该政策提出创新驱动就是创新成为引领发展的第一动力，强调创新创业教育的重要性，提出要大力推进创新创业教育改革，积极探索实施创新创业教育“双创”培养模式，培养更多的具有创新创业精神和实践能力的高素质创新创业人才。

3. 大众创业、万众创新若干政策措施

该政策提出鼓励创新创业，推动创新创业与科技创新基地建设相结合，探索建设新型创新创业人才培养机制，加强人才评价和选拔，促进优秀人才向创新创业领域倾斜。

4. 鼓励外资参与我国创新创业

我国推出一系列鼓励外资参与我国创新创业的政策，包括建立创新创业人才国际合作计划、加强知识产权保护和管理、放宽外资准入等。

5. 科技型企业认定

该政策对于科技型企业认定提出了一系列的标准和条件，符合条件的科技型企业将享受到税收优惠、资金扶持等政策支持。

6. 创业投资基金

该政策支持创新创业投资，设立创业投资基金，鼓励社会资本参与创业投资。

7. 人才引进政策

该政策针对各类人才采取了一系列的政策支持，包括吸引海外高端人才回国创业、鼓励科研人员创办科技型企业等。

五、我国创新创业政策对大学生的作用

我国的创新创业政策对大学生有着很大的帮助，因为这些政策为大学生提供了更多的机会和支持，使得大学生可以更好地开展创新创业活动。

1. 政府创新创业基金

政府设立了一系列的创新创业基金，为创新创业者提供资金支持。大学生可以申请这些基金，以支持他们的创新创业项目。

2. 创新创业孵化器

政府设立了一些创新创业孵化器，为创业者提供物理空间和创业资源上的支持。大学生可以通过申请这些孵化器来获得工作场所、设备和导师等方面的支持。

3. 高校创新创业基地

政府鼓励高校设立创新创业基地，提供场地、设备和导师等资源支持，帮助大学生开展

创新创业活动。

4. 优惠政策

政府对创新创业者给予一定的税收、融资和政策支持等优惠政策，以鼓励和支持创新创业活动。

5. 创新创业教育

政府加强创新创业教育，增强大学生的创新创业意识和能力。通过开设创新创业课程、组织创新创业比赛和活动等方式，增强大学生的创新创业意识和能力。

总的来说，我国创新创业政策为大学生提供了更多的机会和支持，使得大学生可以更好地开展创新创业活动。但是，大学生在申请政策支持的时候也需要了解政策规定和要求，提高自身的创新创业能力，才能更好地获得政策支持并实现创新创业梦想。

【本章课后思考】

一、选择题

1. 关于创新的主体，说法最准确的是（　　）。

A. 企业家　　B. 政府　　C. 消费者　　D. 产品

2. 下面选项中，被许多人认为是术语“企业家”的创造者是（　　）。

A. 理查德·坎蒂龙（Richard Cantillon）

B. 吉恩·巴普蒂斯特·赛（Jean Baptiste Say）

C. 彼得·德鲁克（Peter F. Drucker）

D. 熊彼特（Schumpeter）

3. 蒂蒙斯创业要素模型，包括以下哪些要素？（　　）

A. 创业者和团队　　B. 市场　　C. 资本　　D. 技术

E. 战略

4. 常见的创业类型主要有（　　）。

A. 创新型创业　　B. 复制型创业

C. 小企业创业　　D. 创业创造

E. 科技创业

二、填空题

1. ________于 1912 年在《经济发展理论》一书中提出“创新理论”。

2. 以系统论来看，完整的创新主要有四个要素：________、________、________、________。

3. 创业精神的核心是________。

4. 我国创新创业教育的特点为________、________、________、________、________。

三、问答题

1. 创新创业的特点有哪些？

2. 请阐述创新创业精神的构成要素。

3. 创新创业精神的特征有哪些？

4. 请阐述创新创业教育与职业生涯规划之间的关系。

5. 我国创新创业政策对大学生的作用有哪些？

第二章 创新思维培养

【学习目标】

理解：理解创新思维的基本概念、构成和类型，理解创新思维的关键要素，理解创新方法中的设问检查型技法、列举型技法和组合型技法，理解万众创新的相关政策，理解大学生创新创业训练的必要性。

掌握：掌握创新思维的基本特征和过程，掌握创新思维的六个训练维度，掌握创新方法中的头脑风暴法、逆向转换型方法和联想比较型方法，掌握万众创新的基本含义，掌握大学生创新创业训练计划项目的基本内容。

应用：结合项目案例，进行大学生创新思维的培养和训练；任选一个项目，开展创新思维的维度训练；结合项目案例，在创新创业实践中运用创新方法，在创新创业实践中运用万众创新政策；结合项目案例，在大学生就业指导工作中运用创新创业训练理论。

【思政目标】

“创新思维培养”章节，可以围绕以下六个方面来设计思政内容：

1. 引导大学生探究创新思维的内涵和特点，以及创新思维的发展历程和重要性。

2. 激发大学生的创新思维，通过案例分析、讨论和实践活动等多种形式，培养大学生的创新意识和创新思维能力。

3. 培养大学生的团队协作精神，通过小组合作、团队讨论和集体实践等多种方式，提高大学生的沟通协调、合作共赢和创新能力。

4. 引导大学生了解创新思维在实际生活中的应用。

5. 通过分析政策和法规，引导大学生了解政策对于创新发展的重要性，激励大学生积极探索与政策相适应的创新发展道路。

第一节 创新思维

习近平总书记指出：“惟创新者进，惟创新者强，惟创新者胜。”在党的十九大报告中，习近平总书记强调：“增强政治领导本领，坚持战略思维、创新思维、辩证思维、法治思维、底线思维。”充分体现了党和国家对创新思维尤为重视。

何谓创新思维？目前学术界尚无统一的界定，对这个概念的用语也不统一。心理学家多将之称为“创造性思维”，这也反映出研究者们对“创造”和“创新”这两个概念并没有多大意义上的区分。人的需求是创新思维的诱导条件，人是有追求目标、有理想的高级动物，其生活目标远高于动物且不断发展变化。因此，人的需求推动创新思维的丰富和发展，是创新思维得以展开的内在动力。创新思维从逻辑上讲，是思维主体运用已有的思维形式，组合新的思维形式的思维活动。

一、创新思维的基本概念

创新思维是指创造者在最佳的心理构成和心理合力作用下，首先获取强烈的、明快的、和谐的创新意识，进而使大脑中已有的感性和理性知识信息，按最优化的科学思路，灵活地借助想象与联想、灵感与直觉等因素，以渐进和突变两种飞跃方式，实现重新组合、匹配、脱颖和升华，从而达到创造的成功。

哈佛大学教授熊彼特于 1912 年第一次在经济领域讨论创新，意味着关于创新的系统研究在多领域拉开序幕。如果从哲学和思维的角度来讨论问题，创新思维是指以新颖独特的方法解决问题的思维过程，通过这种思维能突破常规思维的界限，以超常规甚至反常规的方法、视角去思考问题，提出与众不同的解决方案，从而产生新颖的、独到的、有社会意义的思维成果。基于上述定义，可以将创新思维的基本类型划分为以下四种：①差异性创新思维；②探索式创新思维；③优化式创新思维；④否定型创新思维。无论是哪种类型，均需要独到的见解、新颖的方法、崭新的视角以及理解和接受事物的全新方式。

创新思维是多种思维方式相互作用的过程，是全方位、立体性的综合性思维活动，是多种思维方法、思维形式和思维过程有机结合的产物，是人类思维活动的高级形态，是主体在一定的理论知识和实践经验的基础上，突破传统思维习惯和逻辑规则，通过多角度思维产生新颖的、独特的、有社会价值的产品的思维方式。在创新思维方法上，既要有逻辑思维，也要有形象思维；在思维的形式上，既要有发散思维也要有收敛思维，既要有求异思维也要有求同思维；在思维过程中，要不断地综合、分析、比较、概括和推理。只有这样，才能正确认识事物的本质和规律，才能培养和发展创新能力，才会卓有成效地产生创新性成果。

二、创新思维的构成

创新思维，是人脑的一种综合性思维，是思维素质、思维心理、思维形式、思维环境和思维效果的系统综合反映。

1. 思维素质

一个人的创新思维是否活跃，首先取决于个人的创新思维素质，包括智力因素（知识信息、创新意识、创造能力）和非智力因素（兴趣爱好、钻研精神、实践能力）。

2. 思维心理

创新思维的发生是一种复杂的心理活动。现代实验心理学研究成果表明，人的心理活动是多形式、多层次、多功能的。心理和思维是密不可分的，思维活动自然也是一种高级的心理活动。兴趣、情绪、意志、性格、意识等各种心理因素，都不同程度地伴随着思维过程的始终。虽然创新思维与一般性思维都属于思维这一心理学范畴，但两者之间却有某种“质”的差异。潜意识是创新思维的自动导航仪，它时刻追寻着创造者所期望和控制的目标。这种“潜意识心理”由于不为自己所意识到而往往被忽略。因此，凡创造者都会自觉地培养这种潜意识心理环境。要培养潜意识心理环境，首先必须从现实的自我观察开始，并在一系列的自我动机、自我期望、自我控制、自我调节、自我意象、自我投射、自我反馈过程中得到最后实现。其中的调控是指“情感”“兴趣”始终如一，这样就可以实现这种潜意识心理环境的协调一致。

3. 思维形式

创新思维作为一种综合性思维，其主要特点在于它不是也不可能是依靠某一种或两种思维形式合作的结果，而是各种思维形式综合作用的结晶。比如人的创新思维过程绝不是单纯的抽象（逻辑）思维，总要有点形象思维，甚至要有灵感（顿悟）思维。可见，创新思维是一种综合性的思维，它对于哲学家、科学家、工程师和文学艺术家进行创造性活动来说，都是十分重要的。

4. 思维环境

人的思维和意识不仅仅反映外部世界，而且创造外部世界。创新思维的目的在于改造外部世界，一方面要受实践活动所制约，另一方面又表现着集体思维效果——知识。从主客体关系角度来说，我们在这里称其为思维的社会环境。就是说创新思维的产生和作用与思维的社会环境密切相关。解决好思维主体与思维客体、思维结果与实践效果的关系问题，是发挥创新思维的重要因素。

5. 思维效果

衡量创新思维的标志在于思维效果如何。一般来讲，凡有突破性、独创性和实用价值的思维，都算得上是一种创新思维，这是衡量是否是创新思维的实践标准。

综上所述，创新思维作为人脑机能的产物，既是人类长期进化的结果，又是人类知识发展的结果。

三、创新思维的内容

创新思维作为一种开拓性思维、创造性思维、探究性思维等高级思维模式的综合运用，能够在烦琐的日常工作和生活中快速发现问题和解决问题，同时也是一种在激烈的市场竞争和快速变化的环境中创造新的价值和机会的能力。因此，创新思维的核心内容包括以下几个方面。

1. 拓展思维视野

开放思维，学会跨界思考，从多个领域和角度寻找灵感和创意，不断拓展自己的思维视野。

2. 持续探究

保持好奇心和求知欲，不断探究和了解新的事物和现象，通过发现和分析问题来寻找新的机会和创新点。

3. 提升创造性

培养创造性思维，通过自由联想、反转思维等方法来产生新的想法和解决问题的方案。

4. 追求卓越

不断追求卓越和完美，提高创新成果的质量和实际价值。

5. 鼓励冒险

勇于冒险和尝试，敢于接受失败和反馈，从失败中总结经验和吸取教训，不断完善和优化创新方案。

6. 具备执行力

具备行动力和执行力，能够将创新思维转化为实际行动和成果，实现创新价值的落地和推广。

通过不断的实践和训练，大学生可以不断提升自己的创新思维能力，为个人和组织带来更多的价值和机会，为就业和创业奠定基础。

四、创新思维的过程

创新思维过程是一个系统工程，是思维素质、思维心理、思维形式、思维环境和思维结果的系统综合。在国内认知和思维学界，绝大多数学者都认为创新思维的基本过程包括准备、酝酿、豁朗和检验四个阶段。

1. 准备阶段

这一阶段主要包括三项内容：一是发现、提出问题，而且不是常规问题，是超常规问题；二是根据已有知识对问题进行初步理解与加工；三是根据初步理解，去广泛地搜集各种相关信息或资料，这样的资料越充分越好。这个阶段科学家运用的主要是抽象思维，辅之以形象思维；艺术家运用的主要是形象思维，辅之以抽象思维。这个阶段的关键是发现问题、提出问题。

2. 酝酿阶段

这一阶段主要的思维活动是根据已有的理论和所收集的信息，运用重复性思维提出尽可能完全的解决方案（假说），但却始终解决不了问题。这个阶段的主要矛盾是运用重复性思维去解决反常问题，即在现有的理论与技术的框架里去解决新问题，这是试错的过程、失败的过程，但却是创新思维的非常重要的阶段。因为，第一，搜集、积累了大量资料；第二，总结出许多经验；第三，培养、锻炼出良好的心理素质；第四，反常问题与现有的理论、技术框架这一主要矛盾尖锐化，为创新思维提供方向。

3. 豁朗阶段

这是创新思维的关键阶段，主要内容有三个：第一，突破原有理论、技术框架和传统观念、思维定式的束缚，这是创新思维的首要环节；第二，提出新概念、新观点、新方法、新意象，这是创新思维的关键环节；第三，将新概念、新观点、新技术、新意象加以系统化，形成新理论、新技术、新的艺术作品。

4. 检验阶段

这一阶段也可以称为验证阶段、鉴定阶段或评价阶段。在酝酿阶段所产生的新理论、新技术、新艺术品，只有经过检验、鉴定、评价，才能确定它到底是成功还是失败，是好的还是坏的，是有价值的还是无价值的。

五、创新思维的基本类型

（一）依据发生情形分类

崔立中教授指出，创新心理活动的发生情形有两种类型：有意发生的和无意发生的。按照这一划分标准，创新思维也可以划分为无意创新思维与有意创新思维两大类。无意创新思维是指创新思维活动的引发并不是事前就有明确的创新目的，而是在偶然的情况下，由偶然事件突然引起的。人类的很多发明、创造都是这样最先开始的。如牛顿看到苹果落地而引发了对万有引力的探索，鲁班因被草划破了手指而发明了锯，等等。这些活动都是由无意创新引起的，其思维都属于无意创新思维。无意创新思维要求人们善于从无意中发现有意义的问题，是人类创新思维本性的一种自然流露和发挥，在人类的创新思维中占很高的比例。有意创新思维是指创新思维活动不是由偶发事件或情境引起的，而是按照预定的目标开始的，这与无意创新思维刚好相反。有意创新思维的突出特点就是“有意”，即在创新思维活动开始之前就有了明确的目的。如著名的王冠之谜，就是阿基米德在接受了希洛王的命令和任务后才开始思考的；为我国航空航天技术的不断创新做出卓越贡献的科学家们，他们的科研创新也是因牢记使命而奋力思考不断创新的。有意创新思维，按照其创新思维的来源形式，又可分为连续创新思维、突破创新思维、集成创新思维、模仿创新思维四种类型。有意创新思维是人类主观能动性充分得到体现的思维形式，是人类为了适应客观变化、推动人类不断发展的必要思维。

（二）依据构成要素分类

根据创新思维的内部构成要素，可以分为发散思维、联想思维、想象思维、直觉思维和灵感思维。

1. 发散思维

发散思维又称辐射思维或求异思维，是通过对已知信息进行多方向、多角度的思考，从而悟出新问题、探索新知识的思维方式。求异性是发散思维的本质特征，这里的求异是没有范围局限的，不管是正向的、反向的，只要是合乎情理的解释，任何思路、任何方法的多向发散，都在发散思维的范畴内。由于在发散思维的过程中，各个发散方向所考虑的角度不同，发散思维就有可能提出独特的、有价值的问题，即发散思维并不要求常规、唯一，它要求发散到尽可能多的领域。因此，在发散思维过程中，发散方向越多，发散程度越高，发散的质量就越好。

2. 联想思维

联想思维是指通过某一事物的现象而想到具有某种联系的另一事物的现象，从而启发出新的创新想法的思维方式。客观事物的联系方式是多种多样的，这种多种多样的联系方式反映在人的思维中，就构成了网状的思维结构，人们可以通过任意的选择，从对某一事物的认识，迁移到对另一事物的认识。联想思维又可细分为接近联想、类似联想、对比联想和关系联想。通过联想思维，能够形成新的事物之间的联系，能够使我们的思维突破或跨越常规，产生对事物的新认识。

3. 想象思维

想象思维是在头脑中改造记忆表象而创造新形象的过程，也是对过去已经形成的那些事物的联系方式进行新的综合的过程，是对一种事物形象或概念的选择或重组的、具有极大自由度的思维方法。想象包括无意想象与有意想象，而有意想象又包括了再造想象、创造想象与幻想。无意想象是事先没有预定的目的、不自觉的想象；有意想象是事先有预定的目的、自觉的想象。再造想象是根据现成的描述而在大脑中产生新形象的过程；创造想象是不根据现成的描述，而在大脑中独立地产生新形象的过程；幻想是与人的愿望相结合并指向未来的一种想象，它是创造想象的特殊形式。想象思维具有主观能动性、新颖独特性和超现实性，想象思维可以使我们对不能亲自观察或体验的事物形成想象形象，扩大我们的知识面，摆脱传统思维对我们的约束，从而提出新的想法，促进创新思维的发展。

4. 直觉思维

直觉思维是一种跳跃式的思维方法，是根据对事物的生动的直觉印象，跳过循序渐进的思维过程，直接把握事物的本质与规律的一种思维方法。直觉思维就是平时人们说的“跟着感觉走”，但这种感觉并非空穴来风，而是对以往经验的发挥、对已有知识的运用。我们在日常生活中，常常会有这样的经历，即对某一问题的认识和解决，往往是凭借感觉开始的，这种潜意识的思维就是直觉思维。

5. 灵感思维

灵感思维也称作顿悟，是人们借助对事物的新的认识与启示，所猝然迸发的一种领悟或理解的思维方法。顿悟，即忽然领悟。在生活中，我们常常会有这样的体验：当对一个问题的思考进入死胡同，虽然绞尽脑汁，思考了很长时间，但仍一无所获时，不得不暂时放下这个问题。过了一段时间，忽然在某一时刻，一个想法或念头会在毫无准备的情况下，在脑海中突然闪过，闭塞很久的思路顿时贯通，纠结多日未能解决的问题也在此刻迎刃而解。这种突然迸发的想法就是灵感。灵感的产生是瞬时的、突发的，同时又是非线性的，所以灵感来得快，去得也快。所以，保持良好的精神状态对于有效追寻灵感是十分必要的。

综上所述，创新思维的内部五因素之间相辅相成，缺一不可。发散思维主要解决创新思维的目标指向，即创新思维的方向性问题；联想思维和想象思维为问题的解决提供有效的形象指导与加工；直觉思维和灵感思维则是人类获取创新想法的高效率思维形式，在实现创新思维的过程中起重要作用。换言之，五因素中，一个用于解决思维过程的方向性，两个用于提供解决问题的形象指导与加工，另外两个用于获取创新思维过程中的创新想法。

六、创新思维的基本特征

创新思维属于思维的范畴，一方面，创新思维具有一般思维的特征；另一方面，创新思维又具有创新的特征。具体地说，创新思维主要具有如下特征。

1. 敏锐性

敏锐性是指思维的敏感程度，善于发现一些别人不能或没有发现的问题。敏锐性反映的是一个人在情境面前观察问题的细微程度，这与创新思维的培养有密切的关系。要实现思维创新，就需要以敏锐的思维作为基础。

2. 灵活性

灵活性是指思维灵活，能够从多视角、多维度、多类型看问题、分析问题和解决问题。灵活性打破了传统逻辑对思维活动的限制，反映了思维活动的多样性、变异性；同时也使创新思维呈现出高度的复杂性和随机性。

3. 突破性

突破性是指思维打破理论权威、规律、方法及思维定式的束缚。这是创新思维的必要特征，没有突破性，就不算是创新思维。

4. 全面性

全面性是指多种思维形态、思维方式、思维方法的全面运用。创新思维是抽象思维与形象思维在人脑中发生关联，迸发出富有创新性的灵感的过程。世界上没有纯粹的创新思维，它是对比、想象、联想、直觉、顿悟等多种思维形式的全面综合运用。

5. 独创性

独创性是指思路或思维结果在现实中罕见的程度，越罕见，独创性水平越高。这一特征是创新思维的最高境界。独创性反映的是一个人的思维的超越能力，即独创性越高，超越能力越强。

七、大学生创新思维的培养与训练

（一）突破思维障碍

1. 常见的思维障碍

（1）思维定式（习惯性思维）。

思维是一种复杂的心理现象，是人的大脑的一种能力。思维惯性是指这次这样解决了一个问题，下次遇到类似的问题或表面看起来相同的问题，还是不由自主地沿着上次思考的方向或次序去解决。思维定式是指思考同类或相似问题的惯性轨道，来自心理定式。过去的思维影响当前的思维，形成了固定的思维模式。思维定式是一种按常规处理问题的思维方式。它可以省去许多摸索、试探的步骤，缩短思考时间，提高效率。在日常生活中，思维定式可以帮助我们解决每天碰到的 90% 以上的问题。但是思维定式不利于创新思考，不利于创造。

(2) 直线型思维。

如一就是一、二就是二，或 A=B，B=C，则 A=C，这样的思维方式就是直线型思维。养成了直线型思维习惯，就不善于从侧面、反面或迂回地去思考问题，不免会陷入思维的误区。

(3) 权威型思维。

权威型思维指对权威的尊敬甚至崇拜，不敢逾越权威半步，不敢怀疑权威的理论和观点。

(4) 从众型思维。

从众型思维就是从众心理，就是不敢带头，不冒尖，一切都随大流。

(5) 书本型思维。

书本型思维指由于对书本知识的过分相信而不能突破和创新的思维方式。

(6) 自我中心型思维。

自我中心型思维指一些人特别固执，思考问题时以自我为中心的心理状态。

(7) 其他类型的思维。

①自卑型思维障碍，就是非常不自信，由于过去的失败或成绩较差，受到过别人的轻视，产生了自卑心理。

②麻木型思维障碍，表现是不敏感，思维不活跃。

③偏执型思维障碍，他们大多颇为自信，但有的人钻牛角尖，明知这条道路走不通，非要往前闯，直到碰得头破血流才罢休，不知道及时转弯。

(8) 练习。

有三个学生到一家小旅店住宿，他们准备住一个晚上，每人交了 10 元钱，老板见是学生说少收 5 元吧，退回 5 元。服务员拿着这 5 元心想：5 元分给 3 人不好分，于是自己收起 2 元，退给每个学生 1 元，事后服务员自己心中不解：每个学生交 9 元共 27 元，自己拿了 2 元总计 29 元，可学生给了 30 元，那 1 元到哪儿去了？

2. 突破思维障碍

突破思维障碍是指在思考有待创新的问题时，要有意识地抛开头脑中思考类似问题所形成的思维程序和模式，敢于开发新思路。我们在进行创造活动时，要有意识地抛开以往思考这些问题时的习惯（思维程序和模式），警惕和排除它对寻求新的设想所可能产生的束缚作用。思维定式有前面谈到的经验定式、权威定式、书本定式等。这种例子比比皆是，我们通过实例及练习来了解。

(1) 一只青蛙在 2 丈（1 丈=3.333 3 米）深的井底每天爬上 3 尺（1 尺=0.333 3 米），退 2 尺，请问多少天到达井口？

(2) 有位老汉用 2 米长的绳子把牛鼻子牢牢拴住，把饲料筐放在 3 米以外就走开了。可是当他回来的时候发现，牛已经把饲料全吃光了，请问是怎么回事？

(3) 王先生到 8 楼去办事，从大厅走到 4 楼用了 48 秒，再从 4 楼走到 8 楼需要多长时间？

(4) 由 2 个阿拉伯数字 1 组成的最大数是多少？3 个呢？4 个呢？

（二）扩展思维视角

1. 思维视角的概念

人的思维活动不仅有方向，有次序，还有起点。在起点上，就有切入的角度。实际上，思维视角对于创新非常重要。对于创新活动来说，这个起点和切入的角度非常重要。我们把思维开始时的切入角度，就叫作思维视角。

2. 思维视角对于创新的重要性

事物本身都有不同的侧面，从不同的角度去考察，就能更加全面地接近事物的本质。世界上的各种事物都不是孤立存在的，它们与周围的其他事物有着千丝万缕的联系，观察研究某一未显露本质的事物，可以从与它有联系的另一事物中找到切入点。事物是发展变化的，发展变化的趋势有多种可能性。全面的思维视角可以更全面地看待问题，促进跨界思考和融合创新。拓宽思维视角，可以帮助获取更加独特和有创意的解决方案。

3. 扩展思维视角的方法

（1）改变万事顺着想的思路。

大多数人对于问题的思考，都是按照常情、常理、常规去想的，或者按照事物发生的时间、空间顺序去想，这就是所谓的“万事顺着想”。在许多情况下，顺着想就只能是一种常规的思维方式，要想进行创新思维，就得有意识地改变万事顺着想的思路。可以采用的思路有：变顺着想为倒着想、从事物的对立面出发去想、思考者改变自己的位置。

（2）转换问题获得新视角。

可以通过以下途径转换问题以获得新的视角。例如，把复杂问题转化为简单问题，把自己生疏的问题转换成熟悉的问题，把不能办到的事情转化为可以办到的事情。

（3）把直接变为间接。

可以通过改变线路把直接变为间接。例如：先退后进，这是很重要的一种策略；迂回前进，退一步是为了前进；先设置一个新的问题，作为铺垫，为解决问题创造条件。扩展思维视角训练，见图 2-1。

图 2-1　扩展思维视角训练

（三）发散思维的培养和训练

一位贫苦的妇女，救了一个妖怪。为了报答她，妖怪说可以满足她三个心愿，但妇女所得到的，她的丈夫都可以得到双倍。比如妇女要一笔钱，她丈夫就可以得两笔；她要一幢房，她丈夫就可以得两幢房。但她的丈夫是一个恶棍，做了很多伤天害理的事情，她实在不愿意再给他更多的好处了，那么她应该提出什么要求呢？

1. 训练的要点

①把握好发散思维和想象思维的关系。发散思维和想象思维是密不可分的。我们向四面八方任意地展开想象时，也就是在进行发散思维。所以，我们在做发散思维训练时，应尽量摆脱逻辑思维的束缚，大胆想象，而不必担心其结果是否合理，是否有实用价值。

②要注意流畅性、变通性和独特性的要求，在训练中要尽量追求独特性。当然，如果一开始产生不了独特性的思维结果也不要着急。从流畅性，到变通性，再到独特性，循序渐进，逐渐就可以进入较高水平的发散思维状态了。

③注意跳出逻辑思维的圈子。

④每道题以 2~3 分钟为宜。在课后自我训练时，时间可以长一些。

⑤在训练时，也可能会出现其他思维形式，如想象、联想、推想等，这也没有关系，因为，发散思维训练实际上也是一种综合性的思维训练。不过，要尽量以发散思维为主。

⑥发散思维能力不仅要靠训练，还要靠人的知识、经验和想象能力。随着各方面素质的提高，再经过发散思维训练（特别是在实践中的自我训练），大多数人的发散思维能力都会有很大的提高。

2. 练习

（1）以材料、功能、结构、形态、组合、方法、因果、关系为发散点进行发散训练，以培养创新思维能力。

①如果可以不计算成本，还可以用哪些材料做镜子？

②要研制新的香皂，你可以设计出哪些香型？

③你是否能设计出具有不同优越性能的多种塑料？

④你对电话的铃声可以做哪些改变？

⑤如果你是服装设计师，你将设计出哪些新颖的裤腿的形状？

⑥如果在自行车上装一个打气筒，可以装在哪些部位？

⑦请你设计出一些形状、大小不同的手表。

⑧要调动学生学习的积极性，有哪些方式可以运用？

⑨每天早晨有许多人乘汽车上班，交通非常紧张，有哪些办法可以改变这种状况呢？

⑩除了现有的床垫，你还能设计出其他舒适而方便的床垫吗？

（2）发散思维特征的训练。

①请在 10 个“十”字上加最多 3 笔构成新的字。

十、十、十、十、十、十、十、十、十、十。

②请在“日”字上、下、左、右、上下一起各加笔画写出尽可能多的字来（每种至少 3 个，也可以在口字、大字、土字等上加笔画）。

③请尽可能多地（每种至少 2 个）写出含有“马”字的成语（马字分别在 1、2、3、4 位）[①]。

---

① 参考答案：马到成功，马不停蹄，马首是瞻，老马识途，倚马可待，风马牛不相及，墙头马上，人欢马叫，人仰马翻，心猿意马，指鹿为马，厉兵秣马。

④有 9 根火柴组成 3 个三角形，如图 2-2 所示，如何移动 3 根火柴变为 5 个三角形？

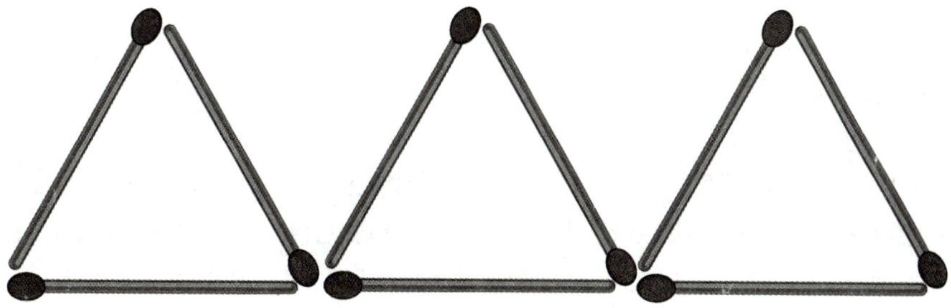

图 2-2 发散思维的培养和训练题（1）

⑤有 8 根火柴组成的 2 个正方形，如图 2-3 所示，如何移动 4 根火柴，组出 8 个三角形？

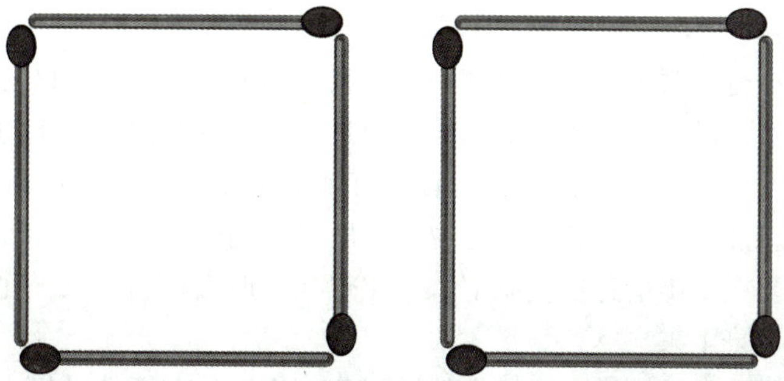

图 2-3 发散思维的培养和训练题（2）

（四）想象思维能力的培养和训练

1. 克服抑制想象思维的障碍

抑制想象思维的障碍主要有环境方面的障碍、内部心理障碍和内部智能障碍。环境方面的障碍，如人际关系的不协调、学习思考环境的恶劣等。心理状态如果处在积极、愉快、兴奋的情况时，人就容易进行想象思维；如果处于消极、压抑，甚至悲观、沮丧的状况，那就很难进入良好的想象思维。但是，人的心理状态是可以调整的。内部智能障碍主要是指思维方法的僵化，也就是思维模式的固定化，即所谓的思维定式或习惯性思维。

2. 培养想象思维能力的途径

第一个途径是强化创新意识。人的需求决定了人的思维积极性和活跃性。

第二个途径是学习。学习，包括从书本上学习，也包括从实践中学习，还包括向一切有知识、有经验的人学习。

第三个途径是静思。诸葛亮说："非淡泊无以明志，非宁静无以致远。"人有时需要交往，需要热闹，需要和别人产生思维碰撞，但有时也需要孤独，需要沉静地思考。

3. 想象思维的强化训练

想象思维的强化训练指在较短时间内，完成大量的有关想象力训练科目的训练方式。

（1）无意想象训练。

第一步，精神放松。端坐在椅子上，手掌放在腿上，眼微闭，全身放松。接着，再一次全身放松。

第二步，注意力集中。彻底放松之后，缓慢地进行腹式呼吸，把注意力集中到下腹。

第三步，记下结果。进入无意想象几分钟后，停止下来，恢复正常状态，立即用笔把刚才头脑中闪过的形象、事物等记录下来。

（2）再造性想象训练。

再造性想象是根据外部信息的启发，对自己脑内已存入的记忆表象进行检索的思维活动。做以下练习题，每题用时 2~3 分钟，阅读后，立即把自己头脑里想象的东西记下。

①请围绕“如何实现人口与经济、社会、资源、环境的协调发展”进行思考。

②如果我国西北地区的沙漠和黄土高原全部被森林覆盖，你能描绘出我国北方的生态环境的变化吗？

③驾驶汽车时不系安全带，可能发生伤害，假如你是司机，又没有系安全带，在紧急刹车时或与其他车辆相撞时会发生什么情景？如果系好了安全带呢？

（3）创造性想象训练。

创造性想象与再造性想象的根本区别在于，这种想象虽然也是在已有记忆表象的基础上展开的，但是并不限于已有记忆表象的水平，而是通过对已有记忆表象的加工、改造、重组的思维操作活动，产生新的形象，核心是必须有新的形象产生，否则就不能称为创造性想象。几乎所有的创新活动都离不开创造性想象，所以，创造性想象的训练是十分重要的。

以下练习题，要在给出信息的基础上，大胆想象，形成新的形象，并提出解决问题的方法，将想象的结果记录下来。

①开发大西部需要改造沙漠，为了使沙漠绿化，你有什么新的设想？

②常用的洗衣机中，衣物和水同时转动，所以洗涤效果不理想，你能想象出改变这种情况的新的洗涤方式吗？

③居家防盗是人们十分关注的一个问题，除了安装防盗门，你还能想出哪些高招？

④假冒伪劣商品很多，令人防不胜防，你能提出防止假冒伪劣商品的几条新措施吗？

⑤为了开拓广大的农村市场，你能提出什么新的策略？

（4）幻想性想象训练。

幻想性想象可以看作是创造性想象的一种极端形式，其特点是幻想的结果远远超出了现实的可能性，甚至是很荒谬的，但其中包含了创造的成分，或者是创造的先导。在这个意义上说，没有幻想就没有创造。

以下练习题，要在明确问题之后，大胆进行想象，不要顾及能不能实现，也不要管你的答案是否完整，只要想到，就用简单的文字记录下来：

①你对开发新的能源，比如太阳能和地热，有什么更有新意的想法？

②你可否想象自己用少得多的时间就读完从小学到大学的课程，或者用相同的时间就达到博士水平，有没有更好的教育和学习方法呢？

③假如让你负责开发一个无人农场或牧场，你都有什么方法和手段呢？

④假设某地区存在警力不足问题，严重影响了人民生活安全，你有什么新的想法来解决这个问题？

（五）联想思维的培养和训练

1. 训练的注意事项

联想思维可以在日常生活中培养和自我训练，也可以在教师的指导下进行强化训练。这里说明一下强化训练的注意事项。

第一，在读完题目后，要立即进入题目的情境，设身处地进行联想。虚拟的情境越逼真，效果就越好。

第二，开始联想后，每联想到一件事物，就记录下来，直到不能再想为止，但不要急于求成。

第三，一般可用2~3分钟完成一道题目，时间一到，马上转入下个题目。

2. 练习

（1）在两个没有关联的信息间，寻找各种联系，将它们连接起来。

例：粉笔—原子弹　粉笔—教师—科学知识—科学家—原子弹

①足球—讲台；②黑板—聂卫平；③汽车—绘图仪；④油泵—台灯。

（2）分别在下面每题的字上加同一个字使其组成不同的词。

①自、睡、味、触、幻、感

②阔、大、博、东、告、意

③具、教、理、士、边、家

（六）直觉思维的培养和训练

直觉思维是指在没有明确思考或分析的情况下，凭借个人的经验和感觉来做决定或解决问题的能力。它是一种重要的思维方式，可以帮助人们快速做出正确的决策，并在短时间内做出有效的行动。

以下是一些培养和训练直觉思维的方法。

1. 练习观察

直觉思维是建立在对环境的观察和体验上的。因此，观察周围的事物和情况，并尝试从中获取信息和体验是培养直觉思维的一种有效方法。

2. 学习和积累知识

直觉思维的质量与个人知识和经验的广度及深度有关。通过学习和积累知识，可以提高自己的直觉思维能力。

3. 练习决策

通过在日常生活中练习做出决策，可以逐渐提高直觉思维的准确性和敏捷性。当然，这并不意味着盲目地做出决定，而是在考虑周全的基础上，依据自己的感觉做出最终决策。

4. 练习直觉思考

练习直觉思考是培养直觉思维的另一个方法，可以通过与他人交流、参加小组讨论或参加游戏等方式实现。

5. 实践和反思

最后，要记住，直觉思维是一个基于经验和感觉的过程。因此，要在日常生活中实践并不断反思和改进自己的直觉思维能力。

总的来说，培养直觉思维需要时间和努力，但通过以上方法的练习和实践，可以逐渐提高自己的直觉思维能力。

（七）灵感思维的培养和训练

灵感思维是指在创造性思维过程中所产生的突发性、非线性的想法，是创新和创造力的关键。以下是一些培养和训练灵感思维的方法。

1. 广泛的阅读和学习

阅读各种不同的书籍、杂志和报纸可以接触到各种想法、观点和知识。这种知识的积累和广泛的学习可以刺激灵感思维。

2. 收集和记录灵感

当大脑接收到各种信息和思想时，可能会产生一些创意的灵感。这些灵感需要被及时记录下来。我们可以用笔记本、便条纸、语音备忘录等工具记录下来，以便随时回顾和发挥。

3. 探索不同的环境和经历

尝试去新的地方旅行，参加不同的文化活动，或者加入新的社交群体，这些经历可能会激发灵感思维。

4. 练习大胆猜想

灵感思维需要在思考的过程中产生大胆的想法。可以通过练习思考和提出大胆猜想来锻炼自己的灵感思维。

5. 多角度思考

多角度思考意味着从不同的角度来思考问题和情况。通过尝试从不同的角度来考虑事物，可以找到更多的创意和灵感。

6. 练习创意思维工具

创意思维工具是一些通过特定的方法和技巧来激发创意和灵感的工具。例如，头脑风暴、随笔写作等方法都可以刺激灵感思维。

总之，灵感思维是一种需要不断训练和练习的能力。通过广泛的学习、收集和记录灵感、探索不同的环境和经历、练习大胆猜想、多角度思考以及使用创意思维工具等方法，可以培养和提高自己的灵感思维能力。

项目实操

项目实操名称：智能健康管理平台创新思维训练

［项目情景］

项目 2-1：智能健康管理平台

项目描述：

随着健康意识的提高，越来越多的人开始注重自己的健康管理。但是，传统的健康管理方式存在很多不足，如无法全面评估身体状况、无法实时监测健康状况、无法及时预警健康风险等。本项目旨在通过运用创新思维，打造一款智能健康管理平台，帮助用户全面管理自己的健康。

创新点：

1. 利用人工智能技术，实现智能诊断和预测健康风险，提供个性化健康管理方案。

2. 建立健康档案，全面记录用户的健康状况，包括身体指标、病史、用药情况等，为医生提供更全面的诊断依据。

3. 结合社交功能，建立健康社区，方便用户之间互相分享健康经验和建议。

商业模式：

1. 征得用户许可，通过平台收集用户数据和健康信息，进行数据脱敏，为医疗机构和保险公司提供数据支持和服务。

2. 提供免费基础服务，收费增值服务，如健康咨询、健康风险评估等。

3. 开展合作项目，如健康促进活动、健康产品推广等，为平台带来更多的用户和收益。

团队成员：

1. 项目负责人：拥有丰富的健康管理经验，擅长人工智能技术的应用。

2. 技术开发人员：具有人工智能和大数据技术方面的专业知识和经验。

3. 市场推广人员：擅长市场分析和推广策略的制定和执行。

4. 医学顾问：拥有医学背景和丰富的诊疗经验，为平台提供专业支持。

预期成果：

1. 打造一款领先的智能健康管理平台，为用户提供全面、个性化的健康管理服务。

2. 吸引大量用户和合作伙伴，为平台带来持续的用户流量和商业价值。

3. 提升用户的健康意识和健康管理水平，为社会健康事业做出贡献。

以上就是一个智能健康管理平台的创业项目的设计。在实际操作过程中，参与者需要不断运用创新思维的方法，结合市场需求和技术发展趋势，不断优化和调整项目方案，以适应变化的环境和需求。

实施方案：

1. 确定核心业务和服务内容，明确产品特点和差异化优势，以吸引用户和投资者的关注。

2. 制订详细的市场调研计划，了解目标用户的需求和偏好，确定最佳的推广和营销策略。

3. 搭建智能健康管理平台的技术架构，运用最新的人工智能和大数据技术，实现健康信息的实时监测和全面评估。

4. 建立强大的技术团队和医学顾问团队，不断优化和改进产品的性能和服务质量。

5. 与医疗机构、保险公司等行业合作，拓展平台的商业价值，同时增强用户的信任和忠诚度。

6. 加强平台的安全和隐私保护措施，保障用户的个人信息和健康数据的安全及隐私。

7. 不断跟进市场和技术变化，及时调整项目方案和业务模式，以适应变化的市场环境和用户需求。

通过以上实施方案的不断实践和优化，推动智能健康管理平台的创业项目能够得到成功的实现，并为用户和社会健康事业带来贡献。

[实操任务]

围绕项目2-1——智能健康管理平台，进行“创新思维”实操训练。值得注意的是，这个实操训练需要有一定经验的教师和专业人员支持。教师需要具备丰富的创业经验和相关知识，能够帮助参与者克服困难和挑战。此外，参与者还需要具备一定的商业和市场基础知识，这可以通过课堂教学和独立学习获得。

项目背景：参与者需要选择智能健康管理平台，作为自己创业项目的主题。

活动目标：通过实操训练，教师或专业人员帮助参与者培养创新思维，了解创业项目的流程和技巧，同时可以提高参与者的团队合作和领导能力。

训练步骤：

①团队组建：参与者可以自由组队，每个团队成员需要承担不同的角色和责任，例如CEO（首席执行官）、CTO（首席技术官）、市场营销经理等。团队需要确定自己的创业项目主题和目标市场，以及团队成员的职责和分工。

②创新思维训练：团队成员需要在指导者的帮助下进行创新思维训练，例如头脑风暴、思维导图等。这些活动可以帮助参与者拓展自己的思维和想象力，寻找更多的商业机会和创新点。

③商业计划书撰写：团队成员需要撰写一份完整的商业计划书，包括项目概述、市场分析、竞争分析、商业模式、营销策略等。商业计划书需要充分考虑市场需求、商业潜力和可行性，并提供详细的解决方案和路线图。

④演示和评估：每个团队需要在指导者和其他团队成员面前进行项目演示和评估。演示需要包括商业计划书的重点内容和具体实施方案，评估将考虑商业计划书的完整性、可行

性、市场潜力和创新性等方面。

⑤成果展示：最后，每个团队将向所有参与者展示自己的创业项目，并解释自己的创新思维和商业价值。教师或专业人士参与评估，并提供反馈和建议。

通过这个实操训练，参与者可以深入了解创业项目的流程和技巧，同时可以提高自己的创新思维和团队合作能力。最重要的是，参与者可以将理论知识应用到实践中，以实现自己的创业梦想。参与者不仅可以从指导者和其他团队成员的经验中获得启示，还可以与其他志同道合的人一起合作，分享自己的想法和经验。在这个过程中，参与者还可以了解创新思维的基本原则和技巧，如敏捷思维、设计思维、系统思维等，这些能力在创业过程中非常重要。最终，参与者将获得一份完整的商业计划书，这可以作为自己日后创业的重要参考资料。

第二节　创新思维的训练维度

创新思维作为一种开放、多元、包容和积极的思维方式，强调创新、创造和改变的能力，能够帮助人们在不断变化的环境中保持敏锐的观察力和适应能力，同时也能够在面对各种问题时快速地提出新的解决方案。创新思维的训练和实践维度，应把握以下几个关键要素。

1. 敏锐的观察力

创新思维需要敏锐的观察力，能够发现身边事物中的不同之处，发现产生问题的根本原因。

2. 多元化的思考

创新思维强调多元化的思考方式，能够从不同角度来审视问题，并且能够将不同的思想和概念融合在一起，提出更好的解决方案。

3. 实验和试错

创新思维需要有实验和试错的精神，敢于尝试新的思路和做法，不断学习和修正。

4. 积极的思考

创新思维强调积极的思考方式，能够以积极的态度来面对挑战和问题，找到解决问题的方法。

5. 与他人合作

创新思维需要与他人合作，能够开放心态接受不同的想法和意见，并且能够和他人合作完成任务，共同实现目标。

以上几个要素是创新思维的重要组成部分，可以通过不断练习和实践来加强创新思维能力。在日常生活和工作中，可以通过参与创新项目、学习创新知识、接触创新领域的人和事等方式来培养自己的创新思维，从而更好地适应变化和解决问题。围绕创新思维的五大关键要素，可以从拓展思维视野、持续探究、提升创造性、追求卓越、鼓励冒险和具备执行力六个维度开展创新思维的实践和训练。

一、拓展思维视野维度

拓展思维视野是指通过不同的方法和途径，使自己的思维方式变得更加开放、多元和灵活，能够更好地理解和应对周围的事物和环境。以下是几种常见的拓展思维视野的方法。

1. 多元化的阅读

不断地阅读不同领域的书籍、期刊和报纸，可以帮助我们了解不同的观点和想法，从而拓展我们的思维视野。

2. 探索未知领域

尝试去探索一些自己不熟悉的领域，例如参加不同领域的课程、讲座和研讨会，了解新技术、新领域和新思维方式，能够让我们拥有更加开放和多元化的思维方式。

3. 多角度思考问题

在面对问题时，不要只局限于一个角度和思路，而是尝试从不同的角度去思考问题，寻找不同的解决方案。

4. 倾听和尊重不同的声音

在与他人交流时，要尊重和欣赏不同的声音和想法，包容不同的观点和价值观，能够帮助我们更好地理解和拓展自己的思维视野。

5. 探索不同文化和语言

学习不同的语言和文化，能够拓展我们的视野和认知，让我们更好地理解和尊重不同的文化和价值观，从而提高自己的跨文化交流能力。

拓展思维视野需要人们保持好奇心和求知欲，并且不断地去尝试新的事物和想法，让自己的思维方式变得更加灵活和多元化。

二、持续探究维度

持续探究是创新思维的一个重要维度，它指的是在特定领域不断地探索、研究、发现新的问题、新的解决方案，从而推动知识的进步和创新的实现。它包括不断学习新知识、探索新思路、了解新技术和市场趋势等方面。持续探究可以帮助人们保持敏锐的思维、创造性和灵活性，从而不断创新和推进个人与组织的发展。以下是持续探究的一些实践方法和技巧。

1. 持续学习

持续学习是持续探究的基础，因此需要不断学习新的知识、技能和经验，包括通过书籍、网络、培训和经验分享等方式，增强自己的专业能力和创新思维。大学生可以通过读书、上课、听讲座、参加培训、在线学习等方式，不断获取新知识和技能。

一个好的创新思维者需要不断地学习和积累知识，以扩展自己的视野和思维能力。持续学习可以通过以下方式进行：第一，阅读。阅读是最基本的学习方式之一，通过阅读各种书籍、报纸、杂志等，可以拓宽知识面，了解最新的技术和趋势。第二，观察。观察周围的世界，关注身边的人和事，可以让我们发现许多新的问题和机会，从而启发创新思维。第三，参与课程或培训。参加各种课程或培训，可以学习到专业知识和技能，也可以结交志同道合的人，拓展自己的人脉。第四，参与社区。加入各种社区，比如在线论坛、社交媒体群组等，可以与其他人分享知识和经验，了解最新的动态。第五，参加会议或研讨会。参加会议或研讨会可以结交行业内的专业人士，了解最新的研究成果和趋势，也可以展示自己的创新思维和成果。第六，自主学习。通过互联网等资源，自主学习各种知识和技能，可以提高自己的综合素质和创新思维能力。

持续学习是创新思维不可或缺的一部分，只有不断地学习和探索，才能保持敏锐的思维和持续的创新能力。

2. 了解最新研究成果

了解最新研究成果是持续研究的一个重要方面。通过了解最新的研究成果，可以掌握最前沿的研究进展和技术趋势，从而推动自己在特定领域的研究和创新。以下是一些了解最新研究成果的实践方法和技巧：第一，阅读学术论文。可以通过查找学术期刊、会议论文等方式，获取最新的研究成果，并深入了解其研究方法、结果和结论。第二，参加学术会议。可以通过参加相关学术会议，与其他领域的研究者、专家、学者等进行交流和合作，了解最新的研究进展和技术趋势，并探讨新的研究方向和问题。第三，访问专家。可以通过联系相关领域的专家、学者等，了解其最新的研究成果和研究方向，获取专业的意见和建议，并与其进行交流和合作。第四，关注学术媒体。可以通过订阅相关的学术期刊、社交媒体等，获取最新的研究进展和技术趋势，并了解行业内的最新动态。第五，参与开源社区。可以通过参与开源项目，与其他开发者和研究者进行交流和合作，了解最新的研究进展和技术趋势，并共同推动领域的发展和创新。通过以上方法和技巧，可以更好地了解最新研究成果，掌握最前沿的研究进展和技术趋势，从而推动自己在特定领域的研究和创新。

3. 提出新问题

持续研究需要不断地提出新问题，挑战已有的观点和理论，并提出新的、有挑战性的问题，从而激发创新思维和提高解决问题的能力。

因此，创新思维者需要有敏锐的洞察力和好奇心，不断发现和提出新问题，以激发自己的创新思维。具体而言，可以通过以下方式提出新问题：第一，从身边事物出发。观察身边的事物，思考其中的问题和矛盾，尝试提出解决方案，从而激发新问题的产生。第二，关注行业趋势。可以通过网络及新媒体，关注行业的最新趋势和动态，思考其中存在的问题，提出创新性的解决方案。第三，拓展领域。拓展自己的知识领域，学习新的技术和理论，从中寻找新问题，开阔思维。第四，开放性思维。拥有开放性思维，对于现有的问题和做法保持怀疑和挑战，提出新的问题和思路。第五，与他人交流。与他人交流，听取他人意见和建议，共同探讨和解决问题，从中发现新问题和思路。

提出新问题可以激发创新思维者的好奇心和创造性，帮助他们更好地理解问题和挑战，寻找新的解决方案和商机。

4. 探索新方法

持续研究需要不断探索新方法和技术，包括开展实验、构建模型、尝试新的算法和工具等，从而实现问题的深度理解和有效解决。

因此，创新思维者需要有勇气尝试新的方法和思路，不断探索和试错，以发现更好的解决方案。具体而言，可以通过以下方式探索新方法：第一，借鉴他人经验。借鉴他人的经验和方法，了解不同的思维方式和解决方案，从中寻找启发和灵感。第二，实践试错。通过实践和试错，探索新的方法和思路，发现问题和不足，不断调整和改进，以达到更好的效果。第三，联想思维。运用联想思维，将不同领域的知识和经验进行融合，创造新的思路和方法。第四，创新工具。运用创新工具，如头脑风暴、思维导图、故事板等，帮助自己开拓思路，发现新的解决方案。第五，创新团队。与具有不同背景和经验的人一起工作，汇集各种思想和知识，共同探索新的方法和解决方案。

探索新方法可以激发创新思维者的创造力和想象力，帮助他们开拓思路，发现新的解决方案和商机，从而推动自己的创新事业不断发展。

5. 建立协作网络

建立协作网络，与其他领域的研究者、专家、学者等进行合作，共同研究、讨论问题，并互相分享知识和经验。

创新思维者需要与他人建立协作网络，通过交流和合作，共同探索问题，寻找解决方案。具体而言，可以通过以下方式建立协作网络：第一，寻找合作伙伴。寻找具有不同背景和经验的人，建立合作伙伴关系，共同探索问题，提供不同的思路和解决方案。第二，参与社区。参与相关的社区和活动，与志同道合的人交流和合作，互相学习和启发，共同探索新的想法和方法。第三，利用互联网资源。利用互联网平台和工具，如社交网络、在线论坛、协作工具、新媒体群组等，与他人进行交流和合作，共同探索问题和解决方案。第四，参加会议和研讨会。参加相关的会议和研讨会，与业内人士交流和合作，了解最新的研究成果和思想，共同探索问题和解决方案。

通过建立协作网络，创新思维者可以借助他人的智慧和经验，共同探索问题和解决方案，促进思想碰撞和创意交流，不断推动创新事业的发展。同时，也可以借助协作网络拓展自己的人际关系和人脉资源，提高自身的影响力和竞争力。

6. 保持开放心态

持续研究需要保持开放的心态，不断接受新的想法和观点，并积极尝试新的方法和技术，以实现领域的创新和进步。

创新思维者需要以开放的心态来面对问题，不断挑战和批判自己的观念和信念，拥抱新思想和新知识。具体而言，可以通过以下方式保持开放心态：第一，接受挑战和批判。创新思维者需要接受他人的挑战和批判，从不同的角度和视角审视问题，寻找新的解决方案。第二，尝试新事物。创新思维者需要敢于尝试新事物，包括新的想法、新的方法和新的技术，从而开拓思维的边界，寻找新的可能性。第三，学会倾听。创新思维者需要学会倾听他人的观点和想法，包括那些与自己观点不同的人。通过倾听他人的意见和建议，创新思维者可以更好地理解问题，从而找到更好的解决方案。第四，保持好奇心。创新思维者需要保持好奇心，不断探索和发现新的领域和知识，从而拓展自己的思维，发现新的机会和可能性。

通过保持开放心态，创新思维者可以更好地接受挑战和批判，尝试新事物，倾听他人的意见和建议，保持好奇心，从而不断拓展自己的知识和经验，提高自身的创新能力和竞争力。

综上，持续探究是创新思维中的重要维度，需要创新思维者不断学习、探索和发现新的知识、技术和方法，以及不断挑战和批判自己的观念和信念。具体而言，持续探究包括了解最新研究成果、持续学习、提出新问题、探索新方法、建立协作网络和保持开放心态等方面。

持续探究可以帮助创新思维者拓展自己的思维，发现新的机会和可能性，提高自身的创新能力和竞争力。在实践中，创新思维者可以通过参加学术会议、研究论文、阅读书籍和文章、参与社交网络等方式进行持续探究，不断提升自己的知识储备，为创新做好充分的准备。同时，保持好奇心、接受挑战和批判、倾听他人的意见和建议，也是持续探究的重要方面。

持续研究是一项持久而且充满挑战性的任务，但只有不断地探索和研究，才能不断推进领域的发展和创新，实现个人和组织的长期发展。

三、提升创造性维度

提升创造性是创新思维中非常重要的一个维度，创造性不仅是发现问题的能力，还包括寻找创新的解决方案的能力。以下是一些可以帮助提升创造性的方法。

1. 了解不同的观点和想法

通过阅读和研究不同领域的知识，了解不同的观点和想法可以激发灵感，帮助发现新的解决方案。

了解不同的观点和想法是提升创造性的一种方法。这可以通过多听取不同人士的意见和看法来实现，包括朋友、家人、同事、顾客等等。同时，也可以参与各种交流活动，如会议、研讨会、社交聚会等，结识更多的人，了解他们的观点和经验。

另外，阅读也是一个很好的提升创造性的方法。通过读书、看报、浏览网站等方式，可以了解不同领域的知识和见解，进而启发自己的想法。此外，也可以通过关注时事热点、文化趋势等，拓宽自己的思考，培养敏锐的洞察力和判断力。

最后，可以通过参与创意训练和创意游戏等活动来提升自己的创造力。这些活动旨在鼓励人们发散思维，从不同的角度和思路来解决问题，激发创造潜能。

2. 练习思维导图

思维导图是一种可以帮助人们组织思路的工具，可以促进灵活思考和关联性思考，帮助挖掘新的创新点。以下是一些练习思维导图的方法。

①选择一个主题：选择一个感兴趣或了解的主题，并将它写在思维导图的中心。

②列出关键词：思考与该主题相关的关键词，并在主题周围画出分支，将这些关键词与主题相连。

③建立层次结构：将关键词分成不同的层次，从而建立起一个清晰的层次结构。

④添加细节：在每个关键词下面，添加更多的细节或子类别，以便更好地理解和组织信息。

⑤进行调整：在创建思维导图的过程中，可能需要对分支和关键词进行调整和修改，以更好地反映思考过程。

思维导图可以用手绘或使用各种软件和工具来创建，如 MindManager、XMind、FreeMind

等。无论选择哪种方式，重要的是要实践并尝试使用思维导图来组织和展示思维。这样可以更好地理解和整合信息，同时也可以提高创造力和解决问题的能力。

健康生活的思维导图

思维导图是一种用来表达、组织和展示思维的方法。它将一系列想法和概念以树形结构的方式呈现出来，让人们更加清晰地看到它们之间的关系和层次。下面是一个使用思维导图的范例：

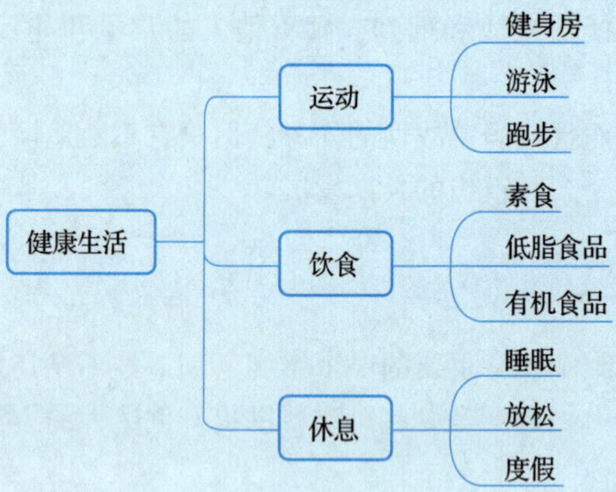

图 2-4　“健康生活”主题思维导图

在这个思维导图中，主题是“健康生活”，分为三个分支：运动、饮食和休息。每个分支下面列出了一些相关的子主题。例如，在运动分支下列出了健身房、游泳和跑步，它们都是与运动相关的活动。这个思维导图可以帮助人们更好地了解健康生活的不同方面，以及它们之间的关系。

3. 练习脑力激荡

在创造性思维的过程中，脑力激荡是一种有效的方法，可以通过一些刺激性的方法来挑战自己的思维，例如看一些难解的谜题、解决一些矛盾的问题等。

练习脑力激荡，可以激发大脑的创新潜能，帮助提升创造性思维能力。以下是几个练习脑力激荡的常用方法。

①利用类比：将一个领域或行业的经验或方法应用到另一个领域或行业，从而发掘新的解决方案。比如，如果你是一名设计师，可以尝试将厨师的做菜过程类比到设计中，比如先准备素材、按照步骤进行创作等。

②反向思考：将问题或挑战从不同的角度或方向看待，创造出更多的解决方案。比如，你要设计一个新的食品包装，可以从反向思考的角度出发，如不考虑包装的形状、颜色、材料等，而是先考虑这个包装不应该是什么样子的，然后再从中找到新的灵感。

③利用随机性：通过随机抽取词语或图片等来激发创新思维。比如，你可以在网上找一个随机单词生成器，随机生成一个单词，然后尝试将这个单词和你的设计项目联系起来，找到新的灵感。

④视觉化思维：将抽象概念转化为可视化图形或图像，可以让思维更加直观和清晰。比如，你可以用纸和笔画出一个思维导图，将你的设计项目分解为不同的部分，并将它们之间

的关系可视化。

这些练习方法可以帮助你在日常生活和工作中激发创新思维，带来更多的创意和解决方案。

范例："智慧零售"的练习

假设你正在思考如何改进传统的零售业务模式，让其更适应现代消费者的需求，你可以使用以下思维工具来激发创造力。

训练范例一：传统训练方法

(1) 列举问题：列出你认为目前零售业务模式存在的问题，比如高成本、缺乏个性化服务、不便利等等，然后尝试解决这些问题。

(2) 设想未来：设想未来消费者的需求和行为可能会发生什么变化，例如人工智能、虚拟现实、无人驾驶等技术将会如何影响零售业务模式。

(3) 聚焦消费者：以消费者为中心，思考他们的需求和购物行为，探索如何提供更好的购物体验和服务，例如个性化推荐、即时配送等。

(4) 收集灵感：收集来自其他行业或领域的灵感，如音乐、文学、艺术、科技等，看看是否可以将它们应用到零售业务中。

(5) 反其道而行之：思考如何采用截然相反的方式来经营零售业务，比如直接向消费者提供成本价商品，或者打造更小、更紧凑的店铺。

(6) 多元化思考：考虑与其他行业或领域合作，以开拓新的业务领域，例如与社交媒体平台合作提供购物服务。

通过这些思维工具，你可以创造出新颖、创意的零售业务模式，以满足消费者的需求。

训练范例二：新技术训练方法

设计一个名为"智慧零售"的创业项目，该项目旨在利用新技术和创新业务模式来改进传统零售业务。以下是一些创意想法。

(1) 利用大数据分析和人工智能技术，通过对消费者的购买历史和行为模式的分析，来预测消费者的需求并提供个性化推荐服务。

(2) 开发一个智能购物助手小程序，通过 AR（增强现实）技术和虚拟现实技术，提供消费者与商品互动的体验，让消费者更深入地了解产品特点和用途。

(3) 建立一套智能化的物流配送系统，通过无人机、自动驾驶车辆等新技术来提高送货效率，缩短送货时间，提供更优质的服务体验。

(4) 在传统实体店中，利用物联网技术和传感器技术，提供实时库存监控、商品定位和自动补货等服务，以提高零售业务的效率和减少人力成本。

(5) 利用区块链技术，建立安全可靠的交易平台，保障消费者隐私和交易安全，同时提高消费者的信任度和品牌忠诚度。

以上是几个可行的新技术创意想法，创业者可以根据实际情况进行选择和创新。通过不断尝试新的想法和创意来提升创造性思维，促进脑力激荡。

4. 创造性地思考问题

有时候问题本身可能需要重新审视，找到不同的切入点，以创新的方式去解决问题。

创造性地思考问题是指在寻求解决方案时，采用创新和非传统的方法和思维方式，以发现更好的解决方案。以下是几种创造性地思考问题的方法：第一，反向思考法。将问题的目标反转，想象出与目标相反的结果，然后想办法防止这种结果的发生。第二，头脑风暴法。通过集思广益，鼓励成员尽情发挥，提出各种解决方案，随后对提出的方案进行筛选、修改和完善。第三，侧重点转移法。通过转移注意力或改变视角，从新的角度去看待问题，从而发现新的解决方案。第四，模拟法。通过模拟实际情况，以及调查研究和案例分析等手段，寻找解决方案的灵感和创意。第五，比较法。通过比较不同解决方案的优缺点，寻找最优解决方案，或者将不同的解决方案进行组合，形成新的解决方案。这些方法可以帮助人们更好地创造性地思考问题。

案例：餐厅老板的创造性思考

在某个城市，有一家新兴的餐厅，但它的业绩一直不佳。经过调查，发现顾客不喜欢这家餐厅的装修风格，觉得菜单单一，服务也不够好。然而，餐厅老板没有足够的预算来重新装修，也无法扩大菜单或聘请更多员工。如何解决这个问题？

一个传统的解决方案是降价促销或提供优惠券来吸引更多的顾客。但是这并不能解决餐厅存在的问题，只是暂时性地增加了销售额。因此，我们需要创造性地思考问题。

一种解决方案是尝试重新利用餐厅现有的资源。比如，通过更改灯光或音乐来改变氛围，使用现有的菜品组合来创造新的菜单选择，或者提供自助服务或带走选项来减少服务员的需求。这些改变不需要额外的预算，但可以提高顾客体验和满意度，从而提高餐厅的业绩。

另一种解决方案是与周围的企业合作，建立一种共享经济模式。例如，与旁边的酒吧合作，让顾客可以在该酒吧购买饮料，而餐厅提供食物。这不仅可以增加顾客的选择，还可以吸引更多顾客来访问两个场所，从而提高餐厅的曝光率和销售额。

在这个案例中，创造性地思考问题帮助老板发现并解决业务问题，同时利用现有资源和周围的机会来增加餐厅的竞争力。

5. 跳出常规思维

常规思维可能会让人固化思维模式，难以创新，因此需要尝试跳出常规思维，以不同的方式来看待问题。

跳出常规思维是指我们要放弃对一件事情的既定认知和固有思维模式，通过创造性地思考和寻找不同的解决方法，达到更好的结果。以下是一些跳出常规思维的方法。

①反向思考：尝试反其道而行之，考虑逆向解决问题，例如，反向思考如何制造一个不需要充电的手机。

②联想思维：将不同领域的思想或概念联系起来，创造新的观点或概念。例如，将传统文化与科技相结合，开发出新的文化科技产品。

③多元思维：从不同的角度看待问题，利用多个视角进行分析，达到更加全面的理解。例如，从用户、供应链、营销等多个方面去考虑一个产品或服务。

④模仿创新：将成功的想法、方法或技术从一个领域引入到另一个领域，以创造新的价

值。例如，将汽车行业的轻量化技术引入到飞机制造业。

⑤逆向思维：寻找问题的逆因果关系，通过逆推找出最初的问题，并从根本上解决问题。例如，从用户需求出发，反向设计产品。

跳出常规思维需要大胆尝试，不断探索，创造新的思路和解决方案。通过这些方法，可以打破既定的思维框架，培养创新思维，为创新带来新的思路和可能性。

6. 培养好奇心

好奇心是创造性思维的重要源泉，能够激发人们探索新事物、思考新想法和寻求新解决方案的动力。因此，培养好奇心是提升创造性思维的重要途径。以下是几个培养好奇心的方法。

①探索未知领域：尝试接触一些之前没有涉及过的领域或话题，从不同的角度去思考和探索，这能够让我们开阔视野，了解到更多新鲜的事物。

②提出问题：对周围的事物进行质疑和思考，提出问题并寻找答案，这样能够培养对事物的深入思考和求知欲。

③增强好奇心：多接触一些新的、有趣的事物，例如观看纪录片、读书、参加各种活动等，这能够激发我们的好奇心和探索欲。

④保持开放心态：在学习和工作中，不要固执于自己的观点和方法，尝试接受不同的意见和看法，这能够帮助我们开阔视野，了解不同的观点和想法。

⑤学会提问：学会提问是培养好奇心的重要手段。通过提出问题，我们能够激发自己的好奇心和求知欲，不断探究新的领域和想法。

以上五种方法都可以帮助我们提升创造性思维，但需要注意的是，创造性是需要不断锻炼和实践的，需要时刻保持开放和敏感，发现并尝试新的思路和解决方案。

四、追求卓越维度

追求卓越是创新思维的重要维度，它涉及对自己的要求和对工作的追求。以下是一些关于如何追求卓越的方法和实践。

①设定高目标。将目标设得高一些，挑战自己，鼓励自己去超越。

②不断自我反思。要经常反思自己的表现，寻找不足和改进的空间，尽可能让自己做得更好。

③培养专业技。能不断学习和提升专业技能，保持行业领先的水平。

④寻找优秀的榜样。寻找成功的榜样，并从中学习他们的经验和方法。

⑤与优秀的人合作。与优秀的人一起工作与学习，学习他们的方法和技能，互相协作，共同提高。

⑥接受挑战。接受各种挑战和机遇，从中学习和成长。

⑦持续改进。不断寻求改进和创新，提高效率和质量。

⑧追求卓越的态度。始终保持追求卓越的态度，永远不满足于现状，不断追求更高的目标和更好的表现。

以上是一些关于如何追求卓越的方法和实践，通过不断努力和实践，可以提高自己的能力和水平，创造出更加优秀的成果。

五、鼓励冒险维度

鼓励冒险维度是指创新思维中一种重要的态度和行为，它鼓励人们尝试新的想法、新的方法和新的方向，不断挑战自己和固有的思维模式。这种勇于冒险的精神能够帮助人们发现新的机会和解决问题的方法，推动个人和组织的创新和发展。

在鼓励冒险维度中，我们可以通过以下方式来培养和训练创新思维。

①接受失败并从中学习。鼓励受训者尝试新的想法和方法，并为失败提供安全空间。让受训者认识到失败并不可怕，重要的是要从失败中吸取经验教训，并用这些经验教训来改进和创新。

②鼓励受训者提出建设性的批评和反馈。建立一种开放的和信任的文化，鼓励受训者在思维和工作中提出不同的意见和想法，并给予他们积极的反馈和建设性的评价，以帮助他们更好地理解和发展自己的想法与方法。

③提供资源和支持。为受训者提供必要的资源和支持，使他们能够更好地实现自己的想法和方法。这包括提供时间、技术支持、财务支持、培训和教育等方面的支持。

④建立一个积极的工作环境。营造一种积极、创新和开放的工作环境，鼓励受训者在工作中尝试新的想法和方法，并与同事分享自己的经验和教训。

⑤鼓励个人发展。为受训者提供发展机会和成长空间，帮助他们发现自己的优势和兴趣，并在这些领域中不断挑战和成长。

在以上几点的基础上，我们可以通过激励机制、奖励机制来激发受训者内在的动机，进一步鼓励受训者尝试新的想法和方法，从而推动创新和发展。

六、具备执行力维度

具备执行力是创新思维中不可或缺的一个维度，它指的是能够把想法变为行动并付诸实践的能力。以下是一些提升执行力的方法。

①设定目标并制订计划。设定清晰的目标，制订明确的计划，将想法转化为可执行的行动计划。

②确定优先级。对任务进行分类，确定每项任务的优先级，以便在有限的时间内更好地完成任务。

③管理时间。时间是有限的资源，要学会合理规划时间，分配时间，有效利用时间来完成任务。

④保持动力和热情。要保持对任务的热情，保持动力和积极性，以克服困难并实现目标。

⑤接受反馈和改进。接受反馈和批评，不断改进自己的行动，以实现更好的结果。

⑥寻求帮助。寻求专业的帮助和支持，包括与他人合作、寻求指导、参加培训等。

以上这些方法可以帮助我们提高执行力，更好地将想法变为行动并付诸实践。

项目实操

项目实操名称：Trendy Market——时尚零售平台的创新者

［项目情景］

项目 2-2：Trendy Market——时尚零售平台的创新者

Trendy Market 是一个基于创新思维六个维度的创业项目，希望可以帮助大学生更好地理解如何运用创新思维进行创业实践。

项目描述：

Trendy Market 是一个基于社交媒体和人工智能技术的时尚零售平台。该平台将提供一系列与时尚相关的商品和服务，旨在为消费者提供个性化的购物体验。

1. 拓展思维视野

在该项目中，我们将通过研究市场趋势和消费者需求，不断拓展我们的思维。我们将持续关注时尚和购物领域的最新动态，并尝试探索新的商业模式和营销策略。

2. 持续探究

我们将不断探究新的产品和服务，寻求不同的设计和生产方式，并不断优化我们的产品和服务。

3. 提升创造性

我们将鼓励团队成员参加创新思维培训和创新设计竞赛，提升其创造性和创新能力。我们还将鼓励团队成员在产品设计和营销策略方面提出新的想法和建议。

4. 追求卓越

我们将确保我们的产品和服务始终保持高品质，并在市场上获得卓越的声誉和表现。我们将采取严格的品质控制措施，并定期对我们的产品和服务进行评估和改进。

5. 鼓励冒险

我们将鼓励团队成员尝试新的商业模式和营销策略，并提供必要的资源和支持。我们将支持团队成员探索新的市场机会，并在失败的情况下从中总结经验和吸取教训。

6. 具备执行力

我们将确保我们的团队具备执行力，能够有效地实施我们的计划和策略。我们将设立明确的目标和指标，并实施有效的管理和监控机制，确保我们的团队能够及时响应市场需求并实现商业目标。

［实操任务］

请结合所学知识，围绕“Trendy Market——时尚零售平台的创新者”项目，开展创新思维六个维度的训练。

第三节 创新思维的训练技法

创新思维的创新方法也称创新技法，是指根据创新思维的发展规律而总结出来的一些原理、技巧和方法。创新的过程是有规律可循、有步骤可依、有技巧可用、有方法可行的。应用创新方法不仅可以启发人的创新思维，直接产生创新成果，而且能够提高人们的创造力和创新成果的实现率。

一、头脑风暴法

头脑风暴法又称智力激励型技法、BS 法、自由思考法，是由美国亚历克斯·奥斯本提出的一种激发性思维方法。头脑风暴最早是精神病理学上的用语，直译为精神病人的胡言乱语。奥斯本为了挽救公司，想到利用公司团队，结合现有资源，让不同角色的人员，共同想出更多、更好的创意。头脑风暴法是让参会者打开思维，使各种设想在相互碰撞中激起脑海中的创造性“风暴”，无限制地自由联想和讨论，其目的在于产生新观念或激发创新设想。

头脑风暴法的核心是“集智”和“激智”。由于头脑风暴法的特性，要求在过程中禁止批评、独特想法、量重于质和结合改善。

头脑风暴法一般是通过召开会议的形式进行的，其实施步骤包括准备、热身、明确问题、畅谈、整理筛选。

1. 准备

准备阶段包括以下四个方面的工作。

①选择会议主持人。

②确定会议主题。

③确定参加会议的人选。参加会议的人数以 5～10 人为宜。与会人员的专业构成要合理，大多数人应对讨论的主题有较丰富的专业知识，同时也要有少数外行参加。与会者应关系和谐、相互尊重、平等议事、无上下高低之分，以利于消除各自的心理障碍。

④提前下达会议通知。提前几天将议题的有关内容及背景通知与会者，以利于思想上有所准备，提前酝酿解决问题的设想。

2. 热身

头脑风暴法会议安排与会者“热身”，其目的是使与会者尽快进入“角色”。热身活动有多种方式，如看一段有关发明创造的视频、讲一个创新的故事、出几道大脑急转弯，让参加者快速形成热烈轻松的气氛，使大家尽快进入创造的状态。

3. 明确问题

这个阶段主要由主持人介绍问题。介绍问题时应注意坚持简明扼要原则和启发性原则。

4. 畅谈

这是头脑风暴法会议的最重要环节，是决定智力激励成功与否的关键阶段，其要点是想方设法营造一种高度激励的气氛，使与会者能突破种种思维障碍和心理约束，让思维自由驰骋，借助与会者之间的知识互补、信息互补和情绪鼓励，提出大量有价值的设想。畅谈阶段要遵守以下规定：

①不许私下交谈，始终保持会议只有一个中心。否则，会使与会者精力分散，并产生无形的评判作用。

②不许以权威或集体意见的方式妨碍他人提出个人设想。

③设想表述力求简明、扼要，每次只谈一个设想，以保证此设想能获得充分扩散和激发的机会。

④所提设想一律记录。

⑤与会者不分职位高低，一律平等对待。

畅谈阶段的时间由主持人灵活掌握，一般不超过 1 个小时。

5. 整理筛选

畅谈结束后，主持人应组织专人对设想进行分类整理，提取有意义的想法。如果获得解决问题的满意答案，头脑风暴就完成了预期的目标。如果还有没有解决的问题，可以再开一次头脑风暴。

二、设问检查型技法

设问检查型技法，简称设问法，是指围绕现有的事物或想要开发的新事物提出各种问题，通过提问，发现其存在的问题或者不能满足消费者要求的地方，从而找到需要革新的方面，开发出新的产品的一种创新技法。

设问检查型技法是人们经常使用的一种创新技法，关键在于能否提出高质量的问题。经验证明，巧妙的设问可以启发想象、开阔思路、导引创新。常见的设问检查型技法，主要包括奥斯本检核表法、和田 12 动词法和 5W1H 法。

（一）奥斯本检核表法

奥斯本检核表法，又称奥斯本法则，是引导主体在创造过程中对照九个方面的问题进行思考，以便启迪思路，开拓思维想象的空间，促进人们产生新设想、新方案的创新技法，见表 2-1。

表 2-1　奥斯本检核表法

检核项目	含　义
能否他用	现有的事物有无其他的用途、保持不变能否扩大用途、稍加改变有无其他用途
能否借用	能否引入其他的创造性设想，能否模仿别的东西，能否从其他领域、产品、方案中引入新的元素、材料、造型、原理、工艺、思路
能否改变	现有事物能否做些改变，如颜色、声音、味道、式样、花色、音响、品种、意义、制造方法，改变后效果如何
能否扩大	现有事物可否扩大适用范围，能否增加使用功能，能否添加零部件，能否延长它的使用寿命，能否增加长度、厚度、强度、频率、速度、数量、价值

续表

检核项目	含　义
能否缩小	现有事物能否体积变小、长度变短、重量变轻、厚度变薄以及拆分或省略某些部分（简单化），能否浓缩化、省力化、方便化、短路化
能否替代	现有事物能否用其他材料、元件、结构、设备、方法、符号、声音等代替
能否调整	现有事物能否变换排列顺序、位置、时间、速度、计划、型号，内部元件可否交换
能否颠倒	现有的事物能否从里外、上下、左右、前后、横竖、主次、正负、因果等相反的角度颠倒过来用
能否组合	能否进行原理组合、材料组合、部件组合、形状组合、功能组合、目的组合

奥斯本检核表法根据需要解决的问题，或者需要创造发明的对象，根据表格提出有关问题，形成检核表，然后一个个进行核对讨论，从而得到最优解。一般分为三个步骤：明确问题、参照表格提出问题和新设想筛选。

（二）和田 12 动词法

和田 12 动词法，也叫“和田十二技法”，是由我国创造学研究者许立言、张福奎和上海市和田路小学的师生在奥斯本检核表法和其他技法的基础上，结合我国实际情况，提炼和总结出来的思维方法。和田 12 动词法的 12 个动词，即加一加、减一减、扩一扩、变一变、改一改、缩一缩、联一联、学一学、代一代、搬一搬、反一反、定一定，如图 2-5 所示。

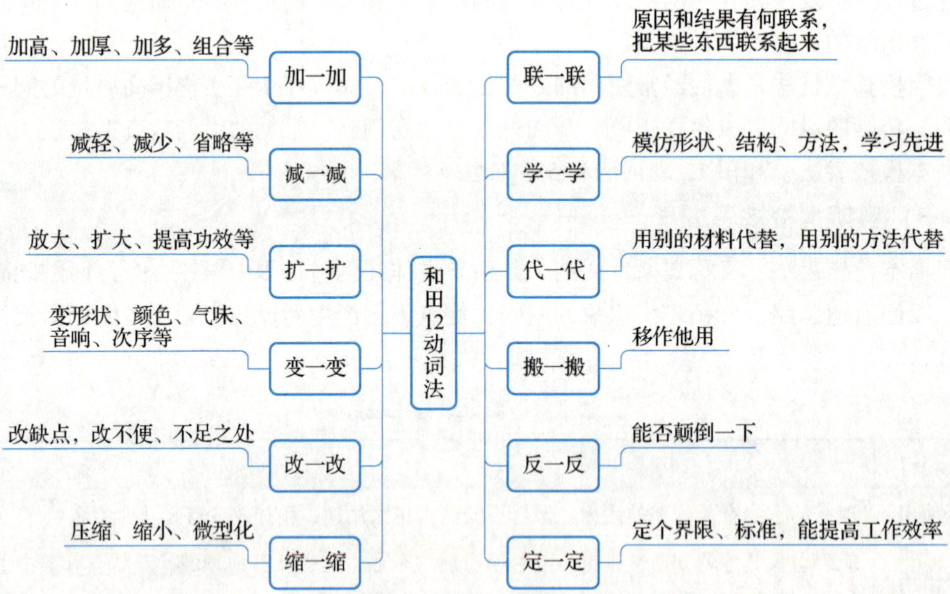

图 2-5　和田 12 动词法

（三）5W1H 法

“5W1H”即 What、Why、Who（Whom）、Where、When、How，是由美国陆军部首创的一种创新技法，强调对选定的项目、工序或操作，都要通过连续提出为什么（Why）、是什么（What）、何人（Who）、何时（When）、何地（Where）、如何（How）六个问题，明确需要探索和创新的范围，设法找到满足条件的答案，最终获得创新方案。

5W1H 法强调从上述不同角度思考问题，往往能够得出比较完善，甚至意想不到的成果，实现思考内容的深化和科学化。此法广泛应用于改进工作、改善管理、技术开发、价值分析等方面。

三、列举型技法

列举型技法有分析列举法、特性列举法和缺点列举法等。

（一）分析列举法

分析列举法就是针对某一具体事物的特定对象从逻辑上进行分析并将其本质内容全面地逐一罗列出来的一种手段，用以启发创造设想，找到发明创造主题的创新技法。

列举法本质上就是一种分析方法，就是把整体分解为部分，把复杂的事物分解为简单要素，分别加以研究。这种思维方法有助于克服感知觉不敏锐的障碍，把思维从僵化麻木的状态中解放出来，促使人们全面感知事物，防止遗漏。因而，列举法带有一种强制性，必须分析罗列所有的因素，然后逐个分析，以促使人们全面地考虑问题。

一般来说，列举法因其分析问题要求全面、精细，甚至比较烦琐，所以较适于小的、简单的问题。列举法基本上只是一个提供思路的方法，进一步的实施还需要借助其他技法与手段才行。

案例：刘国仁多用圆规的发明

山东省烟台市第二中学高二学生刘国仁，通过创新技法的学习和实际应用，不仅激发了学习能力，还发明了多用圆规。

刘国仁运用列举法对圆规进行分析，列出其性质，全体：圆规；部分：圆规脚铅笔头、垫片、扭头、螺丝；功能：画画、作图。然后逐项分析其缺点与不足，如“夹铅笔不方便，应予改进”“功能太少，最好一物多用”“结构太笨，要小巧一些”“改用别的材料是否可行”等。随后，针对其缺点采取具体措施，吸取其他圆规的优点，本着价廉、物美、多用途的原则，逐项进行改革，把刻度尺、三角板、量角器组合到圆规中去，最后发明成功。多用圆规式样美观，可以画圆、角和直线，还可做角与线段的量度，一物多用，非常方便。

（资料来源：《工程创新训练》PPT 课件，https：//www. zhuangpeitu. com/article/16065121. html.）

进行发明创新，首先要认定目标、选择题目。选题的恰当与否，将直接关系到创造发明能否成功。经验证明：分析列举型技法通过对事物的分析而列出其各方面的特性，有助于创造发明题目的选择和确定，是一种常用的创新技法。

（二）特性列举法

特性列举法是美国内布拉斯加大学教授克劳福特发明的一种方法，是通过对需要革新改进的对象做观察分析，尽量列举该事物的各种不同特征或属性，然后确定应加以改善的方向。特性列举法解决问题的主要手段是逐一列举创意对象的特征，进行联想，提出解决方案。具体实施时可分为以下四个步骤。

①选择目标较明确的创意课题，将对象的特征或属性全部写出来。

②列举创意对象的特征。

③在各项目下试用可替代的各种属性加以置换，引出具有独创性的方案。

④提出方案并对方案进行评价讨论。

特性列举法的应用，既可以从物理特性、化学特性、结构特性、功能特性和形态特性等方面列举创新对象的特征，也可以从自身特性、经济性特性、使用者特性和用途特性等方面列举创意对象的特征。一般要解决的问题越小、越简单，特征列举法就越容易获得成功。

（三）缺点列举法

缺点列举法是针对产品或服务的缺点进行分析，通过发现、发掘事物的缺陷，把它的具体缺点一一列举出来，针对这些缺点，设想改革方案以进行创造发明的创新技法。使用缺点列举法，并无十分严格的步骤，一般可按如下程序进行。

①找出事物的缺点，也就是选定研究的课题。

②将缺点加以归类整理并分析缺点产生的原因。

③针对所列缺点逐条分析，分析要有针对性和系统性，要研究其改进方案或能否将缺点逆用、化弊为利。

缺点列举法的特点是直接从社会需要的功能、审美、经济等角度出发，研究对象的缺陷，提出改进方案，显得简便易行。在具体运用缺点列举法做创造发明时，主要有会议法、用户调查法和对照比较法。

如对现有的雨衣做缺点列举：

①胶布雨衣夏天闷热不透风。

②塑料雨衣冬季变硬变脆容易坏。

③穿雨衣骑自行车上下车不方便。

④风雨大时，脸部淋雨使人睁不开眼，影响安全。

⑤雨衣下摆贴身，雨水顺此而下弄湿裤腿与鞋。

⑥胶布色彩太单调，无装饰感等。

针对这些缺点可提出许多改进方案。如采用新材料使塑料雨衣不脆不硬；在雨帽上加一副防雨眼镜或眼罩；增加色彩，分别设计男女老少不同式样的雨衣；防弄湿裤腿及穿着方便的雨衣；等等。

四、逆向转换型技法

（一）逆向转换型技法

逆向转换型技法是指把某个复杂的问题变成一个比较简单的问题或者把某个难以解决的问题变成一个比较容易解决的问题，也可以是把某个自己所陌生的问题变成自己所熟悉的问题，从而使问题解决起来更省时省力、效率更高、效果更好的创新技法。

（二）逆向反转法

逆向反转法即反向思考法，其中的“逆”或“反”可以是方向、位置、过程、功能、原因、结果、优缺点、破（旧）立（新）等矛盾的两个方面的逆转。例如制冷与制热、保温（保热）与装冰（保冷）、吹尘与吸尘、野生动物园的人和动物的位置、原因结果互相反转即由果到因等。当一个问题难以解决时，可试着将问题转移，变换成与之相关的另一个问题甚至是完全相反的问题，然后集中精力来思考解决。

（三）还原分析法

还原分析法是把创新的起点移到创新的原点。即先暂时放下所研究的问题，反过来追本溯源，分析问题的本质，然后从本质出发，另辟蹊径，寻找新的方法。还原分析法的应用有两种方式，即还原换元法与换元还原法。

1. 还原换元法

还原换元法即先还原再换元。还原就是在进行发明创造时，不以现有事物为起点，继续沿着原有思路同向探索，而是先摆脱思维惯性和传统影响，反向还原。

2. 换元还原法

换元还原是数学运算中常用的解题方法，如直角坐标与极坐标的互相变换以及换元积分法。此法着重于解决具体问题，并非提出问题的方法。在飞机驾驶员训练时，初期先在模拟飞行环境中（先换元）训练，再过渡到实际（还原）环境中训练。科学研究中的模拟试验，也都是先换元取得有关参数、经验或方法后，再还原。

（四）缺点逆用法

缺点逆用法就是指利用事物的缺点进行创新的方法，如在技术创新中，利用事物的缺点，“以毒攻毒”、化弊为利。世界上的事物无不具有两重性。例如，金属的腐蚀本来是件坏事，但有人却利用腐蚀的原理发明了蚀刻和电化学加工工艺。机械的不平衡转动，会产生剧烈的振动，有人利用它发明了夯实地基的夯等。缺点逆用法的实施步骤有以下三个。

①探寻事物可以利用的缺点，此乃缺点逆用法的前提。

②透过现象，认清缺点的本质，抽象出这种被视为缺点的现象背后所隐藏的可以利用的基本原理或表现为缺点的现象本身的特性、行为、作用过程等。

③根据所揭示的现象背后的基本原理或对现象本身特性等的认识，研究利用或驾驭缺点的方法。

五、联想类比型技法

（一）类比法

类比是以比较为基础寻找不同事物或现象在一定关系上的部分相同或相似。通过两个（两类）对象之间某些方面的相同或相似推出其他方面的相同或相似的方法，称为联想类比型技法，简称类比法。美国学者戈登对创造过程中常用的类比进行了分析研究，并将其总结为拟人类比、直接类比、象征类比、幻想类比四种基本的类比方式。

（二）综摄法

综摄法是指以已知的东西为媒介，把表面上互不相关的各种不同事物“强硬”地放在一起，以打开“未知世界的门扉”，使潜在的创造力发挥出来，产生众多的创造性设想的思维方法。综摄法的基本原则有以下两点。

①变陌生为熟悉（异中求同即异质同化），就是在头脑中把给定的陌生事物与以前熟悉了解的事物进行比较，借此把陌生的事物转换成熟悉的事物。

②变熟悉为陌生（同中求异即同质异化），就是对已有的各种事物，选用新知识或从新

的角度来观察、分析和处理，使看习惯了的东西变成看起来新鲜的东西，把熟悉已知的事物变成陌生的事物。例如，拉杆天线本来是用在收音机上的，将它换个新位置去应用便出现了可伸缩的教鞭、照相机的伸缩三脚架、可伸缩的旅行手杖等。

综摄法是一种理论化程度高、技巧性强、效果显著的创新技法。通常此法以小组讨论会的形式进行，但也可以个人使用。综摄法在以小组集体创新时，要求由不同知识背景、不同气质的人组成小组，相互启发，集体攻关。小组一般由 5~7 人组成。戈登把实施综摄法的全过程分为九个阶段：确定问题；变陌生为熟悉；问题的理解（分析问题，抓住要点）；操作机制（发挥各种类比的作用）；变熟悉为陌生；心理状态（关于问题的理解达到卷入、超脱、迟延、思索等心理状态）；把心理状态与问题结合起来（把最贴切的类比与已理解的问题做比较）；观点（得到新见解、新观点）；总结或研究任务（观点付诸实践或变为进一步研究的题目）。

（三）移植法

移植法也称渗透法，是通过相似联想、相似类比，力求从表面上看来是毫不相关的两个领域或现象之间，发现它们的联系，将某个领域或现象中应用的原理、技术、方法，引用或渗透到另外一个领域或现象中，用以改造或创新的思维方法。移植法主要有以下四种。

1. 原理移植

无论是理论还是技术，尽管领域不同，但常可发现一些共同的基本原理。例如红外辐射是一种很普通的物理过程，凡温度高于绝对零度的物体，都有红外辐射，只是温度低时辐射量极微罢了。将这一原理移植到其他领域，可产生一些新奇的成果，如红外线探测、遥感、诊断、治疗、夜视、测距等。

2. 方法移植

17 世纪的笛卡儿是科学方法移植的先驱。他以高度的想象力，借助曲线上“点的运动”的想象，把代数方法移植于几何领域，使代数、几何融为一体而创立解析几何。

3. 回采移植

历史表明，许多被弃置不用的“陈旧”事物，只要用现代技术加以改造（如应用新材料、新技术等），往往会导致新的创造。

4. 功能移植

功能移植是指把诸如激光技术、超声波技术、超导技术、光纤技术、生物工程技术以及其他信息、控制、材料、动力等一系列通用技术所具有的技术功能，以某种形式应用于其他领域。例如，应用电子计算机实现机械加工程序化、自动化。

（四）仿生学方法

仿生学方法是指通过模拟生物的结构或功能原理而导致发明创造的方法。仿生学方法的核心是将研究对象（问题）与相关生物系统相类比。仿生创新有如下六种主要的思路。

1. 信息仿生

通过研究、模拟生物的感觉（包括视觉、听觉、嗅觉、触觉），以及信息储存、提取、传输等方面的机理，构思和研制新的信息系统。例如，从鸟类想到飞机、从蝙蝠想到雷达、从变色龙想到伪装色、从飞鼠想到降落伞等。人们以不同物质的气味对紫外线的选择性吸收为信息，研制成了“电子警犬”，用它来做检测，其灵敏度甚至可达狗鼻子的 1 000 倍。

2. 控制仿生

通过研究模拟生物的体内稳态（反馈调控）、运动控制、动物的定向与导航、生态系统的涨落及人机系统的功能原理，来构思和研制新的控制系统。例如，人们根据蜜蜂的复眼能够利用偏振光导航的原理，发明了用于航空和航海的非磁性“偏光天文罗盘”。人们还根据昆虫楫翅导航的原理，研制成功了一种振动陀螺仪，广泛应用于高速飞行的火箭和飞机上。

3. 力学仿生

主要通过研究模拟生物的机械原理以及结构力学和流体力学的原理，构思和研究新的系统（包括机器、装置、力学结构以及人工脏器等）。例如，根据鱼类、鸟类身体形状的流体力学特性，研制了各种各样的船舶和空间飞行物；特别是根据人体的大多数肌肉都是成对排列的特点，制造了可利用两个产生拉力的“单向力装置”组成的双向运动机械系统，圆满地解决了各种“机器人”“步行机”等的行走结构的设计。

4. 化学仿生

通过研究模拟生物酶的催化作用、生物的化学合成、选择性膜和能量转换等，来构思和创造高效催化剂等化学产品、化学工艺以及新材料、新能源等。例如，人们为宇宙飞船设计的所谓“宇宙绿洲”——生态循环系统，就是通过模拟生物“电池”、光合作用转换的原理以及自然生态系统所创造出的。

5. 技术仿生

技术仿生本质是一种技术移植，即将生物特有的“技术”予以处理，移植于人类的自觉活动之中。技术仿生的对象是生物个体，不是人们业已形成的自觉技术，中间必经技术原理的构思过程，需多次反复的科学抽象。

6. 原理仿生

原理仿生即仿照自然现象或生物现象的原理进行发明创造。任何生物的现象，都必然有其发生、发展和消亡的原因，而这些为我们提供了创造的启示。

六、组合型方法

组合型方法指按照一定的技术原理或功能目的，将现有的科学技术原理或方法、现象、物品做适当的组合或重新安排，从而获得具有统一整体功能的新技术、新产品、新形象的创新技法。

运用组合型创新方法并不是简单的罗列、分离、叠加，而是以组合为基础的组合创新方法。创新产品时须注意以下三点。

①选择组合要素的量要适度。虽然要素越多，组合的可能越多、越全面，但相应耗费的精力、时间也会越大。

②组合可以使产品具有不同的功能，成为多功能、通用型的产品，但过分追求“万能”也不可取，会出现增加成本、制造困难、功能多余等弊端。

③参与组合的各要素越是风马牛不相及，由“远缘杂交”形成的新产品其创造性越强。

组合法主要包括形态分析法、信息交合法、主体附加法、分解法等。

（一）形态分析法

组合法最经典的创新方法就是形态分析法，又称“形态矩阵法”“形态综合法”。此方法是借助因素分析法，对创造对象的构成要素进行分析，列出各因素的各个形态，然后采用表格的方式进行方案整合，最后从这些方案中选出一个最优的方案的一种创新方法。

形态分析法是将创新对象分解为相互独立的因素，找出每个独立因素各种可能的形态，然后将各因素和形态进行组合的创新方法，形态分析法的基本步骤就是对创新对象进行因素分解和形态组合，然后筛选求优，选择最佳解决方案。具体来说，可以分为以下步骤。

①定义创新对象：明确需要进行创新或解决问题的对象或系统。这可以是一个产品、一个流程、一个服务或任何需要改进的事物。

②因素分解：将创新对象分解为相互独立的因素或特征。这些因素可以是组成对象的不同部分、性能参数、功能要求、材料等。通过将创新对象分解为独立因素，可以更清晰地理解对象的组成和要求。

③形态生成：对每个独立因素确定各种可能的形态或变体。这包括对每个因素进行多样化的变化和组合，以产生不同的形态。形态可以是新的设计、不同的配置、不同的组合方式等。

④形态组合：将各个因素的不同形态进行组合，以生成可能的解决方案。这一步骤涉及对各个因素的不同形态进行匹配和组合，以创建整体的解决方案。这些组合可以是逐步生成的，也可以是并行考虑的。

⑤筛选求优：对生成的解决方案进行评估和筛选，选择最具有潜力和可行性的候选解决方案。这可以通过定量评估、定性评估、实验验证等方法进行。

⑥选择最佳解决方案：从筛选出的候选解决方案中选择最佳的一个。这需要综合考虑因素如可行性、效益、成本、风险等，选择对创新对象最有效和可行的解决方案。

形态分析法通过将创新对象进行因素分解和形态组合，提供了一种系统性的方法来寻找创新和问题解决的解决方案。它可以帮助人们从多个角度思考和探索创新对象，并提供多样化的解决方案选项。

（二）信息交合法

信息交合法是由许国泰提出的，许国泰是我国著名的创造学研究者，具体做法是：把若干种信息排列在各自的线性轴标上，将它们进行交合，从而形成“信息反应场”，每一轴标上的各信息依次与另一轴标各点上的信息交合而产生新的组合信息，信息交合法的实质就是将现有事物进行分解，然后借助辐射状的标线重新组合成新事物，是一种在信息交合中进行创新的方法。信息交合法，又可以称为“要素标的发明法”“魔球法”，或称为“信息反应场法”。“魔球”是指由多维信息组成的反应场，这个反应场具有全方位的信息：信息、信息标和信息反应场。所谓的信息标，是指用来串联信息要素的一条指向线段。在运用信息交合法时，人们可将一个信息设定为一个要素，对于同一类型或同一系统的信息则可按要素展开，然后依照信息展开的顺序用指向线段连接起来，以帮助人们进行信息交合。

就本质而言，人的思维过程是一个动态过程，并且还是一个有向过程。因而，引进信息标概念，不仅有利于人们进行科学思考，而且有利于人们进行有序联想。在创新过程中，信息标可以使信息群的展开更具有系列性、层次性、逻辑性和完整性。

（三）主体附加法

主体附加法又称添加法、主体内插式法，是指把某一个特定的对象作为主体，然后在此基础上增添新的附件，以此来达到让组合后的物品性能更好、功能更多的效果的组合方法。例如，为了方便修改，给铅笔加上橡皮；为了便于整理，在笔筒上设置了抽屉；为了安全，在摩托车的储物箱上装上闪烁装置。这些都是运用了主体附加法。在使用主体附加法的时候，不会改变主体事物的性能，而附加物只起补充、完善或充分利用主体功能的作用。例如，在杯子、钥匙扣上印上旅游景点的标志和名字，就变成了具有纪念意义的旅游商品。

（四）分解法

分解和组合是两种互为逆向的创新方法，分解法就是首先将整体分解，然后分解出的部分通过完善革新后成为一个单独的整体，从而创造出新的事物的方法。分解法不仅有助于突破陈旧观念和思维定式，也有助于拓展和建立不同事物之间的联系，增加事物之间变化的可能性。

分解法的实质就在于通过整体还原成部分的方式，重新审视部分对整体以及部分之间的关系，通过部分的变换带来整体的改变。分解法有拆分、重组、抽离、置换四种形式。

①拆分。我们会将一些事物理所当然地视为一个整体，但事实上，这些事物之所以是现在这个样子，往往出于一种偶然，而并非是经过严密论证的结果。换句话说，我们完全可以将这些事物加以拆解，结果往往出人意料。

②重组。有些美妙的图画，我们将它分解来看，就会发现其用以构图的基本图案元素少之又少，如果将一个完整的事物分解成一些简单的元素，那么就可以将这些元素再重新组合成另外的一种事物，这样就打通了事物之间的界限，带来新奇的变化。

③抽离。将事物加以分解，并抽离出物体中起“妨碍”作用的零件或者属性，留下重要的加以完善和发展。

④置换。为了增加事物的功效，我们常常会采取组合的策略，不断为事物增加配件。但实际上，有些组合是建立在分解的基础上的，往往要先将整体打破，选出需要增加或完善的部分，才能实现更好的组合。

项目实操

项目实操名称：创新思维训练百宝箱

[项目情景]

项目 2–3：创新思维训练百宝箱

项目简介：

创新思维是现代社会中越来越重要的一种能力。本项目旨在设计和提供一套创新思维训练工具箱，帮助人们掌握和提高创新思维能力。

项目特点：

1. 多元化的训练方式：本项目将提供多种多样的训练方式，如思维导图、头脑风暴、角色扮演、案例分析等，以满足不同人群的需求。

2. 实用性强的训练内容：本项目将围绕创新思维的六个维度，提供实用性强的训练内容，如拓展思维的模拟情境演练、持续探究的知识扩展和专题学习、提升创造性的启发式思维训练、追求卓越的团队协作训练、鼓励冒险的创业模拟训练、具备执行力的项目管理训练等。

3. 定制化的训练方案：本项目将根据不同用户的需求和水平，提供个性化的训练方案和教学计划。

4. 社群化的学习体验：本项目将建立一个创新思维学习社群，让学员们可以相互交流和分享学习经验，共同提高创新思维能力。

5. 智能化的学习辅助：本项目将采用智能化技术，如人工智能和大数据分析等，为学员们提供更加精准和个性化的学习辅助。

预期目标：

1. 帮助用户掌握和提高创新思维能力，提高创新水平。
2. 建立一个创新思维学习社群，促进知识和经验的共享和交流。
3. 推广创新思维的重要性，提高人们对创新的认知和理解。
4. 成为创新思维训练领域的领先品牌和服务提供商。

[实操任务]

请结合所学知识，完成以下实操任务训练：

1. 请用 5W1H 创新法，为“创新思维训练百宝箱”提出改进的方法，并列出创新方案。
2. 请用奥斯本检核表法，为“创新思维训练百宝箱”进行检核，并列出检核方案。

第四节　万众创新

一、万众创新概述

1. 万众创新的提出

万众创新是和大众创业是一起由时任国务院总理李克强在 2014 年 9 月夏季达沃斯论坛上讲话时提出的。李克强提出：“借改革创新的‘东风’，在中国 960 万平方公里土地上掀起一个‘大众创业’、‘草根创业’的新浪潮。”“形成‘万众创新’、‘人人创新’的新势态。”此后，他在首届世界互联网大会、国务院常务会议和 2015 年《政府工作报告》等场合中频频阐释这一关键词。

2. 万众创新提出的动因

万众创新的提出主要基于哲学上原因、自然历史原因、时代趋势原因、制度层面原因和客观层面原因。从哲学上来看，万众创新既能解放生产力，更能解放人自身的创造力，实现人的自由和全面发展；从自然历史来看，创新是中华民族固有的气质，我国古代的四大发明就是最好的明证；从时代趋势来看，我国大地上正在兴起新的创新创业浪潮，出现了以大学生等 90 后年轻创业者、大企业高管及连续创业者、科技人员创业者、留学归国创业者为代表的新创业队伍；从制度层面来看，我国社会主义市场经济体制不断完善，引导和鼓励市场主体加快创新，促进创新要素在更广泛领域内加速流动；从客观层面来看，人类消费需求的多元化与多层次需要更多地解决日常生产生活难题，通过创新形成新产业新业态的产品和服务。

二、万众创新相关政策

万众创新作为首先从（政府）层面提出的一个概念，要将其落到实处，离不开各级政府制定大量与之相关的政策，地方各级政府的政策虽然繁多，但基本上都是对国家层面政策的细化和具体化，因此本书主要介绍国家层面的相关政策。

2014 年《政府工作报告》中，我国政府首次提出“创新驱动发展”的概念，并明确了发展创新型国家的目标。

2015 年《政府工作报告》中指出：“要把握好总体要求，着眼于保持中高速增长和迈向中高端水平‘双目标’，坚持稳政策稳预期和促改革调结构‘双结合’，打造大众创业、万众创新和增加公共产品、公共服务‘双引擎’，推动发展调速不减势、量增质更优，实现中国经济提质增效升级。”“推动大众创业、万众创新。这既可以扩大就业、增加居民收入，又有利于促进社会纵向流动和公平正义。”“提高创新效率重在优化科技资源配置。要改革中央财政科技计划管理方式，建立公开统一的国家科技管理平台。政府重点支持基础研究、前沿技术和重大关键共性技术研究，鼓励原始创新，加快实施国家科技重大项目，向社会全面开放重大科研基础设施和大型科研仪器。把亿万人民的聪明才智调动起来，就一定能够迎来万众创新的浪潮。”

2015 年，国务院印发《关于深化体制机制改革　加快实施创新驱动发展战略的若干意见》。该文件提出了推进大众创业、万众创新的具体措施，包括壮大创业投资规模、完善成果转化激励政策、构建创新型人才培养模式等。

2015 年 3 月，国务院办公厅印发了《关于发展众创空间推进大众创新创业的指导意见》，指出：“顺应网络时代大众创业、万众创新的新趋势，加快发展众创空间等新型创业服务平台，营造良好的创新创业生态环境。”《意见》明确推进大众创新创业要坚持市场导向、加强政策集成、强化开放共享、创新服务模式。重点抓好八个方面的任务：构建一批低成本、便利化、全要素、开放式的众创空间，降低创新创业门槛，鼓励科技人员和大学生创业，支持创新创业公共服务，加强财政资金引导，完善创业投融资机制，丰富创新创业活动，营造创新创业文化氛围等。

2015 年 6 月，国务院印发了《关于大力推进大众创业万众创新若干政策措施的意见》。该意见明确了以下政策措施：一是创新体制机制，实现创业便利化；二是优化财税政策，强化创业扶持；三是搞活金融市场，实现便捷融资；四是扩大创业投资，支持创业起步成长；五是发展创业服务，构建创业生态；六是建设创业创新平台，增强支撑作用；七是激发创造活力，发展创新型创业；八是拓展城乡创业渠道，实现创业带动就业；九是加强统筹协调，完善协同机制。

2015 年 9 月，国务院印发了《关于加快构建大众创业万众创新支撑平台的指导意见》。这是对大力推进大众创业万众创新和推动实施“互联网+”行动的具体部署，是加快推动众创、众包、众扶、众筹（以下统称四众）等新模式、新业态发展的系统性指导文件。该指导意见围绕全面推进众创、积极推广众包、立体实施众扶、稳健发展众筹等提出了 13 项重点任务，并从营造宽松发展空间、夯实健康发展基础、塑造自律发展机制和构建持续发展环境4个方面提出了17项政策措施。

2016年，国务院办公厅印发了《关于加快众创空间发展　服务实体经济转型升级的指导意见》。该意见提出促进众创空间专业化发展，为实施创新驱动发展战略、推进大众创业万众创新提供低成本、全方位、专业化服务，更大释放全社会创新创业活力，加快科技成果向现实生产力转化，增强实体经济发展新动能。

2017年，国务院印发了《关于强化实施创新驱动发展战略　进一步推进大众创业万众创新深入发展的意见》。该意见了明确大众创业、万众创新深入发展是实施创新驱动发展战略的重要载体。要进一步优化创新创业的生态环境，着力推动“放管服”改革，构建包容创新的审慎监管机制，有效促进政府职能转变；进一步拓展创新创业的覆盖广度，着力推动创新创业群体更加多元，发挥大企业、科研院所和高等院校的领军作用，有效促进各类市场主体融通发展；进一步提升创新创业的科技内涵，着力激发专业技术人才、高技能人才等的创造潜能，强化基础研究和应用技术研究的有机衔接，加速科技成果向现实生产力转化，有效促进创新型创业蓬勃发展；进一步增强创新创业的发展实效，着力推进创新创业与实体经济发展深度融合，结合“互联网+”“中国制造2025”和军民融合发展等重大举措，有效促进新技术、新业态、新模式加快发展和产业结构优化升级。要坚持创新为本、高端引领，改革先行、精准施策，人才优先、主体联动，市场主导、资源聚合，价值创造、共享发展。

2018年，国务院印发了《关于推动创新创业高质量发展打造“双创”升级版的意见》。该意见指出要以习近平新时代中国特色社会主义思想为指导，全面贯彻党的十九大和十九届二中、三中全会精神，坚持新发展理念，坚持以供给侧结构性改革为主线，按照高质量发展要求，深入实施创新驱动发展战略，通过打造“双创”升级版，进一步优化创新创业环境，大幅降低创新创业成本，提升创业带动就业能力，增强科技创新引领作用，提升支撑平台服务能力，推动形成线上线下结合、产学研用协同、大中小企业融合的创新创业格局，为加快培育发展新动能、实现更充分就业和经济高质量发展提供坚实保障。

2020年，国务院办公厅印发了《关于提升大众创业万众创新示范基地带动作用　进一步促改革稳就业强动能的实施意见》。该实施意见指出，要以习近平新时代中国特色社会主义思想为指导，全面贯彻党的十九大和十九届二中、三中、四中全会精神……深入实施创新驱动发展战略，聚焦系统集成协同高效的改革创新，聚焦更充分更高质量就业，聚焦持续增强经济发展新动能，强化政策协同，增强发展后劲……努力把双创示范基地打造成为创业就业的重要载体、融通创新的引领标杆、精益创业的集聚平台、全球化创业的重点节点、全面创新改革的示范样本，推动我国创新创业高质量发展。

2022年，国家税务总局更新发布了《“大众创业、万众创新”税费优惠政策指引》。推进大众创业、万众创新，是发展的动力之源，也是富民之道、公平之计、强国之策。

近年来，大众创业、万众创新持续向更大范围、更高层次和更深程度推进，创新创业与经济社会发展深度融合，对推动新旧动能转换和经济结构升级、扩大就业和改善民生、营造公平营商环境和创新社会氛围发挥了重要作用。

项目实操

项目实操名称：iMaker 创客工场

［**项目情景**］

项目 2-4：iMaker 创客工场

项目概述：

iMaker 创客工场是一个为普通大众提供创新思维训练和创业实践的创客空间。iMaker 创客工场的目标是鼓励人们从日常生活中发掘创意，提高创新思维能力，并为有创业梦想的人提供实践平台和资源支持。

创新思维训练方案：

（1）拓展思维：提供各类行业领域的讲座、展览、演讲等活动，为创客提供最新的市场趋势、前沿科技信息和创新案例。

（2）持续探究：提供各类课程和研讨会，帮助创客掌握科技技能、市场营销、人力资源等创业必备知识和技能，并建立创客社区，鼓励创客之间相互学习和探讨。

（3）提升创造性：提供各类创新工具和资源，如脑力激荡、思维导图、头脑风暴等，帮助创客培养创新思维能力，并提供专业导师的指导和辅导。

（4）追求卓越：提供各类比赛和活动，如创新大赛、创业营、创业实践等，为创客提供展示自己的机会，并与其他优秀创业者交流和合作。

（5）鼓励冒险：提供风险投资、股权投资等资金支持，为创业者提供创业基金和创投平台，帮助创业者勇于尝试和冒险。

（6）具备执行力：提供创业孵化服务，帮助创业者解决创业中的各种问题，如产品设计、生产制造、销售渠道、法律合规等，并提供专业团队的支持和指导。

项目实操方案：

（1）创业培训课程：提供从市场调研、产品设计、营销推广到资金管理等一系列创业培训课程，帮助有创业梦想的人了解创业基础知识和技能。

（2）创业孵化平台：提供创业团队的孵化服务，包括资金、场地、办公设备、法律服务等支持，帮助创业团队完成产品原型的设计、开发、测试和生产，以及市场营销和销售推广。

（3）创新产品展示：提供创新产品展示和推广渠道，如展览会、市场推广、线上销售平台等，为创业团队提供展示和推广自己的机会，吸引更多客户和投资者的关注与支持。

（4）创业合作机会：鼓励创业团队之间的合作和交流，建立创业社群和创业网络，为创业团队提供更多的合作机会和资源共享的平台。

（5）风险投资支持：提供创业团队风险投资和股权投资支持，为创业团队提供资金保障和投资机会。

(6) 创业导师辅导：为创业团队提供专业的创业导师和顾问，帮助创业团队解决各种问题和难题，如产品设计、市场营销、资金管理等。同时，也提供其他方面的支持，如法律服务、人力资源、财务管理等。

总结：

iMaker 创客工场是一个提供创新思维训练和创业实践支持的创客空间，旨在帮助更多人发掘创意，提高创新思维能力，并为有创业梦想的人提供实践平台和资源支持。通过提供拓展思维、持续探究、提升创造性、追求卓越、鼓励冒险、具备执行力六个方面的训练和支持，帮助创业团队实现创业梦想，推动“大众创业、万众创新”的发展。

[实操任务]

请结合所学知识，开展以下训练：

1. 运用设问检查型方法，对 iMaker 创客工场进行检查。
2. iMaker 创客工场，是否符合“大众创业、万众创新”的发展趋势？

【本章课后思考】

一、选择题

1.（　　）是从社会经济角度来分析企业系统中各成员间正式关系的调整和变革。

A. 制度创新　　B. 职能创新　　C. 结构创新　　D. 环境创新

2. 熊彼特将创新思维的基本类型划分为（　　）。

A. 差异性创新思维　B. 探索式创新思维　C. 优化式创新思维　D. 否定型创新思维

3.（　　）是通过对已知信息进行多方向、多角度的思考，从而悟出新问题、探索新知识的思维方式。

A. 联想思维　　B. 发散思维　　C. 想象思维　　D. 直觉思维

E. 灵感思维

4. 发散思维最本质的特征是（　　）。

A. 联想性　　B. 求异性　　C. 顿悟性　　D. 直觉性

5. 头脑风暴法有利于（　　）。

A. 排除思维障碍、消除心理压力　　B. 加强竞争意识

C. 理论联系实际　　D. 学习交流各种技能、带动学习气氛

二、填空题

1. 创新思维是人脑的一种综合性思维，是________、________、________、________、________的系统综合反映。

2. 创新思维的过程包括________、________、________、________。

3. 创新思维的基本特征包括________、________、________、________、________。
4. 头脑风暴法的核心是________和________。

三、问答题

1. 大学生如何突破思维障碍？
2. 创新一般包括哪些类型？
3. 简述头脑风暴法的应用。
4. 请阐述万众创新的含义。

第三章

大数据与创新创业

【学习目标】

理解：理解大数据时代特点，大数据时代利用工具处理大数据和大数据的应用领域与范围；理解大数据与创新创业新模式；理解大数据在各领域的应用情况。

掌握：掌握大数据与创新创业的关系；掌握大数据的开放与共享推动创新创业模式创新；掌握大数据新业态下，各专业行业发展的新特性。

应用：结合项目案例，在创新创业实践中运用大数据进行分析，将大数据影响和创新创业新模式深度融合，开展多种类型的创新创业训练项目。

【思政目标】

“大数据与创新创业”章节，可以围绕以下六个方面来设计思政内容：

1. 了解大数据与创新创业的基本概念及发展趋势，认识大数据在创新创业中的重要性和应用场景。

2. 探讨大数据在不同行业和领域中的应用案例，从中汲取创新创业的灵感和思路。

3. 通过拓展阅读，研究大数据技术和工具，了解数据的采集、处理、分析和应用等环节，提高数据分析和利用的能力。

4. 通过拓展阅读，学习大数据管理和安全保障的相关知识，了解数据隐私和安全问题，提高数据使用的合规性和可信度。

5. 强调创新创业的核心理念，培养创新思维和创业精神，鼓励大学生主动发现问题、解决问题和创造价值。

6. 强调团队协作和人才培养，鼓励大学生合作开展创新创业项目，提高项目管理和执行能力。

第一节　大数据与创新创业概述

案例导入

项目 3-1：某银行利用大数据分析改善金融服务

背景：

某银行利用大数据分析技术，对金融服务领域进行改善，提高金融服务效率和质量。该系统利用消费者的金融交易和行为数据，结合机器学习和数据挖掘技术，可以对消费者的信用状况和借贷能力进行分析，以便为金融机构提供更好的风险评估和信用评级。

创新点：

这种利用大数据分析的方法可以帮助金融机构更准确地评估客户的信用状况，从而为客户提供更好的金融服务。该系统的另一个创新点是，它采用了云计算和大数据技术，使得数据的存储和处理更加高效和安全。

创新过程：

(1) 收集数据：某银行收集消费者的金融交易和行为数据，如借贷记录、信用卡消费记录、移动支付等，形成庞大的数据集。

(2) 处理数据：为了更好地利用这些数据，某银行采用了云计算和大数据技术，将数据存储在云端，并通过数据挖掘技术和机器学习算法处理这些数据。

(3) 分析数据：通过大数据分析技术，某银行对消费者的数据进行分析，以便评估他们的信用状况和借贷能力。这种分析方法可以更加准确地预测客户的还款能力，从而帮助金融机构更好地控制风险。

(4) 提供服务：根据数据分析的结果，某银行可以为金融机构提供更好的风险评估和信用评级服务，为客户提供更准确和高效的金融服务。

该创新过程的关键在于利用大数据分析技术处理庞大的数据集，提取有用的信息，以便为金融机构提供更好的风险评估和信用评级服务。

(资料来源：编者根据相关资料编写。)

思考：

1. 该案例中的创新是如何应对金融服务行业的挑战的？它是否能够帮助金融机构更好地应对风险？

2. 该案例中的创新是如何创造价值的？它是否提高了金融服务的竞争力？是否为消费者提供了更好的服务？

3. 该案例中的创新是否面临着一些挑战和风险？如何有效应对这些挑战和风险？

一、大数据时代

新一代信息技术的发展，促进大数据与创新创业教育进一步发展，人才是创新创业的根基，大数据助力中小企业创新创业，人才是竞争力的核心要素。我国数据人才缺口巨大，人才培养要注重创新教育模式和数据化教育模式并重发展，建立创新创业的数据人才培养质量评估体系，制定完备的大数据人才培养体系标准。IBM（国际商业机器公司）提出大数据具有5V特点：Volume（大量）、Velocity（高速）、Variety（多样）、Value（低价值密度）、Veracity（真实性）。

麦肯锡全球研究院给出的大数据的定义是：一种规模大到在获取、存储、管理、分析方面大大超出了传统数据库软件工具能力范围的数据集合，具有海量的数据规模、快速的数据流转、多样的数据类型和价值密度低四大特征。

2015年8月，国务院印发《促进大数据发展行动纲要》（国发〔2015〕50号）指出：一要加快政府数据开放共享，推动资源整合，提升治理能力。大力推动政府部门数据共享，稳步推动公共数据资源开放，统筹规划大数据基础设施建设，支持宏观调控科学化，推动政府治理精准化，推进商事服务便捷化，促进安全保障高效化，加快民生服务普惠化。二要推动产业创新发展，培育新兴业态，助力经济转型。发展大数据在工业、新兴产业、农业农村、万众创新等行业领域应用，推进基础研究和核心技术攻关，形成大数据产品体系，完善大数据产业链。三要强化安全保障，提高管理水平，促进健康发展。健全大数据安全保障体系，强化安全支撑。

在大数据时代，数据已经成为一种新型的资产，数据的价值在不断地被挖掘和利用。随着大数据技术的不断发展和普及，各行各业都在积极地应用大数据技术，以获得更高的商业价值和更好的商业成果。大数据时代具有以下一些特点和趋势。

1. 数据爆炸式增长

随着物联网、社交媒体、移动互联网等技术的广泛应用，数据的产生量呈爆炸式增长，数据量的增长速度快于传统存储和处理数据的技术。这也催生了大数据技术的发展和应用，其成为商业价值的新源泉。

2. 数据价值的变革

在大数据时代，数据已经成为企业和组织的新型资产，它不仅包含了更多的信息和价值，而且可以用来推动企业的创新和发展。数据不仅仅是一种信息资产，而且还是一种创新资产和商业资产。

3. 数据挖掘与分析

数据挖掘和分析已经成为大数据技术的核心部分，它们的应用可以帮助企业和组织更好地理解数据，从中发现商业机会。通过大数据技术的支持，数据挖掘和分析可以帮助企业更好地制定商业策略和决策。

4. 数据治理和隐私保护

在大数据时代，数据治理和隐私保护已经成为一个重要的问题。随着数据的增长和应用，保护数据隐私和信息安全已经成为企业和组织的重要任务。数据治理和隐私保护也需要依赖于大数据技术的支持，以更好地实现数据的管理和保护。

5. 数据应用和商业模式创新

数据应用和商业模式创新已经成为大数据时代的一个重要趋势。通过大数据技术的支持，企业可以将数据应用到产品创新、市场营销、客户服务等方面，创新出更好的商业模式和商业机会。

总之，在大数据时代，数据已经成为企业和组织的新型资产，数据的价值在不断地被挖掘和利用。大数据技术的发展和应用，正在推动着商业模式的创新和商业价值的提升。

二、大数据与创新创业

随着大数据时代的到来，大数据技术被越来越广泛地应用于各行各业，对传统产业进行了颠覆式的变革，也为创新创业带来了新的机遇和挑战。本部分将探讨大数据与创新创业的关系，分析大数据对创新创业的影响和推动作用，并探讨创新创业如何应用大数据技术。

（一）大数据对创新创业的影响和推动作用

1. 提供了海量的数据资源

在传统的商业模式下，企业的经营策略和市场营销都是基于有限的数据进行决策。而大数据技术的应用可以提供海量的数据资源，帮助企业深度了解市场需求和消费者行为，优化产品设计和服务体验，进而提高企业的竞争力和市场占有率。

2. 促进了创新

大数据技术的应用可以帮助企业挖掘出之前未曾发现的商业机会和创新点，提高企业的创新能力和创新水平。同时，大数据技术也可以帮助企业进行快速的市场测试和反馈，降低创新的风险和成本。

3. 优化了企业运营效率

大数据技术的应用可以帮助企业进行精细化的管理和运营，优化生产和供应链，降低成本，提高效率。例如，企业可以利用大数据技术进行智能化的物流配送和库存管理，减少人力和物力浪费，提高运作效率。

4. 数据驱动创新创业

在大数据时代，数据成为企业创新的核心驱动力。数据驱动的创新创业可以帮助企业更好地理解市场和消费者，挖掘商业机会和创新点，提高产品和服务的质量与效率。例如，通过分析消费者的购买历史和行为数据，企业可以了解消费者的需求和偏好，开发出更符合市场需求的产品。

5. 云计算与大数据的结合，让创新创业更加灵活和高效

云计算和大数据技术的结合可以帮助企业实现数据的快速处理和分析，提高数据的可用性和准确性。云计算也可以提供更为便捷的资源和服务，降低企业的技术门槛和成本，为创新创业提供更加灵活和可持续的基础设施支持。

一方面，云计算技术可以为大数据提供更加高效、可靠的计算和存储资源。通过云计算平台，企业可以快速构建大规模的数据中心和分布式计算环境，以支持大规模数据的处理和

分析。同时，云计算技术也可以提供更加高效和安全的数据存储和备份服务，保证数据的完整性和可靠性。

另一方面，大数据技术的应用也可以为云计算平台提供更加优质和个性化的服务。通过对用户数据的分析和挖掘，云计算平台可以更好地了解用户需求和行为，提供更加定制化的服务。例如，基于用户历史数据和行为分析，云计算平台可以推荐更适合用户的应用和服务，提高用户体验和满意度。

此外，云计算和大数据技术的结合还可以为创新创业提供更加灵活和可持续的基础设施支持。通过云计算平台，企业可以快速部署和调整计算和存储资源，根据业务需求进行灵活的资源分配和管理。同时，云计算技术还可以降低企业的技术门槛和成本，提供更加便捷和可靠的服务和支持，为创新创业提供更加有力的支持和保障。

总之，云计算和大数据技术的结合可以为企业和创新创业提供更加高效、可靠、灵活的数据处理和分析环境，同时也为企业降低技术门槛和成本，提供更加便捷和可持续的基础设施支持。随着云计算和大数据技术的不断发展和应用，相信其将为创新创业带来更多机遇和挑战，同时也需要注意数据安全和隐私保护等重要问题，确保其应用合法合规。

（二）创新创业如何应用大数据技术

在大数据时代，创新创业如何应用大数据技术已经成为一个重要的问题。首先，创新创业可以利用大数据技术来挖掘消费者需求和分析市场趋势，以此来创造出更多的商业机会和创新模式；其次，创新创业可以利用大数据技术来建立更好的用户画像，以此来更好地了解用户需求和提高产品的质量与用户体验。

此外，创新创业还可以利用大数据技术来改进生产流程和管理流程。通过大数据技术的支持，企业可以更好地实现自动化生产和智能化管理，进而提高效率和降低成本。

总之，大数据技术正在成为新一代技术革命的重要组成部分，对创新创业有着深刻的影响。创新创业可以利用大数据技术来分析和挖掘商业机会和市场趋势，提高创新效率和创新能力，改进生产和管理流程，实现数字化转型，从而提升企业的竞争力和营利能力。同时，大数据技术的发展也为创新创业提供了更多的机会和挑战，需要创新者具备深刻的商业洞察力和技术能力，以及敏锐的市场感知和变革意识，才能在激烈的市场竞争中脱颖而出。因此，大数据与创新创业密不可分，随着技术的不断发展，将会催生更多的创新创业机会，同时也需要创新创业者不断更新自己的知识和技能，紧跟时代的步伐，不断迭代和创新，才能在这个充满机遇和挑战的时代获得成功。

（三）大数据与创新创业人才培养

随着大数据技术的不断发展和应用，对于创新创业人才的需求也越来越大。大数据与创新创业人才培养已经成为当前教育和培训领域的热点话题。

一方面，大数据与创新创业人才需要具备扎实的技术背景，如大数据处理和分析技能、人工智能、机器学习等方面的知识。此外，还需要具备创新创业的思维和能力，如市场营销、商业策划、团队协作、项目管理等方面的技能。

另一方面，为了培养大数据与创新创业人才，教育和培训机构需要注重课程设置和教学方法的创新。可以通过实践教学、项目实操、行业合作等方式，帮助大学生掌握实际技能和经验，提高创新创业的能力和水平。

在大数据与创新创业人才培养方面，还需要注重跨界融合和协同创新。如通过学科交叉和企业合作，实现技术、商业和人文等方面的融合，从而培养具有综合素质和创新思维的人才。

此外，大数据与创新创业人才的培养还需要注重职业素养和终身学习。创新创业人才需要具备高度的责任感和使命感，注重自身发展和社会责任，同时也需要不断学习和更新自己的知识和技能，保持创新创业的敏锐性和活力。

总之，大数据与创新创业人才的培养需要综合考虑技术、商业和人文等方面的因素，注重实践和跨界融合，同时也需要注重职业素养和终身学习。通过多方面的努力，才能培养更多的大数据与创新创业人才，推动创新创业的发展和社会进步。

大数据时代的到来，推动了创新创业人才培养，同时大数据时代的到来给高等教育带来了新的机遇和挑战。大数据时代体系下的中国社会生产、各行各业的发展和销售需要的是创新人才，农、工、商、社会管理等各方面的人才都需要经过大数据新环境下的熏陶。

大数据已经成为现代社会基础设施不可或缺的一部分，就像公路、铁路、港口、水电和通信网络一样。大数据标志着人类在寻求知识量化和理解认识世界的道路上前进了一大步。过去不可计量、存储、分析和共享的很多东西都被数据化了。大数据在创新创业中具有基础性作用，不仅进一步提升了大学生在信息化背景下的学术素养，还有效促进了培养现代教育所需的基本素质，以适应经济社会的需要。

大数据时代的到来，为创新创业带来了改变，其特征主要包含以下几个方面：跨界融合、创新驱动、结构重塑、包罗万象、开放自由。

三、大数据对创新创业的影响

大数据作为 21 世纪的重要技术和发展趋势，已经深刻地影响了各个领域，创新创业也不例外。在这一部分，我们将讨论大数据对创新创业的影响。

1. 从数据中获得商业洞察

随着数据的爆炸式增长，企业可以更加轻松地从各种数据源中获得商业洞察。这些数据可以来自社交媒体、物联网设备、移动应用等各种渠道。通过大数据分析和数据挖掘技术，企业可以了解客户的需求和行为，制定更有效的市场营销策略和产品创新计划。

2. 创新商业模式

大数据也推动了创新商业模式的出现。比如共享经济、智能家居、商业模式等。（物联网改为商业模式）这些商业模式依赖于数据采集、分析和共享，不断地吸引着投资者和创业者的关注。

3. 提高市场反应速度

大数据技术可以让企业更加快速地获取并处理数据，使企业在市场竞争中更具竞争力。这种快速的市场反应速度可以使企业更好地预测市场趋势和客户需求，并及时做出反应。

4. 促进创新合作

大数据技术也为不同领域的企业和创业者提供了创新合作的机会。通过数据共享和交换，企业可以更好地理解行业的变化和趋势，并联合其他企业或创业者开发出新产品和服务。

5. 打破传统行业壁垒

随着大数据技术的发展，传统行业的壁垒被逐渐打破。通过大数据技术，创业者可以将传统行业的数据数字化，并与其他领域的企业或创业者合作，开发出更好的产品和服务。

总之，大数据技术的发展正在影响着创新创业领域。在这个领域，创业者需要更加积极地利用大数据技术来创造新的商业机会和商业模式。同时，创业者也需要注意保护用户数据隐私和信息安全，以免遭受潜在的法律和社会风险。

项目实操

项目实操名称：国内外大数据与创新创业的对比分析

［项目情景］

项目 3-2：国内外大数据与创新创业的对比分析

大数据和创新创业是当今世界的两大热门话题，它们的结合不仅改变了商业模式和经济格局，还为人类社会带来了巨大的科技进步和社会福利。在这个领域中，有许多具有代表性的经典案例，它们以其创新的思维、颠覆性的模式和卓越的表现成为业界和学术界关注的焦点。从蚂蚁金服、数据堂到拉勾网，从 Airbnb（爱彼迎）、Netflix（网飞）、Amazon（亚马逊）到 Tesla（特斯拉）等，这些公司都成功地将大数据分析技术应用于自己的业务中，通过数据驱动的思维方式来优化产品、服务和营销策略，实现了巨大的商业价值和社会影响。在未来，随着大数据技术的不断发展和创新创业的蓬勃发展，我们有理由相信，会涌现出更多更具有创新和颠覆性的案例，为人类带来更多的惊喜和机遇。

背景：

大数据是当今世界的热门话题之一，已经成为各行各业的关键驱动力之一。创新创业则是推动社会进步和经济发展的重要力量，如何将大数据应用于创新创业中，探索新的商业模式和增长点，是当前亟待解决的问题。

中国的大数据与创新创业：

蚂蚁金服：蚂蚁金服是一家致力于为消费者和小微企业提供金融服务的公司。它利用大数据和人工智能技术，提供风险管理、信贷评估、反欺诈、智能投顾等服务，成为全球最大的移动支付和金融科技公司之一。

数据堂：数据堂是一家专注于为企业提供数据分析和数据挖掘服务的公司。它利用大数据技术和人工智能算法，为客户提供数据采集、数据清洗、数据分析和可视化等服务，帮助企业更好地了解市场和客户需求，实现商业价值。

拉勾网：拉勾网是一家致力于为求职者和企业提供人才招聘服务的公司。它利用大数据技术和人工智能算法，为用户提供职位推荐、简历匹配、职业规划和职业培训等服务，为企业提供招聘渠道和人才筛选服务，成为国内领先的人力资源服务平台之一。

国外的大数据与创新创业：

Airbnb：Airbnb 是一家基于共享经济模式的民宿预订平台。它利用大数据分析技术，收集和处理房源、客户、评论、价格等数据，通过机器学习算法来匹配房源和客户、预测需求和价格、提供个性化服务等，成为全球最大的住宿预订平台之一。

Netflix：Netflix 是一家在线视频流媒体服务提供商。它利用大数据分析技术，收集和处理用户的观看记录、搜索历史、评分、评论等数据，通过机器学习算法来预测用户偏好、推荐相关内容、优化视频编排和个性化推荐等，成为全球最大的视频流媒体平台之一。

Amazon：Amazon 是一家电子商务公司，也是全球最大的在线零售商之一。它利用大数据分析技术，收集和处理用户的搜索、购买、评价、评论等数据，通过机器学习算法来预测需求、优化价格、推荐相关产品等，实现精准营销和个性化服务，成为全球最成功的电商平台之一。

Tesla：Tesla 是一家致力于推动电动汽车和清洁能源的公司。它利用大数据分析技术，收集和处理汽车传感器、车载计算机、充电设施等数据，通过机器学习算法来优化驾驶和能源管理、提高安全性和效率、推进自动驾驶和智能网联等，成为全球最具有影响力的新能源汽车品牌之一。

[实操任务]

请结合所学知识，开展以下训练：

1. 大数据如何助力创新创业？请列举具体案例并阐述其作用和意义。
2. 大数据分析技术有哪些应用场景？请从不同行业和领域的角度进行思考和分析。
3. 大数据分析和创新创业的关系是什么？请从理论和实践的角度进行思考和分析。
4. 大数据分析的发展趋势是什么？请从技术、应用和政策等方面进行思考和分析。
5. 如何利用大数据进行商业创新和增长？请从创业者和企业家的角度进行思考和探讨。

项目实操名称：大数据如何助力创新创业

[项目情景]

项目 3-3：大数据如何助力创新创业

背景：

智能推荐系统是大数据应用的重要领域之一，通过对用户的行为、偏好和兴趣进行数据分析，能够实现个性化推荐、精准营销和用户体验的优化。以下是以电商平台为例的智能推荐系统实操项目。

任务目标：

使用大数据分析技术，构建一个能够实现智能推荐的电商平台。

参考步骤：

(1) 数据采集和清洗：收集用户浏览、购买、评价、搜索等数据，并进行数据清洗和去重，确保数据质量和准确性。

(2) 数据分析和处理：使用大数据分析技术，对用户行为数据进行分析和处理，包括用户偏好、购买历史、兴趣点等。同时，对商品信息、价格、库存等数据进行处理和管理。

(3) 模型建立和训练：根据数据分析结果，建立智能推荐模型，并利用机器学习算法进行模型训练和优化，以提高推荐的准确性和精度。

(4) 推荐展示和优化：将推荐结果展示给用户，并根据用户反馈和行为数据进行优化和调整，以提高用户满意度和销售效率。

(5) 监测和评估：对推荐系统进行实时监测和评估，收集用户反馈和系统性能数据，进行持续优化和改进。

成果展示：

构建一个能够实现智能推荐的电商平台，实现个性化推荐和优化用户体验，提高销售效率和竞争力。

[实操任务]

1. 使用大数据分析技术实现智能推荐系统。
2. 国内外哪些平台已经实现智能推荐系统？

第二节　大数据时代创新创业模式

案例导入

项目 3-4：PD 物流

背景：

PD 物流是中国领先的智能物流服务提供商，依托大数据、人工智能等技术，构建了一套基于分布式架构的高效、安全、可靠的物流配送网络。PD 物流采用了创新的“自建自营+合作共赢”模式，通过自有的配送团队和智能化的配送系统，提供一系列高品质、快速、可靠的物流服务，同时通过开放式的平台合作，与第三方物流企业合作共赢，实现互利共赢。

创新点：

通过自建自营和合作共赢相结合的方式，PD 物流在保证自身服务质量和效率的同时，与其他物流企业合作，实现资源共享和互补，推动整个物流行业的发展。PD 物流利用大数据和人工智能等技术，不断优化配送网络和服务质量，提高了客户满意度和忠诚度，实现了高速增长。

创新创业过程：

(1) 借助大数据和人工智能等技术，PD物流构建了基于分布式架构的高效、安全、可靠的物流配送网络，并实现了自动化管理和智能化调度。

(2) PD物流采用了创新的“自建自营+合作共赢”模式，通过自有的配送团队和智能化的配送系统，提供一系列高品质、快速、可靠的物流服务。

(3) 同时，PD物流还与第三方物流企业开展合作，推动整个物流行业的发展。通过开放式的平台合作，实现资源共享和互补，让更多的企业受益。

(4) PD物流不断优化配送网络和服务质量，提高客户满意度和忠诚度，实现了高速增长。PD物流现已成为中国领先的智能物流服务提供商之一，服务范围覆盖全国。

成功影响：

PD物流的创新创业过程围绕着物流行业的数字化、智能化和开放式合作展开，利用大数据和人工智能等技术，不断提升服务质量和效率，推动整个物流行业的发展。同时，PD物流采用自建自营和合作共赢相结合的方式，实现资源共享和互补，创造了新的商业模式。

总结：

在大数据时代，物流行业需要不断创新，采用智能化、数字化等技术，构建高效、安全、可靠的物流配送网络。同时，物流企业还需要不断创新经营模式，采用自建自营和合作共赢相结合的方式，实现资源共享和互补，推动整个行业的发展。

（资料来源：编者根据相关资料编写。机构名为化名。）

思考：

1. PD物流是如何利用数字化和智能化等技术，提升物流服务的质量和效率的？

2. PD物流是如何实现自建自营和合作共赢相结合，创造新的商业模式，推动整个物流行业发展的？

3. PD物流是如何打造物流服务品牌，提高客户满意度和忠诚度的？

4. 在物流行业中，如何实现可持续发展，平衡企业利益和社会责任？

这些问题可以帮助我们深入了解物流行业中的创新创业机会和挑战，探索创新创业的思路和路径，同时也有助于理解大数据时代下的创新创业趋势和规律。

大数据在现代信息社会里对中小企业创新创业的重要性日益凸显，创新创业如何能与大数据发展更好地结合，将是创业者需要思索的问题。大数据在中小企业创新创业中所显现的技术支撑作用和创造力，已经成为创新创业的生产力要素。

大数据对于中小企业也是一种机遇，所蕴含的价值为创新创业提供了更广的空间，中小企业自身优势使其与大数据应用有更好的契合性。当然，大数据时代必然带来中小企业创新创业模式的改变，基于数据化的创业思维是首要的，而在企业战略安排、开放与共享及营销模式等方面都会带来变革，特别在科技创新上将会改变企业创新的理念，其中数据开发者在创新创业生态系统中扮演着关键角色。面对机遇与创新创业特征变化，中小企业在创新创业上应积极培养数据导向型思维，找准自身定位，利用云计算技术消除自身劣势；而政府也需要在体制创新上转换自身角色，在搭平台、聚人才、促转化上发挥引导和推动作用。

大数据时代的来临，对各行业传统的管理模式带来巨大的冲击。过去衡量一个企业的实力，大数据分析能力（Big Data Analytics Capability，BDAC）代表了在高度动态市场中保持商业竞争力的关键工具。在这方面，通过利用动态能力理论（Dynamic Capabilities View，DCV），分析 BDAC 与商业模式创新（Business Model Innovation，BMI）之间的关系。BDAC（一种低阶动态能力）对 BMI 的影响是由创业导向（Entrepreneurial Orientation，EO）（一种高阶动态能力）介导的，数字技术与各行各业的深度融合，给企业运营带来了深刻变革。客户、供应商和投资者等利益相关者参与企业价值创造的机会正在增加。企业平台、大众传媒等各类平台采集的各类大数据为企业提出符合市场需求的价值主张提供了主要渠道，大数据也改变了企业生存发展的方式，驱动企业创新业务模式。商业模式创新是明确价值创造、价值交换和价值获取的体系，是企业实现可持续发展的关键。Amit 和 Zott 将商业模式创新分为新颖型和效率型，通过重新设计构成要素及其组合来实现价值创造。新的商业模式创新可以通过增加产品价值和降低价值创造和价值交换成本来最大化价值收益，从而获得竞争优势。在实施新型商业模式创新的过程中，外部环境的变化和资源冲突会导致企业面临很大的环境不确定性。

大数据时代为创新创业带来了新的机遇和挑战，创业者和企业家需要不断探索和创新，利用大数据技术和应用，开拓新的商业模式和增长点。

一、创新创业的大数据应用

在大数据时代，创新创业的大数据应用已经成为越来越多企业和创业者关注的重点。通过大数据技术的应用，创业者可以深入了解市场需求和消费者行为，为产品的开发和推广提供有力支撑；可以实现企业的数字化转型，提高管理效率和生产效率；可以发掘新的商业机会，推动产业的升级和转型。同时，创新创业的大数据应用也需要企业具备数据的收集、整理、存储和分析能力，需要从人才、技术和资金等方面进行全面支持。只有这样，才能更好地利用大数据技术进行创新创业，实现企业和产业的可持续发展。随着互联网的普及和技术的发展，大数据应用已经成为各行各业的必要条件之一。在创新创业领域，大数据应用主要包括以下几个方面。

1. 数据采集和分析

创业者和企业家可以通过互联网、传感器、智能设备等手段收集用户行为、偏好、兴趣等数据，并利用大数据分析技术进行数据挖掘和分析，探索新的商业模式和增长点。

2. 个性化推荐和营销

大数据分析技术可以根据用户的行为和偏好，实现个性化推荐和营销，提高用户满意度和销售效率。

3. 风险控制和预测

大数据分析技术可以帮助创业者和企业家识别和管理风险，预测市场变化和趋势，提高决策的准确性和效率。

4. 创新创意和产品设计

大数据分析技术可以帮助创业者和企业家发掘新的创意和设计思路，优化产品和服务的体验和效果。

二、大数据时代的创新创业模式

随着大数据技术的日益发展，传统的创新创业模式也在发生着变化。在过去，创业者主要依靠个人经验和感性判断来判断市场需求和商业机会，但是随着大数据技术的应用，创业者可以通过数据分析来获取更为准确和客观的市场信息和趋势。同时，大数据技术也可以提供更为精细化和个性化的服务，帮助创业者更好地满足客户需求。因此，大数据时代的创新创业模式需要创业者具备数据分析能力和技术应用能力，以更好地利用大数据技术进行创新创业。

大数据时代的创新创业模式主要包括以下几个方面：

1. O2O 模式

通过线上和线下的深度融合，实现用户体验和服务的全面提升，提高销售效率和竞争力。

2. 共享经济模式

利用大数据和移动互联网技术，通过共享资源和优化服务，建立共享经济平台，实现资源共享和利用，实现成本和效益的最大化，提高社会资源利用效率，推动社会资源的合理利用和共享。

3. 智能制造模式

通过大数据分析和物联网技术，实现生产和制造过程的自动化和智能化，提高生产效率和产品质量。

4. 智能模式

通过机器学习和深度学习技术，实现人工智能的应用和推广，开发新的商业模式和产品形态。

5. 区块链模式

通过去中心化和可信赖的技术特点，实现安全和高效的价值传递和交换，打破传统商业模式的束缚。

6. 个性化定制

利用大数据分析用户数据和行为，为用户提供个性化定制的产品和服务，满足用户需求和提高用户体验。

7. 众筹模式

利用大数据和社交媒体平台，为创业者提供众筹资金和资源支持，降低创业成本和风险。

8. 数据驱动的营销模式

利用大数据分析用户数据和行为，精准推送广告和营销策略，提高广告投放效果和营销效率。

三、大数据时代创新创业的挑战和机遇

在大数据时代，创新创业的挑战和机遇并存。一方面，大数据技术的广泛应用，使得企业面临着海量数据的处理和管理问题，需要投入大量的资金和技术来构建强大的数据分析和挖掘系统；同时，随着市场竞争的加剧，创新创业者也需要不断探索和创新，寻找新的商业模式和营销策略，以满足不断变化的消费需求。另一方面，大数据技术也带来了巨大的机遇，可以帮助企业实现更精准的市场分析和预测，提高产品和服务的质量和效率，开拓新的商业领域和市场空间。创新创业者可以利用大数据技术来探索新的商业机会和创新方向，实现企业的跨越式发展。因此，面对大数据时代的挑战和机遇，创新创业者需要不断学习和创新，寻求新的发展机遇，实现企业和个人的可持续发展。虽然大数据时代为创新创业带来了新的机遇，但同时也带来了一些挑战和风险。

1. 数据安全和隐私保护

大数据应用涉及大量用户数据的收集和分析，需要注意数据安全和隐私保护的问题，以避免泄露和滥用用户数据。

2. 技术创新和人才培养

大数据应用需要依赖前沿的技术和人才，创业者和企业家需要不断投入研发和培养人才，以保持技术领先和竞争力。

3. 市场风险和变化

大数据时代市场变化和趋势变化较快，创业者和企业家需要及时调整和优化商业模式，以适应市场的变化和需求。

4. 资金投入和回报

大数据应用需要大量的投资和资金支持，创业者和企业家需要审慎考虑投资和回报的风险与收益，以保持健康发展。

总之，大数据时代为创新创业带来了新的机遇和挑战，创业者和企业家需要不断探索和创新，利用大数据技术和应用，开拓新的商业模式和增长点，以推动创新创业的不断发展。

四、大数据时代创新创业的应用领域

大数据时代创新创业的应用领域非常广泛，几乎涵盖了各个行业和领域。在传统产业中，大数据技术可以应用于物流、制造、零售、金融等领域，帮助企业提高生产效率、降低成本、提高客户满意度。在新兴产业中，大数据技术可以应用于智能制造、人工智能、虚拟现实、区块链等领域，为企业带来更多的商业机会。此外，大数据技术也可以应用于社会领域，如医疗、教育、城市管理等领域，为社会带来更多的便利和福利。因此，创新创业者可以在各个领域中发掘大数据的应用潜力，探索新的商业模式和机会。

可见，大数据技术的应用领域非常广泛，涵盖了各个行业和领域，包括但不限于以下几个方面。

1. 金融行业

大数据应用可以帮助金融机构更好地理解客户需求和风险偏好，提高风险控制和交易决策的准确性与效率。

2. 医疗健康

大数据应用可以帮助医疗机构实现个性化诊疗和治疗方案，提高医疗服务的质量和效率。

3. 零售行业

大数据应用可以帮助零售企业更好地理解客户需求和消费习惯，优化营销策略和产品设计，提高销售额和客户满意度。

4. 教育行业

大数据应用可以帮助教育机构更好地了解学生学习情况和需求，进行个性化教学和提高教育质量。

5. 城市管理

大数据应用可以帮助城市管理机构更好地了解城市运行和市民需求，优化城市规划和公共服务，提高城市运行效率和生活质量。

除此之外，大数据技术还被广泛应用于智能制造、能源环保、交通运输等领域，为各行各业的发展带来了新的机遇和变革。

五、大数据时代创新创业的关键要素

大数据时代的创新创业需要有以下几个关键要素。

1. 数据能力

掌握大数据技术和应用，能够收集、存储、处理和分析大量的数据，提取有效信息和价值，为创新创业提供支撑。

2. 创新思维

具备创新思维和敏锐的市场洞察力，能够发现新的商业机会和需求，创造新的商业模式和增长点。

3. 资源整合能力

具备良好的资源整合能力，能够整合人才、技术、资金、渠道等资源，为创新创业提供支持。

4. 敏捷反应能力

具备敏捷反应能力，能够快速适应市场变化和用户需求，及时调整创业策略和方向。

总之，大数据时代的创新创业需要不断探索和创新，敏锐把握市场机遇和趋势，发掘新的商业模式和增长点，不断提升自身的数据能力和创新能力，积极开拓市场，抢占先机。

项目实操

项目实操名称：大数据与出行

[项目情景]

项目 3–5：大数据与出行

一个成功的大数据时代的创新创业项目是中国的××出行。××出行是一家基于移动互联网的出行服务平台，通过在线叫车的方式，为用户提供安全、便捷、高效的出行服务。该平台不仅帮助用户找到最优惠、最方便的出行方式，同时还优化了城市出行的交通流量，改善了拥堵状况，缓解了城市出行压力。

××出行充分利用大数据技术和应用，通过分析用户的出行数据、司机的位置和路线数据、交通状况数据等，为用户提供更加智能、个性化的出行服务。该平台还推出了多种出行模式，如快车、专车、顺风车、出租车等，满足不同用户的需求。此外，××出行还积极采用人工智能技术，提高匹配率和准确性，优化司机调度和价格预测等。

××出行的成功也归功于其创新的商业模式。该平台以共享经济和共享出行为核心理念，让更多的人共享出行资源，减少城市交通拥堵和污染。同时，××出行还充分利用了互联网平台的优势，实现了用户、司机和平台之间的高效互动，降低了出行成本，提高了效率。

××出行在大数据时代的创新创业项目中树立了榜样。该平台的成功案例表明，基于数据的智能服务和创新的商业模式是实现创新创业的要素。这也为其他的创新企业提供了启示，鼓励它们更加积极地探索和创新。

（资料来源：编者根据相关资料编写。）

[实操任务]

请结合所学知识，开展以下训练：

1. 在大数据时代，共享经济和共享出行的商业模式是否可持续？
2. ××出行的商业模式带来了哪些变革和影响？对于出行行业的未来有何启示？
3. 在处理用户和司机之间的平衡方面，××出行采取了哪些策略？
4. 在大数据时代，数据隐私和信息安全对于出行服务平台至关重要。××出行有哪些应对措施保护用户数据的隐私和安全？

第三节　大数据在创新创业方面的应用

一、大数据在医疗保健创新创业方面的应用

大数据时代，掌握互联网等信息技术是成为综合型人才的必备条件。创新创业能力结合大数据、人工智能技术能大幅度提升生产力，再次激发经济发展红利。随着大数据技术的发展，与传统医学方法的紧密结合，催生出各类创新创业训练的机遇，有效地构建精准的医疗服务模式，应对新医疗环境的挑战以及人口健康信息化，还可以加快医疗健康体制变革。

在大数据的加持下，医疗保健类专业的教学可以依托各类专业实验实训平台，培养大学生实践能力和创业技能，进行创新创业教学，依托传统的各类专业实训中心，把创新、创业的意识"融"入教学过程中，提升大学生对大数据背景下的各类创新创业大赛的参与度。

大数据技术应用于医疗保健的实例很多，各种个性化的研究和产品也在不断涌现，给大学生的创新创业训练提供了丰富的素材。如范美玉是研究大数据与精准医疗之间的融合关

系，研究国内外基于大数据的精准医疗理论与应用情况，以国家信息化相关政策法规和标准规范为依据，在考虑医疗服务现状的基础上，构建出适合我国医疗实情的精准医疗服务模式，包括精准医疗服务类型、精准医疗大数据资源、精准医疗大数据平台、精准医疗的保障体系。牟忠林等主要从健康大数据对医疗卫生领域中的资源整合方面，强调合理利用健康大数据的优势服务医疗卫生事业是大势所趋。健康大数据将在医药研发、疾病诊疗、健康危险因素分析、公共卫生应急管理、居民健康管理和精准医疗等方面发挥不可替代的作用。也阐述了健康大数据在医疗卫生领域中的应用也面临着一些挑战，例如居民隐私数据泄露的风险、缺少制度机制层面的联动协同、缺乏更为专业的人才队伍等问题。因此，未来应在这些方面加大工作力度，保证健康大数据在医疗卫生领域的应用发挥出更大的作用。医疗健康领域，从大数据研究角度来看，可充分利用学校的各类专业实训平台、基地及实验研究中心等提供给学生各类创新创业锻炼的机会。

医疗保健案例

血压跟踪器。一旦发现血压达到警戒值，血压仪就会向医生发出告警。医生收到告警后立即提醒患者及时治疗。可穿戴设备在我们的日常生活中随处可见，计步器、体重跟踪器、睡眠监测仪、家用血压计等都为医疗数据库提供着关键数据。可穿戴设备是物联网中一个小小的组成部分。除了名字、身份证、电话等个人信息，身体健康状况也要“上云”、受监控。

存在问题：尽管健康数据的收集对于疾病的及时发现具有重要意义，但是如果不加以保护，数据一旦被不法分子获取，推销医疗产品的电话骚扰、与身体健康关联的电信诈骗、掌握可穿戴设备使用者的物理位置等等负面影响也将接踵而来。

针对以上各种大数据在医疗保健中的应用，我们应分析在新技术应用的初级阶段可能伴随的各种问题。大学生可根据各类应用出现的问题，提出相应的创新创业项目解决方案，并将改善思路应用于创新创业训练计划中。

二、大数据在交通创新创业方面的应用

2019 年 9 月，中共中央、国务院印发实施了《交通强国建设纲要》（以下简称《纲要》）是为了统筹推荐交通强国建设而制定。《纲要》指出：“瞄准新一代信息技术、人工智能、智能制造、新材料、新能源等世界科技前沿，加强对可能引发交通产业变革的前瞻性、颠覆性技术研究。强化汽车、民用飞行器、船舶等装备动力传动系统研发，突破高效率、大推力/大功率发动机装备设备关键技术。加强区域综合交通网络协调运营与服务技术、基于船岸协同的内河航运安全管控与应急搜救技术等研发。”根据《纲要》要求，高等院校要根据学校的专业特点，设置创新创业训练项目，结合传统专业和大数据技术的融合应用，依据产教融合之后的新技术、新方法，解决各类新技术、新方法的改进问题。

智慧和智能交通建设过程中运用大数据分析交通管理领域面临的各类瓶颈问题。引入人工智能等大模型分析交通领域问题时，也导致在该领域各类数据呈爆炸式增长，目前全球产生的数据总量已达到 EB 级。

随着大数据应用的深入、交通领域信息化水平的提升，在大数据应用的升级和重构过程中，高校可以根据学生的专业特点和学生的兴趣点设置各类创新创业的训练，保障专业培养

计划顺利完成，提升大数据创新创业服务交通行业的质量和效率。

交通领域案例

浙江某城市与英特尔合作，安装了 1 000 个数字监控设备，100 个智能监测点系统，超过 300 个检查点的电子警察，以及 500 多个视频监控系统，更有效地监测交通和拥堵数据，改善交通流量，减少道路交通事故。

三、大数据在教育教学创新创业方面的应用

在信息化浪潮的席卷下，国家出台了一系列的文件政策如《教育信息化 2.0 行动计划》和教育部办公厅《2020 年教育信息化和网络安全工作要点》，以及根据《教育部办公厅关于"智慧教育示范区"建设项目推荐遴选工作的通知》（教技厅函〔2019〕1 号）文件精神，要求对教育教学工作的软硬件条件和平台进行信息化改造和提升，遴选一系列的"智慧教育示范区"。在这种大背景下，教育信息化的改革，给高校本身的发展和培养人才的综合素质提出新要求，同时也创造了大量的创新创业的训练机会。

大数据在教育领域的创新创业训练主要在于提升教育治理能力、推动教育决策能力、增强教学服务能力等方面，通过创新创业训练项目，围绕在教育治理、教育决策、教育服务等方面的改进，为创新创业的训练提供素材和具体解决方案。

教育教学应用案例

某集团以物联网、云计算等综合技术的成熟为基础，在学生管理数据库中挖掘出有价值的数据，经过过程性和综合性的分析，找到学生各种行为之间的内在联系，挖掘背后的逻辑关系，并做出恰当的教学和管理决策。如其最新出版的全球少儿美语旗舰课程引入了首款应用于少儿英语学习领域的 My English Lab 在线学习辅导系统，应用大数据技术全程实时分析学生个体和班级整体的学习进度、学情反馈和阶段性成果，从而及时找到问题所在，对症下药，实现对学习过程和结果的动态管理。

四、大数据在生物创新创业方面的应用

自人类基因组计划完成以来，世界主要发达国家纷纷启动了生命科学基础研究计划，如国际千人基因组计划、DNA 元件百科全书计划、英国十万名新生儿全基因组测序计划等。这些计划引领生物数据呈爆炸式增长，目前每年全球产生的生物数据总量已达 EB 级，生命科学领域正在爆发一次数据革命，生命科学某种程度上已经成为大数据科学。

目前，随着人工智能在基因测试等领域的运用，生物大数据时代已经到来。当下，所说的生物大数据技术主要是指大数据技术在基因分析上的应用，通过大数据平台，人类可以将自身和生物体基因分析的结果进行记录和存储，建立基于大数据技术的基因数据库。大数据技术将会加速基因技术的研究，快速帮助科学家进行模型的建立和基因组合模拟计算。基因技术是人类未来战胜疾病的重要武器，借助于大数据技术的应用，人们将会加快自身基因和

其他生物的基因研究进程。未来利用生物基因技术来改良农作物、利用基因技术来培养人类器官、利用基因技术来消灭害虫都或将实现。

图 3-1 是一张大数据应用于生物领域的示意图。

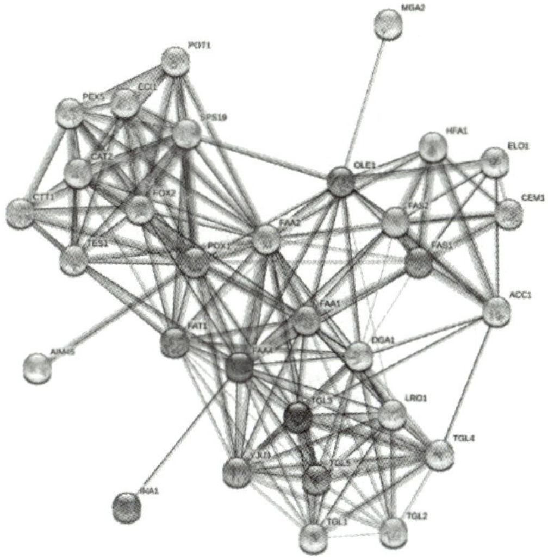

图 3-1　利用大数据预测蛋白质分子之间相关性功能的示意图

五、大数据在金融创新创业方面的应用

大数据在金融行业的应用也越来越深入。目前，金融业已经产生大量结构化和非结构化数据。结构化数据是指为组织内关键决策提供见解而进行管理的信息数据，但是对于单个银行来说，同样是无法收到用户在其他银行的行为记录数据的。另外，银行本身在做很多信贷风险分析的时候，需要大量结构化和非结构化数据做相关性分析，但是很多数据来源于政府各个职能部门，包括工商税务、质量监督、公检法等，数据分析使银行能够获得有价值的业务洞察力，有助于决策、风险管理、产品开发等。

大数据在金融行业的应用可以总结为以下五个方面：

1. 精准营销

提供高质量的用户体验是保障在竞争激烈的市场中取得成功的关键。我们需要了解客户是谁，有时还需要预测他们的需求。因此，金融机构正在将其业务模式从以业务为中心转变为以客户为中心。由于越来越多的人使用智能手机，特别是为了满足他们的金融需求，银行或保险公司等机构使用大数据从手机银行操作、社交媒体使用等行为方面来研究大量客户的需求信息。

2. 风险管控

在金融领域，使用大数据分析来识别重要趋势和潜在风险，可以帮助金融组织做出更好的战略决策。投资和贷款等问题现在依赖于机器学习等技术。ML 语言、DL 语言和各种技术来教计算机对数据采取行动。它从大量信息中学习，理解特定的数据模式，并基于这些模式构建预测。基于预测分析的决策会考虑经济和商业资本等方方面面，以识别潜在风险，例如不良投资。例如，银行使用不同的大数据平台和技术示例来构建风险平台，挖掘非结构化数据。大数据技术应用于金融公司风险的识别和预测。

3. 决策支持

利用决策树技术进行抵押贷款管理，利用数据分析报告实施产业信贷风险控制。银行业的大数据分析还可以让客户了解业务的潜在风险。而且，客户本身还可以就他们的风险情况向客户咨询。使用机器学习算法，可以相对快速地指出风险投资。

4. 效率提升

客户可以以更快的速度、更高的性能和更高的价值管理任何财务任务。像分析师和经理可以更快、更好、更高效地完成任何琐碎的任务，提高客户满意度。客户将获得在线帮助或以数字方式执行任务，例如，自动填写表格、签署文件或通过智能系统进行金融交易将使他们更快捷参与和精通技术。

5. 产品设计

利用大数据计算技术为财富客户推荐产品，利用客户行为数据设计满足客户需求的金融产品。

六、大数据在零售创新创业方面的应用

零售行业大数据应用有两个层面：一个层面是零售行业可以了解客户消费喜好和趋势，进行商品的精准营销，降低营销成本；另一层面是依据客户购买产品，为客户提供可能购买的其他产品，扩大销售额，也属于精准营销范畴。另外，零售行业可以通过大数据掌握未来消费趋势，有利于热销商品的进货管理和过季商品的处理。零售行业的数据对于产品生产厂家是非常宝贵的，零售商的数据信息有助于资源的有效利用，降低产能过剩，厂商依据零售商的信息按实际需求进行生产，减少不必要的生产浪费。

未来考验零售企业的不再只是供求的好坏，而是能否挖掘消费者需求，以及是否具有高效整合供应链满足其需求的能力，因此信息技术水平的高低成为获得竞争优势的关键要素。不论是国际零售巨头，还是本土零售品牌，要想顶住日渐微薄的利润率带来的压力，在这片红海中立于不败之地，就必须思考如何拥抱新科技，并为顾客们带来更好的消费体验。

互联网企业使用大数据技术采集有关客户的各类数据，并通过大数据分析建立“用户画像”来抽象地描述一个用户的信息全貌，从而可以对用户进行个性化推荐、精准营销和广告投放等。在用户登录网站的瞬间，系统就能预测出该用户今天为何而来，然后从商品库中把合适的商品找出来，并推荐给客户。

零售案例

零售企业监控客户的店内走动情况以及与商品的互动。它们将这些数据与交易记录相结合来展开分析，从而在销售哪些商品、如何摆放货品以及何时调整售价上给出意见，此类方法已经帮助某领先零售企业减少了17%的存货，同时在保持市场份额的前提下，增加了高利润率自有品牌商品的比例。

七、大数据在电商创新创业方面的应用

随着电子商务的蓬勃发展，推荐系统在互联网中的优势地位也越来越明显。在国际方面，Amazon 平台中采用的推荐算法被认为是非常成功的。在国内，比较大型的电子商务平台网站有淘宝网（包括天猫商城）、京东商城、抖音、拼多多等。在这些电子商务平台中，网站提供的商品数量不计其数，网站中的用户规模也非常巨大。据不完全统计，天猫商城中的商品已经超过了 4 000 万种。在如此庞大的电商网站中，用户根据自己的购买意图输入关键字查询后，会得到很多相似的结果。用户在这些结果中也很难区分异同，难于选择合适的物品，推荐系统能够根据用户兴趣为用户推荐一些用户感兴趣的商品。电子商务网站利用推荐系统为用户推荐商品，方便了用户，从而也提高了网站的销售额。

电子商务企业基本上实现了业务流程的各个环节的数据化，所以可以充分利用大数据技术对这些数据进行挖掘分析来优化其业务流程，提高业务利润，分为以下几种情况。

（一）动态定价和特价优惠

电子商务企业可以使用数据构建客户资料，并发现用户喜欢花费多少费用和喜欢购买什么产品，从而通过跟踪客户的消费行为，使用大数据分析来开发灵活的定价和折扣政策。例如，如果分析显示用户对特定类别商品的兴趣飙升，则电子商务企业可以提供打折或买一送一优惠。

（二）定制优惠

电子商务企业可以通过数据来确定客户的购买习惯，并根据以前的购买方式向他们发送有针对性的特价优惠和折扣代码。数据也可以用于在客户中止购买或只看不买时重新吸引客户，例如，通过发送电子邮件提醒客户他们查看过的产品或邀请他们完成购买。

（三）供应链管理

电子商务企业可以使用大数据更有效地管理供应链。数据分析可以揭示供应链中的任何延迟或潜在的库存问题。如果某个项目存在问题，则可以立即将其从销售中删除，以免破坏客户服务问题。

（四）预测分析

预测分析是指利用大数据技术分析电子商务业务的各种渠道，帮助企业制订未来运营的业务计划。数据分析可能会显示电商企业在线商店部门的新购买趋势或销售减缓的商品。

电商案例

预计 2025 年，排名前 10 位的零售巨头将使用实时定价，大数据分析将帮助实现实时定价，电商试图分析各种产品价格变化的影响。

八、大数据在农业创新创业方面的应用

为了应对日益增长的食品需求和气候变化带来的压力，政策制定者和行业领导者正在寻

求物联网、大数据分析和云计算等技术力量帮助。大数据在农业中的应用主要是指依据未来商业需求的预测来进行农产品生产，降低菜贱伤农的概率。同时，大数据的分析将会更加精确预测未来的天气气候，帮助农民做好自然灾害的预防工作。大数据也会帮助农民依据消费者消费习惯来决定增加哪些品种的种植、减少哪些品种农作物的生产，提高单位种植面积的产值，还有助于快速销售农产品，完成资金回流。牧民可以通过大数据分析来安排放牧范围，有效利用牧场。渔民可以利用大数据安排休渔期、定位捕鱼范围等。

由于农产品不容易保存，因此合理种植和养殖农产品十分重要。如果没有规划好，容易产生菜贱伤农的悲剧。过去出现的猪肉过剩、卷心菜过剩、香蕉过剩的原因就是农牧业没有规划好。借助于大数据提供的消费趋势报告和消费习惯报告，政府将为农业生产提供合理引导，建议依据需求进行生产，避免产能过剩，造成不必要的资源和社会财富浪费。农业关乎国计民生，科学的规划有助于社会整体效率提升。大数据技术可以帮助政府实现农业的精细化管理，实现科学决策。在数据驱动下，结合无人机技术，农民可以采集农产品生长信息、病虫害信息。相对于过去雇用飞机成本将大大降低，同时精度也将大大提高。

九、大数据在体育创新创业方面的应用

《中华人民共和国国民经济和社会发展第十四个五年规划和 2035 年远景目标纲要》提出，到 2035 年，要建成体育强国，这是今后各项体育工作的根本遵循和指引。体育产业的发展壮大，是体育强国建设的重要组成部分，也是推动这个进程的重要力量。

发展体育产业需要高度重视数字化问题。我国数字技术应用广泛深入，人民生产生活和娱乐社交中的大部分迅速向线上迁移，以数字形态呈现。体育产业要持续快速增长，必须向网络化、数字化、智能化方向发展。

大数据和体育结合并创新，助推了体育行业的高质量发展，如大型比赛的 AI 智能裁判员，由于比赛的实时性和激烈程度，通过人眼无法把控全场，难免会出现误判。大数据对于体育的改变可以说是方方面面，从运动员本身来讲，可穿戴设备收集的数据可以让运动员更了解身体状况。媒体评论员，通过大数据提供的数据可以更好地解说比赛、分析比赛。数据已经通过大数据分析转化成了洞察力，为体育竞技中的胜利增加筹码，也为身处世界各地的体育爱好者随时随地观赏比赛提供了个性化的体验。

大数据已被证明可以通过提供有关各种运动的信息以及运动员可以做些什么来帮助自己提高运动表现。从趋势预测到统计数据，大数据正在影响许多不同的运动和相关的个体。

十、大数据在太空研究创新创业方面的应用

大数据在太空领域中的应用主要是人类对于天体的认识和人类对于航天的认识这两个方面。天文学家和天体物理学家可以通过分析收集和保存的数据，了解天空现象的本质并有所发现，以及可改进哪些方面以使天文学研究对世界各地的人们具有特殊性和吸引力。不同国家的航天机构每天都通过观测外层空间以及从环绕地球运行的卫星、研究外层空间的探测器和其他星球上的漫游车接收到的信息来收集大量数据。分析航天的数据，并在将实际有效载

荷发射到太空之前使用它们来模拟飞行路径。在发射任何火箭之前，有必要进行复杂的模拟并考虑天气、有效载荷、轨道位置、轨迹等各种因素。

为了远距离控制航天器的飞行和执行任务，必须以最快的速度处理数据。航天大数据不仅具有一般大数据的特点，而且要求高可靠和更高的处理速度。航天是最早提出发展大数据技术的领域，也是取得大数据成果最多的领域。莱诺斯科技（北京）股份有限公司自主研发了航天工程大数据管理平台，此管理系统由三大部分组成，即一个综合、两个基础。两个基础是数据存储中心和并行计算平台，一个综合是工程数据管理平台。数据存储中心主要解决海量数据的存储的问题，并行计算主要解决大数据量的复杂计算问题，工程数据管理平台主要解决数据的转移、浏览、查询、分析等数据管理及可视化的问题。数据存储中心与并行计算平台是工程数据管理平台的基础，只有具备这两个基础能力，工程数据管理平台才能为客户提供多样的数据管理方式，提供高性能的分析手段。

航空案例分析

某公司拥有一个飞机健康管理系统，每天通过该系统分析 4 000 架飞机的大约 200 万个状况。在大数据分析的帮助下，飞机健康管理系统执行机械分析、飞行中的指标和车间调查结果，有效地计划维护和分配，预测计划外故障和需要采取的行动。根据某公司的官方声明，他们预计每架使用飞机健康管理系统的飞机，每年可以节省数十万美元的维修成本。因此，对于 4 000 架飞机来说，每年的节省可能高达数亿美元。

（资料来源：编者根据相关材料编写。）

十一、大数据在食品创新创业方面的应用

随着科学技术和生活水平的不断提高，食品添加剂及食品品种越来越多，传统手段难以满足当前复杂的食品监管需求，从不断出现的食品安全问题来看，食品监管成了食品安全的棘手问题。此刻，通过大数据管理将海量数据聚合在一起，将离散的数据需求聚合能形成数据长尾，从而满足传统难以实现的需求。在数据驱动下，采集人们在互联网上提供的举报信息，国家可以掌握部分乡村和城市的死角信息，挖出不法加工点，提高执法透明度，降低执法成本。国家可以参考医院提供的就诊信息，分析出涉及食品安全的信息，及时进行监督检查，第一时间进行处理，降低已有不安全食品的危害。参考个体在互联网的搜索信息，掌握流行疾病在某些区域和季节的暴发趋势，及时进行干预，降低其流行危害。政府可以提供不安全食品厂商信息、不安全食品信息，帮助人们提高食品安全意识。

当然，有专业人士认为食品安全涉及从田头到餐桌的每一个环节，需要覆盖全过程的动态监测才能保障食品安全。以稻米生产为例，产地、品种、土壤、水质、病虫害发生、农药种类与数量、化肥、收获、储藏、加工、运输、销售等环节，无一不影响稻米安全状况。通过收集、分析各环节的数据，可以预测某产地将收获的稻谷或生产的稻米是否存在安全隐患。

大数据不仅能带来商业价值，亦能产生社会价值。随着信息技术的发展，食品监管也面

临着众多的各种类型的海量数据，如何从中提取有效数据成为关键所在。可见，大数据管理是一项巨大挑战，一方面要及时提取数据以满足食品安全监管需求；另一方面须在数据的潜在价值与个人隐私之间进行平衡。相信大数据管理在食品监管方面的应用，可以为食品安全撑起一把有力的保护伞。

十二、大数据在政府管理创新创业方面的应用

在公共服务领域，大数据有着广泛的应用，包括能源勘探、金融市场分析、欺诈检测、健康相关研究和环境保护。政府利用大数据技术可以了解各地区的经济发展情况、各产业发展情况、消费支出和产品销售情况，依据数据分析结果，科学地制定宏观政策，平衡各产业发展，避免产能过剩，有效利用自然资源和社会资源，提高社会生产效率。大数据还可以帮助政府监控自然资源的管理，无论是国土资源、水资源，还是矿产资源等，大数据可通过各种传感器来提高其管理的精准度。同时，大数据技术也能帮助政府进行支出管理，透明合理的财政支出将有利于提高公信力和监督财政支出。

大数据及大数据技术带给政府的不仅仅是效率提升、科学决策、精细管理，更重要的是数据治国、科学管理的意识改变。未来大数据将会从各个方面来帮助政府实施高效和精细化管理。政府运作效率的提升、决策的科学客观、财政支出的合理透明都将大幅提升国家整体实力，成为国家竞争优势。

国家正在将大数据技术用于舆情监控，其收集到的数据除了解民众诉求之外，还可以用于犯罪管理。大量的社会行为正逐步走向互联网，人们更愿意借助互联网平台来表达自己的想法和宣泄情绪。社交媒体和朋友圈正成为追踪人们社会行为的平台，正能量的东西有，负能量的东西也不少。一些好心人通过微博来帮助别人寻找走失的亲人或提供可能被拐卖人口的信息，这些都是社会群体互助的例子。国家可以利用社交媒体分享的图片和交流信息，来收集个体情绪信息，预防个体犯罪行为和反社会行为。警方可以通过微博信息抓获聚众吸毒的人，处罚虐待小孩的家长。

大数据技术的发展带来企业经营决策模式的转变，驱动着行业变革，衍生出新的商机和发展契机。驾驭大数据的能力已被证实为领军企业的核心竞争力，这种能力能够帮助企业打破数据边界，绘制企业运营全景视图，做出最优的商业决策和发展战略。其实，不论是哪个行业的大数据分析和应用场景，都可以看到一个典型的特点，即无法离开以人为中心所产生的各种用户行为数据、用户业务活动和交易记录、用户社交数据，这些核心数据的相关性再加上可感知设备的智能数据采集就构成一个完整的大数据生态环境。随着大数据技术的进步，政府可以在一个全新的水平上计算、存储、分析和共享信息，使其能够在更大范围内解决社会面临的问题。随着大数据的增长，它只会继续改变政府机构的运作方式。

此外，随着数字领域的扩展和数据共享能力的提高，政府正在利用数据举措来鼓励公众参与和增加透明度，以提高信任并在人民之间建立更强烈的社区意识和团结意识。反过来，这使政府能够做出更有意义的改变并提供更大的稳定性。

【本章课后思考】

一、选择题

1. 大数据思维是指一种（　　）。

A. 知识　　B. 想法　　C. 思想　　D. 意识

2. 本质上，世界是由（　　）构成的。

A. 数据　　B. 知识　　C. 信息　　D. 数字

3. 只要得到了合理的利用，而不单纯只是为了“数据”而“数据”，大数据就会变成（　　）。

A. 强大的威胁　　B. 强大的武器　　C. 预测工具　　D. 分析工具

4. 大数据可分成（　　）、大数据应用等领域。目前人们谈论最多的是大数据技术和大数据应用。

A. 大数据技术　　B. 大数据工程　　C. 大数据收集　　D. 大数据科学

5. 下列属于数据中间商的是（　　）。

A. 中国最大的银行中国银行，拥有大量客户的数据

B. 西雅图交通数据处理公司 Inrix，汇集了来自美洲和欧洲近 1 亿辆汽车实时交通数据

C. 中国最大的汽车网站，汽车之家，各家汽车的数据和大量用户

D. Quantcast 通过帮助网站记录用户的网页浏览历史来测评用户的年龄、收入、喜好等信息，然后向用户发送有针对性的定向广告

二、填空题

1. 大数据时代的到来，为创新创业带来了改变，其特征主要包含以下几个方面：________、________、________、________、________。

2. ________代表了在高度动态市场中保持商业竞争力的关键工具。

3. IBM 公司提出大数据具有 5V 特点，分别是：________、________、________、________、________。

4. 大数据在金融行业的应用包括以下五个方面：________、________、________、________和产品设计。

5. 大数据及大数据技术带给政府的不仅仅是________、________、________，更重要的是________、________的意识改变。

三、问答题

1. 大数据时代的特点是什么？
2. 如何理解大数据与创新创业的关系？
3. 分析大数据对各行各业的影响。
4. 大学生如何利用大数据进行创业？
5. 大数据时代创业存在哪些风险？

第四章

捕捉创业机会

【学习目标】

理解：理解创业机会的内涵和特征，理解创业机会识别的内涵和影响因素，理解创业机会的评价标准和评价方法。

掌握：掌握创业机会的来源，掌握创业机会识别的常用方法，掌握创业机会评价的内容。

应用：结合项目案例，在创新创业实践中学会寻找创业机会；运用创业机会识别的方法，分析某个领域的创业机会；根据创业机会评价内容和标准，提交一份创业机会评价报告。

【思政目标】

“捕捉创业机会”章节，可以围绕以下三个方面来设计思政内容：

1. 实践项目的开展：通过实践项目的开展，锻炼大学生实践能力和创新思维，锻炼大学生深入地了解捕捉创业机会的实践过程，提高创业成功的机会。

2. 市场分析和趋势预测的培养：通过分析市场数据和趋势，培养大学生市场洞察力和预测能力。

3. 创新创业的社会责任：注重创新创业过程中需要遵守的道德和法律规范的引导，注重创业伦理和社会责任的引导，引导大学生树立正确的创业价值观和社会责任意识。

第一节 寻找创业机会

一、创业机会的内涵

（一）机会与创业机会

“机会”一词在《辞海》中的解释是“际遇；时机”。机会经常被称为一个“窗口”，也就是说，它是真实存在的，但是它不是永远都敞开的，其存在的时间是短暂的。蒂蒙斯在他的著作里描述了一般化市场上的“机会之窗”。机会窗口是一种隐喻，用以描述企业实际进入新市场的时间期限、创意市场化的时间。随着时间的推移，市场以不同的速度在增长，市场变得更大，确定市场面的难度就更大。因此，适时性很重要。

创业因机会而存在。“机会+创业=创业机会”，机会包含创业机会。创业机会的内涵界定为创建新企业或既有企业开创新事业的有利通道和恰当时机，是对新产品、新服务或新业务满足新需求的一组有利环境，是一种有利于创业的偶然性和可能性。创业机会存在于一个动态的、发展的环境之中，从长远来看，创业机会的价值取决于现阶段的市场空白大小以及其能够持续的时间、企业能否有足够长的时间来获取相应的回报。

如图 4-1 所示，横轴表示时间，纵轴表示市场规模。可以看出，产品市场的发展是一个“起步—加速—放缓”的过程。第一个阶段是机会窗口尚未开启的阶段，市场发展不快，前景也不明朗，但竞争者少，这时期抓住创业机会的创业者往往拥有先入者优势，但是风险较大；第二个阶段是“加速”阶段，即机会窗口开启到关闭的阶段，该阶段市场进入了快速增长期，市场规模不断扩大，可以稳定盈利，但是市场竞争比较激烈，进入门槛逐渐提高，利润将逐渐降低；第三个阶段是“放缓”阶段，市场已经基本成熟，趋于稳定化，市场规模增长放缓，外部企业很难再进入，机会窗口基本关闭了。选择那些机会窗口存续时间较长的市场机会，创业企业可获利的时间相对较长，取得成功的概率就大一些。这样的机会，其期望价值自然高一些。任何基于科技创新的产业，只有很短的机会窗口，创业者如果不能抓住这个机会，窗口一旦关闭，机会将很难再出现，创业将错失良机。

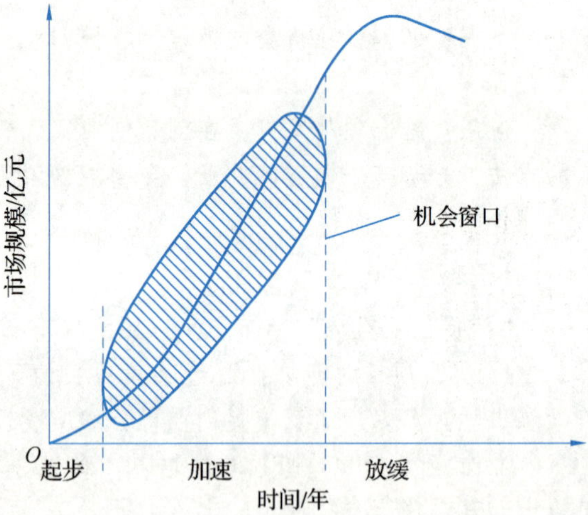

图 4-1 机会窗口

（二）创业机会的特征

1. 客观性

创业机会是客观存在的，无论创业者是否意识到，它都会客观存在于一定的市场环境之中。客观存在的创业机会对所有人都是公开的、公平的，每个创业者都有可能发现，不存在独占权。

2. 偶然性

对潜在创业者而言，创业机会并不是每时每刻都显露，机会的发现具有一定的偶然性，关键是要靠创业者努力寻找。从市场环境变化的必然规律中预测和寻找创业机会，在现实需求中发现新商机，也就是说，要有对市场机会的“警觉性”，时刻做一个“有心人”。创业机会具有一定的偶然性，常常会突然显现，容易使得创业者缺乏思想准备，在机遇面前犹豫不决，看不准也抓不住。

3. 时效性

创业机会具有很强的时效性。俗话说：“机不可失，失不再来。”机会稍纵即逝，不可复得。创业者如果不能够及时捕捉，就会丧失创业的时机。事物总是不断发展变化，当事物发展到对创业有利时，就产生了创业机会。但事物还会继续发展，不会停滞不前，机会如若不加以利用，就会因为发展变化而消失。而且由于机会的公开性，别人也可能利用，这就改变了供需矛盾，因而导致机会失去效用。对于创业者来说，要抓住创业机会并及时利用，才能够发挥机会的最大价值。

4. 不确定性

创业机会总是存在的，但是机会的发展事先往往难以预料。创业机会在一定条件下产生，当条件发生变化时，结果往往也会随之而改变。机会和威胁本身就是一个事物的两个方面。在一定范围内，创业机会随着市场环境的变化而产生，并随着时间的推移而减少和消失，甚至演变为环境威胁。因此，创业机会开发的结果难以预测，具有高度的不确定性。

二、创业机会的来源

创业的第一步是要选择一个能够满足消费者需求、为消费者带来独特价值的创意。如果新的产品或服务与市场上现有的无太大的区别，那么就很难有机会，因为人们的消费惯性使然。以下三方面为创业机会的来源，有利于形成成功、新颖且价值独特的商业创意。

（一）变化的环境趋势

最重要的几个环境趋势是经济趋势、社会趋势、技术进步、政治行为与政策变化。这些环境的变化通常会刺激新的创业机会产生。在分析环境趋势以识别创业机会时，要注意以下两点：第一，一定要区分趋势与流行，新创企业通常没有足够的资源追赶流行风尚的脚步；第二，各种趋势是相关联的，应综合考虑这些趋势，如智能手机的兴起是各种趋势综合的结果，青年人有更多可支配的收入（经济趋势）、人口流动的加强（社会趋势）以及电子产品的越来越小型化（技术进步），少了任何一种趋势，智能手机都不会发展得如此迅猛。

1. 经济趋势

市场上会出现与经济发展阶段有关的需求，相应地就需要有企业去满足这些新的需求。如我国的经济发展使国人不再仅仅满足于衣、食、住、行的需求了，还会追求健康、娱乐、旅游、孩子的教育以及精神层次的提升。

2. 社会趋势

社会趋势对人们的生活方式和消费需求有影响。比如，我国老龄人口增多，在家庭护理、保健产品与服务、老年人金融服务、老年人旅游服务等方面就会产生新的需求，相应地就会产生创业机会。

3. 技术进步

技术上的进步或多种技术的组合，都可能给创业者带来创业机会，主要表现在三个方面：①当某一领域出现新的科学突破和技术，并足以替代旧技术时；②实现产品的新功能、创造新产品的技术出现；③新技术带来新问题，为消除新技术带来的弊端，去开发更新的技术并使其商业化。如互联网的出现标志着人类进入信息时代，成千上万的网站诞生，出现百度、阿里巴巴、腾讯三大门户网站；智能手机的出现标志着人类进入移动互联网时代，各种小程序如雨后春笋般涌现，出现今日头条、美团、滴滴、微信等优秀的企业产品；2016 年阿尔法围棋（AlphaGo）打败围棋世界冠军李世石，标志着人类进入 AI 时代，出现了无人驾驶、人脸识别、智慧金融等新型业态。

4. 政治行为与政策变化

政府的行为与政策变化会带来新的创业机会。如全面二孩政策的出台，释放了婴幼儿看护、母婴用品、幼儿教育、大面积商品房等重大需求。垃圾分类也将带动上下游千亿规模的相关产业。这些都会出现新的创业机会。

（二）尚未解决的问题

人们在日常生活中会遇到各种问题，比如，大到贷款、找工作、找对象，小到晚上睡不着觉、冬天半夜起来看书冷、小孩的书包过重、小孩晚上睡觉容易蹬掉被子、小孩喝开水容易烫伤等，其实每一个问题后面都隐藏着机会。很多优秀企业的创建就是源于要解决生活中的某个问题，或看到他人遇到的问题，即解决现实的需求。

案例 1：滴滴出行公司创立

滴滴出行公司最开始创立，也是创始人程维基于自己出行的“痛点”想到的一个创业项目，创立滴滴出行公司前，程维在杭州的阿里巴巴任职，每个周五他要从杭州坐飞机回北京，下午五六点钟是出租车司机交班的时间，是打车最困难的时候，他经常要提前两个小时在杭州打车，而且好几次都不一定能打到车，等他到机场的时候已经错过了航班。同时，他也觉察到出租车司机是工作效率较低并且很辛苦的一群人，他们的工作方式都是开着车到路上转，看看能不能找到订单，这样既浪费资源又效率低下。当时智能手机刚刚兴起，程维敏锐地觉察到出行行业是一个商业机会，于是 2012 年 6 月程维从阿里巴巴离职并创立了小桔科技，后改名为滴滴出行，2015 年

滴滴出行，2015 年滴滴出行与快的合并，2016 年滴滴出行收购优步中国。

案例 2：züca 拉杆书包

züca 拉杆书包的发明者劳拉·尤德尔，在觉察到上小学四年级的女儿经常抱怨因为背书包而后背疼痛后，发明了一款拉杆书包。开始时，她在学生中间做了许多调查，得到了一些反馈，她先做了几个样品，经过几轮的迭代后，找到工厂生产出了 züca 拉杆书包。这款书包兼具功能性与酷感，迎合了小学生的喜好，现在 züca 已经成为全球知名的企业，züca 拉杆书包也风靡全球。

案例 3：世纪佳缘

越来越多针对大学生或大学校园的产品和服务都是由大学生开发出来的，这些产品和服务都是要先解决创业者本人的问题，其次是与身边的人分享，最后开始创立企业。世纪佳缘的诞生就是源自复旦大学研究生龚海燕自己及周围的硕士、博士找对象较难的问题。因为曾经辍学 3 年，因此从高中到大学直至研究生，龚海燕一直比同班同学年龄大。“我的个人问题就成了老大难。我妈特别着急，我只好开始征婚。”一说起这事，龚海燕就笑了起来，没有丝毫的扭捏。读研期间，她曾经两次被婚介交友网站欺骗。正是因为这两次受骗，她才萌发了创办一个严肃的、以婚恋为目的的交友平台的想法。

（资料来源：邱鑫，温和瑞，古莹奎．创新创业基础. 北京：高等教育出版社，2020 年版第 86 页。）

（三）市场缝隙

市场缝隙是指被众多生产者、经营者所忽略的，具有一定潜在需求的市场空间。这种潜在需求指的是广大消费者未被满足的商品需求和未被满足的服务需求。市场缝隙有两个重要特性：其一，市场小众，或者目前市场潜力有限，实力强大的竞争对手不愿意去开发此类市场；其二，创业者可以在一个小范围市场内获得对其实际的控制权或垄断地位。

Pether Thiel 认为，创业者应该从市场缝隙着手：“探索秘密的最佳处所就是无人关注的地方。”占领一个缝隙般的小市场，服务特定的一个小群体，而且几乎没有其他竞争者，这给弱势的初创企业占领市场缝隙创造了极大的发展机会和生存空间。

案例 1：女性特大码服装

科特勒与维肯发现了一个女性特大码服装市场。原因是她们逛了许多女性服装店，怎么也买不到漂亮、时尚、合体的特大码服装，沮丧之余，她们干脆开了 Bodacious 店，专卖漂亮、时尚的女性特大码服装。维肯在回顾她们的成功时说道：“冒险太值得了，它能给你带来回报。每天都有人告诉你，‘有你们我太高兴了’。很多人在我们店里会哭出来，她们是喜极而泣（因为她们找到了合体的服装）。有位女士买了一条合身的牛仔裤，一个小时后她打电话给我说：‘裤子太棒了，在家里穿也很棒！’”有时人们因为生病或生育，体形发生改变，人们对此会产生比较沮丧的情绪。如果出门能买到合体的服装，能让他们自我感觉好得多。

案例 2：自动售药机

当某地区需要某种服务，但该地区又没有足够的人口可支撑传统店铺生存，或店铺在夜间及周末不营业时，也会产生市场缝隙。例如，很多农村地区没有 24 小时营业的药店，这导致夜间或周末急诊的人难以迅速买到药品。为填补这一市场缝隙，InstyMeds 公司研发了自动售药机，安置于农村地区的医院和急诊中心，售卖处方药。如果医生开了处方，病人根据处方可以到自动售药机买药，如果有医疗保险，售药机还能自动计算应付额度，支付方式也可以选择现金或线上支付，出售的药品包括急诊常用的 100 多种处方药。

（资料来源：邱鑫，温和瑞，古莹奎. 创新创业基础. 北京：高等教育出版社，2020 年版第 87 页。）

项目实操

项目实操名称：寻找创业机会的项目实操

［项目情景］

项目 4-1：寻找创业机会的项目实操

假设你是一名年轻的创业者，你希望通过创业找到新的商业机会。你选择了以下步骤来寻找创业机会：

1. 市场研究

你选择了电子商务行业进行市场研究。你了解到该行业在未来几年内将会保持高速增长，消费者的在线购物习惯将会更加成熟。你进一步了解到，当前电子商务行业竞争激烈，主要有阿里巴巴、京东、拼多多等大型电商平台，以及一些小众电商平台和社交电商平台。

2. 消费者调研

你通过问卷调查和深度访谈，了解到现在的消费者越来越注重个性化、定制化的购物体验。他们对于产品的质量、价格和服务要求越来越高。而且，一些有社交属性的电商平台，如微信小程序、抖音、小红书等，也吸引了大量年轻消费者。

3. 技术应用

你了解到，人工智能、大数据、云计算等新兴技术正在被广泛应用于电子商务领域。这些技术可以帮助电商平台更好地了解消费者的购物习惯，提高商品推荐的精准度，从而提高销售额。

4. 社会趋势

你关注到当前社会对环保、可持续发展等问题越来越重视。你想通过创业来贡献自己的力量，打造一个注重环保、具有社会责任的电商平台。

5. 竞争对手分析

你对电商市场上的竞争对手进行了分析，发现一些小型电商平台在定位和服务上还有一些瓶颈和不足。你认为，通过结合个性化、定制化的服务和环保理念，可以在这些方面获得市场优势。

最终，你决定创办一个注重环保、个性化、定制化服务的电商平台。你将采用人工智能、大数据等技术，为消费者提供更好的购物体验，同时积极关注环保问题，为社会做出贡献。

[实操任务]

请根据以上资料，系统分析并思考“注重环保、个性化、定制化服务的电商平台”的创业机会。

第二节　识别创业机会

经常有人这样抱怨：“别人机遇好，我运气不好，没有好的机遇。”“我要是早几年做就好了，现在做什么都难。”这都是误解。其实机会无处不在，就看能否识别和把握机会。机会识别是创业过程的起点，也是创业过程中的一个重要阶段。许多好的商业机会并不是突然出现，而是对于“一个有准备的头脑”的一种“回报”，或者是当一个识别市场机会的机制建立起来之后才会出现。

案例：牛仔裤的发明

大家知道牛仔裤的发明人是谁吗？——李维斯。当初李维斯跟着一大批人去西部淘金，途中一条大河拦住了他们的去路，许多同行的人感到愤怒和沮丧，但是李维斯却说“棒极了”。他设法租了一条船给想过河的人摆渡，结果赚了不少钱。

不久，摆渡的生意被人抢了，李维斯又说“棒极了”。因为采矿工人出汗很多，饮用水非常紧张，于是别人采矿他卖水，又赚了一大桶金。后来，卖水的生意又被别人抢走了，李维斯又说“棒极了”。因为采矿工人跪在地上，裤子的膝盖部分特别容易磨破，而矿区里却有许多被人丢弃的帆布帐篷，李维斯就把这些旧帐篷收集起来清洗干净，做成裤子，就这样“牛仔裤”诞生了。李维斯从现实问题中发现了创业机会，在别人的不经意中实现了创业梦想。

（资料来源：李德平. 大学生创业基础教程. 北京：高等教育出版社，2017 年版第 49 页。）

一、创业机会识别的内涵

机会识别是创业过程中的重要环节，是识别一个好的想法，并将其转化为能够创造顾客价值的商业概念的过程。创业机会识别作为创业活动的初始阶段和核心环节，对于新创企业的发展方向至关重要，是新创企业创造价值不可或缺的重要环节之一。因为创业机会本身很难识别，同样的创业条件下，有人一事无成，而有人却白手起家取得了非凡的成绩。识别产品、服务或业务机会很困难，因为它不单是换一种眼光看待现存的事物。机会识别一半是艺术，一半是科学。创业者必须依靠直觉，使它成为一门艺术；也必须依靠有目的的行为和分析技术，使它成为一门科学。

作为创业者，难能可贵的地方是他们能够发现他人所看不到的机会，并把握创业机会迅速采取行动，实现创业机会的价值。在很长一段时间里，人们认为一般人不可能看到创业机会，发现机会是因为创业者个体具有别人所没有的特殊禀赋。机会识别是创业者与外部环境（机会来源）互动的过程。在这个过程中，创业者利用各种渠道和方式搜索并获取与环境变化有关的信息，从而发现现实世界中在产品、服务、原材料和组织流程等方面存在的差距或缺陷，找出改进或创造新产品或服务的目的、手段、关系的可能性，最终识别出可能带来新产品、新服务、新原材料和新组织流程的创业机会。

二、创业机会识别的影响因素

（一）创业者认知能力

机会识别是一种认知过程，机会来源于市场需求。有些人认为，创业者具有“第六感”，使他们能看到别人错过的机会。倒不如说创业者更依赖于其创造性思维方式，甚至是一种灵感或者悟性。在创业机会识别过程中，创业者的认知能力起到了决定性的作用，它包括商业警觉性和创造性思维。创业的主体是人，创业机会的识别是创业者基于自身条件和外部环境判断创业机会是否具有价值、是否值得开发，其中既有客观的判断，更有主观因素的影响。不同的创业者对于相同的创业机会也有着完全不同的判断，因为创业机会的识别本身是一个创业者对于事物从认知到判别的过程。

（二）创业者先前知识基础

创业者所拥有的与创业机会相关的知识和信息，在很大程度上影响他对创业机会的识别。创业者在学校积累的知识和技能是常用的度量创业者人力资本的因素，正规的教育能够帮助创业者积累隐性知识和必要的技能，是创业技能、动机和自信的重要来源之一。早期的教育经验会促使个体对特定的事物建立积极的态度，并且构建了学习的能力和方式，导致个体间存在不同的学习风格，而个体间学习风格的差异导致其在机会识别和开发过程中采取的行为以及知识的作用存在差异。

俗话说“外行看热闹，内行看门道”，是否拥有相关行业、职能部门的专业知识和工作经验是很多风险投资者考查创业者的重要指标。机会之所以成为创业机会，就在于对机会识别的敏锐度，只有具备丰富知识的创业者才能更有效、更准确地将它识别出来。现代社会是信息社会，我们每天都处于纷繁的信息海洋中，对信息拥有先有权的人越来越少，这样，率先把商机识别出来是创业者拥有的另外一种独特能力。对机会的警觉性很大程度上是一种习惯性的技能；拥有某个领域更多知识的人，比其他人对该领域内的机会更警觉。具备丰富经验的创业者拥有其他人所不具备的相关行业知识和信息，也是一种独有资源，因为创业机会的时间性很强，如果创业者能够率先掌握信息，就能够率先采取行动，在未来的市场竞争中占领先动优势。

（三）社会网络因素

创业者所处的社会关系网络对机会的感知非常重要，这种关系网络是企业的重要隐性资源，对于创业企业的生存和发展具有至关重要的推动作用。成功的创业企业通常能够从其社会网络中捕捉商机、获取资源，给企业创造出显性资源无法实现的价值。在社会活动中活跃的创业者，与各种各样的社会成员交流，可广泛获取各种来源的信息并进行整理，诞生出更多有价值的商业创意。往往社会网络圈越大且喜欢与他人打交道的个体，感知创业机会的概率越大，建立了大量社会关系网络的个体，比那些拥有少量社会关系网络的个体更容易得到创业机会。

（四）创业者创业学习因素

学习是一个创造知识的社会过程，这个过程的中心就是获取并转换经验和知识。因此，创业者和创业团队如何在创业过程中通过创业学习获取独特的知识，是促使新企业识别更多有价值的创业机会的重要手段。

创业者的学习途径主要有两条：一是学习自身积累的直接经验，在转化经验的学习过程中，创业者通过亲身体验和实践，能够较为准确地了解市场的发展趋势和市场需求，这些知识和信息的获取与吸收能够帮助创业者制定出更为符合市场态势的战略决策，满足消费者需求；二是利用“他山之石”，学习其他创业者或企业的经验，观察他人的行为和结果以获取新知识。创业者可以通过与行业中的熟人交流、瞄准行业中的标杆、搜集竞争者和竞争活动的有关信息、阅读商业杂志及参与研讨会等方式，获取和构建新的知识基础。这种方式对于缺乏工作经验的大学生创业者提高机会识别能力尤为重要。

三、创业机会识别的常见方法

（一）系统信息搜索与分析

系统信息搜索可以通过开展系统的初级调查和二级调查的方式，获取与机会有关的知识和信息，进而识别更多有价值的创业机会。开展初级调查是指通过与顾客、供应商、销售商进行交谈和采访，直接与这些主体互动，了解什么正在发生以及将要发生什么。二级调查是指阅读他人的发现和出版的作品，利用互联网搜索数据、浏览及寻找所需要信息等。

系统信息搜索与分析可以为创业者提供更多处理问题的方法，训练自己的大脑，接受新的想法、新的信息、新的统计数据和日益变化的外部环境。大量获取知识和信息，对于发现问题并更加快速地切入问题具有非常重要的作用，也有助于创业者产生自己的想法，并把想法记录下来。想法越多，就越有可能找到适合自己的业务和目标市场。

（二）问题分析和顾客反馈

问题分析从一开始就要找出个人或组织的需求和他们面临的问题，这些需求和问题可能很明确，也可能很含蓄。创业者可能识别它们，也可能忽视它们。问题分析可以首先问：“什么才是最好的？”一个有效并有回报的解决方法对创业者来说是识别机会的基础。问题分析需要全面了解顾客的需求，以及可能用来满足这些需求的手段。

从顾客那里征求想法。一个新的机会可能会由顾客识别出来，因为他们知道自己究竟需要什么。顾客建议多种多样，最简单的是他们会提出一些诸如“如果那样的话是不是会很棒?”这样的非正式建议，留意这些，有助于发现创业机会。另外，顾客也会有选择性地采取非常正式的、详尽的短文形式进行反馈，一些企业再将顾客的需求非常积极地“反向推销”给供应商。

（三）技术探索与创新

在技术行业中这种方法最为常见。这种方法可能始于需要满足的市场需求，从而积极探索相应的新技术和新知识；也可能始于一项新技术发明，进而积极探索新技术的商业价值。通过创造获得创业机会比其他任何方式的难度都大，风险也更高。但是，如果能够成功，其回报也更大。这种情况下所产生的创新在人类所具有重大影响的创新中，居于压倒性的主导地位。

项目实操

项目实操名称：EcoTech——环保科技产品创新者

［项目情景］

项目 4-2：EcoTech——环保科技产品创新者

创业项目简介：

EcoTech 致力于开发环保科技产品，帮助企业和个人实现环保目标。我们将通过大数据技术、智能传感器和可持续能源技术来解决环保问题，提高环保效率和效果。

创业机会识别：

(1) 环保已成为全球热点问题，各国政府加大环保投入力度，市场需求增加。

(2) 环保科技趋势发展迅速，传统环保技术已经无法满足需求，市场存在空间。

(3) 大数据技术、智能传感器和可持续能源技术等新技术的应用，可以有效提高环保效率和效果。

项目创新点：

(1) 通过大数据技术实现环保数据的快速处理和分析，提高环保效率和效果。

(2) 采用智能传感器技术，实时监测环境数据，提高环保效果和数据的准确性。

(3) 利用可持续能源技术，降低环保成本，提高环保效益。

市场分析：

(1) 环保科技产品市场规模正在快速增长，预计到 2025 年达到 2 万亿美元。

(2) 全球范围内的环保政策逐渐完善，市场需求逐渐增加。

(3) 随着环保科技的发展，传统环保技术将逐渐被取代，市场空间巨大。

竞争分析：

(1) 目前市场上存在一些环保科技产品，但大部分还停留在传统技术阶段，效率和效果有限。

(2) 一些大型环保科技公司也在涉足此领域，但由于市场巨大，还有很大的发展空间。

(3) 技术和解决方案将不断创新和优化，保持竞争优势。

关键要素分析：

(1) 团队：拥有技术背景和创新能力的团队。

(2) 技术：大数据技术、智能传感器技术、可持续能源技术等。

(3) 资金：需要足够的资金支持技术研发和市场推广。

(4) 合作伙伴：与企业和政府建立战略合作关系，拓展市场。

创业计划分析：

阶段一：技术研发和产品测试阶段，预计需要6个月时间。

(1) 确定项目方向和核心技术：我们需要确定我们的项目方向和核心技术，以便能够清楚地制订研发计划和产品测试计划。

(2) 招募技术团队：我们需要寻找有经验的技术人员加入我们的团队，以便能够开发出高质量的产品。

(3) 设计产品原型：我们需要设计一个可行的产品原型，以便能够测试产品功能和用户体验。

(4) 研发核心技术：我们需要投入大量时间和资源来研发核心技术，以确保我们的产品具有创新性和竞争力。

(5) 测试产品：我们需要测试产品的各个方面，包括功能、性能和安全性，以确保产品能够稳定运行。

阶段二：市场推广阶段，预计需要6个月时间。

(1) 确定目标用户和市场规模：我们需要明确我们的目标用户和市场规模，以便能够有针对性地制订市场推广计划。

(2) 制订市场推广计划：我们需要根据目标用户和市场规模，制订出合适的市场推广计划，包括广告投放、社交媒体营销、线下活动等。

(3) 推广产品：我们需要利用各种渠道推广我们的产品，吸引更多的用户，并增加产品的知名度和影响力。

阶段三：运营和发展阶段，预计需要12个月时间。

(1) 建立用户群体和社区：我们需要积极与用户互动，建立用户群体和社区，以便更好地了解用户需求和反馈，同时提高用户忠诚度。

(2) 持续优化产品：我们需要不断收集用户反馈和市场信息，持续优化我们的产品，以确保产品能够保持领先地位。

(3) 扩大市场份额：我们需要继续扩大市场份额，提高品牌知名度和用户满意度，同时不断推出新产品，拓展新市场。

(4) 寻找投资和合作机会：我们需要积极寻找投资和合作机会，为公司的发展提供更多的资源和支持。

总之，我们的项目旨在为用户提供更加便捷、高效和安全的支付服务，同时拓展新的商业机会和市场空间。我们相信，通过我们的不断努力和创新，我们将能够实现公司的长期发展和价值增长。

[实操任务]

1. 请根据以上资料，系统分析并思考大数据技术、智能传感器和可持续能源技术等新技术的应用，为环保行业带来的创业机会。

2. 请围绕“EcoTech——环保科技产品创新者”撰写一份创新创业策划书。

第三节　评价创业机会

对创业者而言，有价值的创业机会必须是既能吸引顾客，又有人、财、物、技术、信息和时间资源做支撑，且在现行商业环境中行得通，并能在机会窗口存在的期间得以实施，若竞争者有了同样的思想，并把产品已推向市场，那么机会窗口就关闭了。因此，对创业机会开发的每一步，都需要进行评估。

一、创业机会的评价标准

创业机会评价是仔细审查并分析创业的可行性。只有符合一定标准且符合创业者能力和目标的创业机会，才有价值。创业者要以客观公正的心态，按一定标准对创业的可行性进行客观评价。

（一）盈利时间

有价值的创业机会要求项目在两年内盈亏平衡或者取得正现金流。因为大多数创业者资源有限，支撑的时间不能太长，其他的投资者和团队成员也没有这么长时间的耐心。因此，创业机会获得盈利的时间越短越好。

（二）市场规模和结构

只有足够大的市场规模，才可以支撑企业长期生存与发展。创业者若进入一个市场规模较大且处于不断发展中的市场，即使只占有很小的市场份额，也能够生存下来度过发展期。并且不必担心竞争对手的存在，因为市场足够大，构不成威胁。一般来说，市场规模和价值越大，创业机会越有价值。

（三）资金需要量

富有较大潜力的创业机会往往需要相当大数量的资金支撑。过多的资金需要，对大学生创业者而言是缺乏吸引力的。需要较少或者中等程度的资金的创业机会才是比较有价值的。创业者要根据自己的资金实力和可以动用的资源来评价创业机会，超出能力范围的不应考虑。

（四）投资收益

创业的营利性目标要求创业机会能有较为合理的盈利能力，包括较高的毛利率和市场增长率。毛利率高说明创业项目的获利能力强，市场增长率高表明市场的发展潜力大，投资回报率高。年投资收益率在25%以上的创业机会是较有价值的；而年投资收益率低于15%，难以对创业者和投资者产生吸引力。

（五）成本结构

较低的成本才能带来较大的竞争优势，使创业机会具备较高的价值。低成本优势或者来自技术和工艺的改进以及管理的优化，或者来自规模化，创业机会如果有这方面的特质，对于创业者来说是非常有利的。

（六）进入障碍

资源、政策、市场准入等限制，都可能成为市场进入的障碍。若创业机会面临较大的市场进入障碍，那就不是好的创业机会。同时，虽然进入障碍小，但难以阻止其他竞争对手进入的创业机会，也不是好的创业机会。

（七）退出机制

具备比较理想的获利和退出机制，才便于创业者和投资者获取资金及实现收益。没有退出机制的创业机会是缺乏吸引力的。

（八）控制程度

能够实现对渠道、成本或者价格的较强控制的创业机会，才富有价值。如果市场上不存在强有力的竞争对手，控制程度就较大。如果竞争对手已有较强的控制能力，特别是已经掌握了原材料来源、独占了分销渠道、取得了较大的市场份额、对于价格有较大的决定权，那么新创企业的发展空间就很小。除非这个市场容量足够大，且主要竞争者在创新方面行动迟缓，时常损害客户利益，否则没有进入机会。

（九）致命缺陷

创业机会不应该有致命的缺陷，如果存在一个或者多个致命缺陷的创业机会是没有价值的。

（十）商业模式

现代管理学之父彼得·德鲁克曾预言：21 世纪的竞争是商业模式的竞争。商业模式作为产品、服务和信息流的一个体系架构，包括说明各种不同的参与者以及他们的角色、各种参与者的潜在利益，以及企业收入的来源。尽管创业者在机会识别阶段难以设计出完整的商业模式，但是商业模式设计必须事先加以论证。

二、创业机会的评价方法

（一）定性评价方法

定性评价侧重考虑确定该市场机会所需具备的成功条件，企业在该市场上所拥有的优势，与企业的发展方向和目标是否一致。创业机会的定性评价包含以下主要步骤。

①综合判断。新产品或服务将如何为购买者创造价值，判断使用新产品或服务的潜在障碍及克服措施，根据对产品和市场的认可度分析，得出新产品的潜在需求、早期使用者的行为特征和开始获取收益的预期时间。

②风险分析。分析产品在目标市场投放的技术风险、财务风险和竞争风险。

③机会窗口分析。分析是否能保证足够的生产批量、能否获得稳定的产品质量。

④估算新产品项目的初始投资额、使用何种融资渠道。

⑤在更大的范围内考虑风险程度，以及如何控制和管理这些风险因素。

（二）定量评价方法

定量评价主要在初步拟订营销规划的基础上，通过经济效益分析，从财务上进一步判断选定机会是否符合创业目标。常用的有以下四种方法。

1. 量本利分析法

量本利分析，全称为产量、成本和利润分析，也叫保本分析或盈亏平衡分析，是通过生产成本、销售利润和产品数量这三者的关系，掌握盈亏变化的规律，以最小的成本获得最大的利润。

①市场需求量预测。通过预测创业机会所面临的市场状况及市场潜力，进而对可能产生的经济效益进行分析。

②成本分析。主要研究利用该机会需要付出的代价，主要从投资成本、生产成本和管理成本三个方面分析。

③利润分析。在市场需求量、成本预测基础上，进行利润测算，一般可采用盈亏平衡模型、现金流量模型、简单市场营销组合模型、投资收益率等分析方法进行。

该法要求创业者在机会开发的每个阶段都要进行评价分析。一个机会是否能够通过每个阶段预先设置的“通过门槛”，在很大程度上取决于创业者资源及目标约束，如创业者的目标回报率、风险偏好、金融资源、个人责任心和个人目标等。有时某个创业者因为某个准则而放弃的机会，在引起其他个人或团队注意进而开发后，反而成为人家的摇钱树。

2. 标准打分矩阵

标准打分矩阵指选择对创业机会成功有重要影响的因素，组织专家团队对易操作性、质量和易维护性、市场接受度、增加资本的能力、投资回报、专利权状况、市场的大小、制造的便捷性、广告潜力和成长潜力等众多因素分别按照极好（3分）、好（2分）、一般（1分）三个等级进行赋分，然后求出每个因素在各个创业机会下的加权平均分，据此对各个不同的创业机会进行比较。

3. 温斯丁豪斯法

温斯丁豪斯法是通过计算和比较各个机会的优先级对各个项目进行评价。公式为

$$\text{机会优先级}=\frac{\text{技术成功概率}\times\text{商业成功概率}\times(\text{价格}-\text{单位成本})\times\text{投资生命周期}}{\text{总成本}}$$

公式中的技术和商业成功概率需要预先测算，投资生命周期以可以预期的年均销售量保持不变的年限为准，总成本是指预期的所有投入，包括研究、设计、制造和营销费用。机会的优先级越高，表示成功的可能性越大。

4. 伯泰申米特法

伯泰申米特法是通过让创业者填写预先设定好的针对不同因素、不同情况的权值选项式问卷，快速计算特定创业机会的成功潜力大小的方法。伯泰申米特给出了各项测评因素，包括对税前投资回报率的贡献、预期年销售额、生命周期中预期的成长阶段、开始创业到销售额高速增长的预期时间、投资回收期、占有领先者地位的潜力、商业周期的影响、为产品制

定高价的潜力、进入市场的容易程度、市场试验的时间范围、销售人员的要求等。对于每个因素，不同选项的得分可以从-2 分到+2 分，经对所有因素得分进行加总求和后，以总分高低说明特定创业机会成功的潜力大小，得分高于 15 分的创业机会才值得创业者进行下一步的策划，低于 15 分的全部淘汰。

（三）选择因素法

贝蒂设定了 11 个选择因素，具体包括这个创业机会在现阶段是否只有自己一个人发现、初始产品生产成本能否承受、初始市场开发成本能否承受、产品是否具有高利润回报潜力、产品投放市场和达到盈亏平衡点的时间能否预期、潜在市场是否巨大、产品是不是一个高速成长的产品家族中的第一个成员、是否已经拥有一些现成的初始用户、能否预期产品的开发成本和开发周期、产品所处行业是否处于成长中、金融界能否理解产品和顾客对它的需求，通过对这些因素进行判断可以对创业机会做出评价。如果某个创业机会符合其中的 7 个或者 7 个以上的因素，则该创业机会非常值得考虑；如果该创业机会只符合其中的 6 个或更少的因素，通常该创业机会不可取。

创业的高风险性，决定了没有一个创业机会是完美的，一项不能成功通过某一阶段评价进入下一阶段的机会，要进行修订甚至被放弃。通过循环反复的“识别—评价—开发”步骤，一个最初的创意就会逐步完善起来。

三、创业机会的评价内容

为评价创业机会的投资价值，蒂蒙斯构建了创业机会评价指标体系。概括起来可分为以下六个方面。

（一）市场评价

1. 市场基础

具有特定的市场基础，专注于满足顾客需求，同时能为顾客带来增值效果的机会，才是好的创业机会。要通过评价市场定位是否明确、顾客需求分析是否清晰、顾客接触途径是否流畅、产品线是否可以持续衍生等判断创业机会能否创造市场价值。给顾客带来的价值越高，则创业成功的概率越大。

2. 市场结构

市场结构可从进入障碍、上游厂商、顾客、渠道商的谈判力量、替代性竞争产品的威胁以及市场内部竞争的激烈程度六个方面进行评价，以此得出新企业未来在市场中的地位以及可能遭遇竞争对手的反击程度。

3. 市场规模

市场规模大小与成长速度直接影响着创业的成败。一般而言，市场规模大时，进入障碍相对较低，市场竞争激烈程度也会略微下降。如果要进入的是一个十分成熟的市场，那么纵然市场规模很大，由于已经不再成长，利润空间必然很小，因此这项创业就不值得投入；反之，一个正在成长中的市场，通常也会是一个充满商机的市场，只要进入时机正确，就会有获利的空间。

4. 市场渗透力

市场渗透力指市场机会实现的过程。要选择在最适合的时机进入市场，也就是当市场需求正要大幅成长之际备好产能。

5. 市场占有率

市场占有率决定了市场竞争力。要成为市场领导者，需要拥有足够的市场占有率以确保企业在该市场中处于主导地位。然而，所需的市场占有率并不是一个固定的数字，而是因行业和市场的特点而异。通常来说，市场占有率超过40%可以被视为具有领导地位。但是，这并不是一个绝对的数字，因为它可能受到其他因素的影响，例如市场增长率、进入壁垒、产品差异化程度、消费者忠诚度等等。如果低于5%的市场占有率，则这项创业的市场竞争力显然不高，自然也会影响未来企业上市的价值。对于具有赢家通吃特质的高科技产业，创业必须拥有能够成为市场前三名的能力，才具有较好的被投资价值。

6. 产品的成本结构

产品的成本结构直接反映该项创业的前景。例如，由物料与人工成本所占比重之高低、变动成本与固定成本的比重以及经济规模产量大小，可以判断这项创业能够创造附加价值的幅度以及未来可能的获利空间。

（二）效益评价

1. 合理的税后净利

具有吸引力的创业机会，至少需要能够创造15%以上税后净利。

2. 达到盈亏平衡所需时间

合理的盈亏平衡时间应该能在两年以内达成，如果三年还达不到，恐怕就不是一个值得投入的创业机会。对需要经过长时间耕耘，并经由这些前期投入，创造进入障碍，并且因此保证后期的持续获利的项目，可以将前期投入视为一种投资，而较长的盈亏平衡时间就可以获得容忍。

3. 投资报酬率

考虑到创业开发可能面临的各项风险，合理的回报率应该在25%以上。

4. 资本需求

资金需求量较低的创业机会，较受投资者欢迎。通常，越是知识密集的创业机会，对于资金的需求量越低，投资回报反而会越高。大学生创业不要募集太多的资金，最好通过盈余积累的方式来积累资本。

5. 毛利率

毛利率高的创业机会，相对风险较低，也比较容易达成盈亏平衡；反之，毛利率低的创业机会，风险则较高，遇到决策失误或市场巨变，企业很容易遭受损失。一般而言，理想的毛利率应不低于40%。

6. 退出机制与策略

投资的目的在于回收，而企业的价值又由交易市场决定，市场交易机制的完善程度会影响创业退出机制的弹性。由于退出的困难度普遍要高于进入，所以一个具有吸引力的创业机会，应该要为所有投资者考虑退出机制以及退出的策略规划。

（三）创业团队评价

1. 最佳团队组合

由声誉卓著的创业者领军，结合一群各具专业背景的成员所组成的创业团队，再加上紧密的组织内聚力与共同的价值观，这种团队组合被视为创业成功的最佳保证。要重视创业团队组合的成员以及团队整体对外发挥影响的程度。

2. 产业经验与专业背景

创业团队成员对于所要投入产业的相关经验与了解程度，会影响创业成功率。在开发团队中直接加入客户、渠道和供应商，可以缩短上市盈利时间，能对产品创新带来明显的促进作用。要组织业内专家对创业团队成员的背景经验与专业能力进行评价，增加对投资者的吸引力。

3. 人格特质匹配

创业团队应重视诚信、正直、无私、公平等基本为人处世原则。许多好的创业机会，多因为内部争权夺利而导致功败垂成。

4. 专业坦诚

好的创业团队在经营管理与专业技术工作上，能够以理性客观的态度，坦诚面对各项问题，不刻意欺骗客户与投资者，不逃避事实，不否认自己的不足，并且创业团队成员知道应该如何去做才能克服自己的不足。精明的投资者经常在访谈中，判断创业团队的专业坦诚度，并作为是否支持该项创业的重要决策参考因素。

（四）创业者个人评价

1. 个人目标契合程度

创业过程中遭遇的困难与风险极大，因此有必要了解创业者的创业动机，以判断其愿意为创业活动付出代价的程度。一般而言，创业机会与个人目标的契合程度越高，创业者投入意愿与风险承受意愿越大，创业目标最后获得实现的概率也相对越高。

2. 机会成本

人生的黄金岁月极为短暂，创业者需要分析为一项创业机会，需要放弃什么、从中获得什么、得失的评价又如何。在决定创业之前，需要仔细思考创业所要付出的机会成本，并经对机会成本的客观判断，得出创业机会是否真的对于个人生涯发展具有吸引力。

3. 失败的底线

理性的创业者必须自己设定承担失败的底线，以便保留下次可以东山再起的机会。创业机会评价，需要了解有关创业团队对于失败底线的看法，而铤而走险或成王败寇的创业构想，通常不会被投资者视为好的创业机会。

4. 个人偏好

评价创业机会的时候，需要考虑创业的内容与实施方式是否能够符合创业者个人偏好，包括工作地点、生活习惯及个人嗜好等。

5. 风险承受力

人的风险承受度不同，风险承受度太高或太低均不利于创业。风险承受度太低的创业者，决策过于保守，相对拥有的创新机会会较少；风险承受度太高的创业者，会孤注一掷，易将企业陷入险境。能以理性分析和面对风险的人，才是比较理想的创业者。

6. 负荷承受力

负荷承受力即创业者愿意为创业投入工作量的多少以及愿意忍受的辛苦程度。负荷承受力较低的创业者所提出的创业构想，成功概率一般较低。

（五）竞争优势评价

1. 成本竞争力

好的创业项目，可通过持续降低成本来创造竞争优势。除可利用规模经济来降低成本之外，良好的品质管理、高效率的生产管理、优越的采购能力、快速的产品设计、较高的自制率等都有助于降低成本。因此具有吸引力的创业机会，应具有对物料成本、制造成本、营销成本等的掌控与持续降低能力。

【拨云见日】农夫和牧民

一个农夫和一个牧民做邻居，他的庄稼总是被牧民的牛啃吃。农夫考虑以下几个方案：一是把牧民告上法庭，要求牧民赔偿自己的损失，不过打官司要搭上钱财和时间，还要与邻居反目成仇，不值得；二是在农田和牧场之间修建一道篱笆，防止牛进入农田，不过修筑篱笆需要花钱买木料、钉子，还得吭吭地忙活好多天。农夫不停地想，怎样做才能低成本地解决问题呢？最后终于想出一个好主意，买根绳子给牧民把牛拴住！

【启示】农夫和牧民都是追求利润最大化的经济人，只有控制成本才能保证利润，农夫的农业在和牧民的牧业发生冲突后，如果沿用传统的方式，成本会很高，得不偿失。农夫在成本问题上通过不停地问自己——还有成本更低的方案吗？最终找到了给牧民买根绳子把牛拴住，不让牛乱跑的方案。经济高效，且利于邻居团结。

2. 市场控制力

产品价格、客户、渠道、零件价格的控制力，关乎企业的竞争优势，市场领导厂商通常具有比较高的市场控制力。如果创业者对关键零件来源与价格缺乏控制力，对经销渠道与经销商也缺乏控制力，订单几乎完全依赖少数一两个客户，那么这个项目面临的经营风险一定很高，持续获利会非常困难。

3. 进入障碍

无法设置进入障碍的创业项目，不是好的投资机会。制造进入障碍的方式包括专利、核心能力、规模经济、商誉、高品质低成本、掌握稀有资源、掌握渠道、快速创新缩短生命周期等。在处处存在障碍的市场中，缺乏进入障碍的新市场，容易吸引大量的竞争者，会使毛利快速下降。因此，进入一个障碍还不太高的新市场后，要具备设置进入障碍的能力，以保护自身的市场及利润。

（六）经营策略评价

具有吸引力的创业机会，需要新企业在经营策略方面具有某些特色。特色往往是未来创业成功的重要基础。

1. 服务品质

服务品质关系企业的市场竞争力，经营模式是否能在服务品质方面具有差异化特色，能否借此创造明显的竞争优势，是创业机会评价的重要考虑因素。

2. 定价策略

好的定价策略一般是采取略低于市场领导厂商产品的价格，而不是以过低的价格进行竞争。以低价位、低毛利抢占市场，通常不是可取的竞争策略，在进行创业机会评价时，需要评价其定价策略是否具有能够创造优势的能力。

3. 策略弹性

新企业包袱较少，决策速度与弹性大。进行创业机会评价时，要看在面临经营环境变化之际，其经营决策能做出怎样快速、弹性的应对。

4. 技术优势

创业拥有的技术领先程度、技术专利、技术授权及技术联盟关系等都可能成为一种可以创造优势的经营策略。

5. 进入时机

能掌握市场机会窗口打开的时机，并具备适当的进入策略，那么这项创业成功的概率自然会大幅提升，

6. 分销渠道

渠道可能对创业发展产生致命的影响。创业者通常会有一种错误的认知，他们以为只要产品精良，自然会有顾客上门。但许多优秀的产品因缺乏适当的分销渠道，从来没有接触消费者的机会。所以创业者应在分销渠道规划方面具有一定程度的创新优势与特色策略。

【本章课后思考】

一、选择题

1. 2021 年 6 月中共中央、国务院印发《关于优化生育政策促进人口长期均衡发展的决定》，实施三孩生育政策和配套支持措施。受益于需求增长的相关行业将会涌现出大量的创业机会。该创业机会的来源属于（　　）。

A. 技术机会　　B. 市场机会　　C. 政策机会　　D. 社会发展

2. 下列哪项不是创业机会具有的特征（　　）。

A. 客观性　　B. 偶然性　　C. 时效性　　D. 确定性

3. 下列哪一项不是创业机会识别的影响因素（　　）。

A. 创业者先前知识基础　　B. 创业者创业学习因素

C. 创业者创造能力　　D. 社会网络因素

4. 为了评价创业机会的投资价值，需要考虑创业项目的竞争优势，下列选项属于市场评价的内容有（　　）。

A. 市场基础　　B. 市场结构　　C. 市场规模　　D. 市场渗透力

5. 创业机会定量评价方法通常有（　　）几类。

A. 量本利分析法　　B. 标准打分矩阵

C. 温斯丁豪斯法　　D. 伯泰申米特法

二、填空题

1. 创业机会的来源包括________、________、________。

2. 创业机会的评价内容包括________、________、________、________、________、________。

3. 市场缝隙有两个重要特性，分别是________和________。

4. ________作为创业活动的初始阶段和核心环节，对于新创企业的发展方向至关重要。

5. 最重要的几个环境趋势是________、________、________、________。这些环境的变化通常会刺激新的创业机会产生。

三、问答题

1. 创业机会识别的影响因素有哪些？

2. 请阐述创业机会的常见识别方法。

3. “创业者具有‘第六感’，使他们能看到别人错过的机会”，谈谈你对这句话的理解。

4. 选择一个你熟悉的产品，利用问题分析和顾客反馈的方法，尝试识别创业机会。

5. 创业机会效益评价包括哪些内容？

第五章

编制创业计划

【学习目标】

理解：理解创业市场调研的内容，理解制订创业计划的作用和原则，理解创业计划书的主要内容。

掌握：掌握创业市场调研的方法，掌握制订创业计划的基本过程，掌握创业计划书的撰写原则。

应用：自拟创业方向，进行创业市场调研，撰写调研报告；结合项目案例，在创新创业实践中编制创业计划书。

【思政目标】

“编制创业计划”章节，可以围绕以下六个方面来设计思政内容：

1. 引导大学生认识到编制创业计划的重要性，明确创业计划对于创业成功的关键作用，帮助大学生了解创业计划的组成要素和编制方法。

2. 培养大学生分析市场、竞争和消费者需求的能力，以及对所选行业的深入了解，为编制创业计划提供充分的信息和数据支持。

3. 引导大学生制订切实可行的创业目标和计划，注重创新、市场营销、财务管理和人力资源管理等方面的考虑，充分考虑实际情况和未来发展趋势。

4. 鼓励大学生在编制创业计划的过程中注重团队建设和协作，培养大学生的团队意识和协作精神。

5. 引导大学生注重创业的社会责任，倡导秉持正确的商业道德和社会责任感，强调在创新创业过程中遵守相关法律法规，追求经济效益的同时关注社会效益和可持续发展。

6. 通过多种教学手段，如案例分析、实践操作、创新竞赛等，激发大学生的学习热情，培养大学生的创新思维和实践能力，提高大学生的综合素质和竞争力。

第一节　调研创业市场

“凡事预则立，不预则废。”大学生创业不能仅凭一腔热情，还须明确创业思路，在实践前制订一份详细、科学的创业计划。

为了制订出切合实际的创业计划，首先需要了解市场需求和供给方面的情况，也就是需要开展市场调研。

市场调研就是运用科学的方法，有目的、系统地收集、记录、整理有关被调研行业及市场的信息和资料，分析市场情况，了解市场的现状及其发展趋势，为市场预测和营销决策提供客观、正确的资料。

一次科学的市场调研可以决定一个项目的生死，也可以决定创业者此次创业的成败。

一、创业市场调研的内容

创业市场调研主要包括创业环境调研、创业条件调研、竞争对手调研和顾客调研等。

（一）创业环境调研

创业环境是市场所在地的政治法律环境、经济环境、社会文化环境、科学技术环境以及地理气候环境等因素的总称。事实上，国与国之间，同一个国家不同省、市、地区之间，由于地理位置、环境气候、历史文化等的差异，也会导致创业环境的不同。因此，创业者将目标市场选在某一地区时，对本地区的政治、经济、科技、文化、地理等因素的了解就显得尤为重要。

一般来说，创业者需要了解以下信息：

①目标市场所在地对创业及创业项目是否有优惠政策或措施。

②当地的经济发展水平、消费水平。

③当地的消费习惯和偏好。

④当地的地理和气候对自己的创业有没有影响。如在热带地区销售羽绒服未必行得通。

（二）创业条件调研

对于一些特殊行业，国家会有一些生产准入门槛，在创业期一定要调查清楚。例如注册资本有无限制、从业人员需要具备什么资格、出资方式有什么要求、经营场地需要具备的条件、房屋租赁需要哪些法律文书等。

（三）竞争对手调研

通过了解竞争对手的优势、特点和不足，可以学到很多东西，知己知彼；通过观察竞争对手的经营方式，可以得到关于怎样将企业构思变成现实的启发。

竞争对手的产品或服务与自己的产品或服务类似，竞争对手与自己的企业有共同或相近的市场，与自己的企业有利益冲突，且对自己的企业构成一定威胁。从广义上讲，所有与自己的企业争夺同一目标客户群体的企业都可视为竞争对手，但事实上只有那些有能力与自己的企业抗衡的竞争者才是真正的竞争对手。

通常情况下，可以从以下三个方面来确定竞争对手：

①与企业在同一区域或互联网领域内。

②与企业有共同的目标顾客群体。

③其经营对市场份额有一定的影响。

可以通过回答以下问题来了解竞争对手的情况：

①他们提供的产品或服务价格怎样？

②他们提供的产品或服务的质量如何？

③他们如何推销产品或服务？

④他们坐落在地价昂贵的地点还是低价便宜的地方？

⑤他们的员工受过培训吗？他们的员工待遇如何？

⑥他们做广告吗？

⑦他们怎样分销产品或服务？

⑧他们的优势和劣势都是什么？

…………

（四）顾客调研

顾客是企业生存的根本，如果不能以合理的价格向他们提供所需要的产品或服务，他们就会到别处去购买。感到满意的顾客会成为回头客，他们会向自己的朋友和其他人宣传。让顾客满意，往往会带来更多的销售额和更高的利润。

目标顾客是指企业生产的产品或提供的服务所针对的对象，是产品或服务的直接购买者或使用者。面对众多的顾客，需要知道未来的顾客中谁有可能购买产品或服务，他们在哪里、他们有没有共同的特点、企业需要针对哪些群体开展营销活动。也就是说，要清楚哪些群体才是业务目标顾客。

至少需要完成以下两个步骤，来确定企业的目标顾客：

步骤一：根据顾客需求及购买习惯的不同对顾客进行分类，并描述出每个顾客群体的特点和范围。

步骤二：选择一个或多个顾客群体作为要了解或选择进入的目标市场。

为了更详细也更有针对性地了解顾客的情况，可以提出下面这些问题：

①企业准备满足哪些顾客的需求？

②顾客想要什么产品或服务？

③顾客愿意为每种产品或每项服务付多少钱？

④顾客在哪儿？他们一般在什么地方和什么时间消费？

⑤他们多长时间购物一次？每年、每月还是每天？

⑥他们购买的数量是多少？

⑦顾客数量在增加吗？能保持稳定吗？

⑧为什么顾客会购买某种特定的产品或服务？

⑨他们是否在寻找有特色的产品或服务？

…………

二、创业市场调研的方法

（一）经验判断法

如果对某行业很了解，可以凭自己的以往经验进行判断。

（二）观察法

可以直接观察调查对象，收集相关信息。

（三）访谈法

可以从业内人士那里了解本行业市场方面的有用信息。可以与该产品的主要销售商交流，从中得到相关信息。

（四）实验法

可以用实验的方式，将调查对象控制在特定的环境条件下，对其进行观察以获得相应的信息。调查对象可以是产品或服务的价格、品质、包装等，这种方法主要用于市场销售实验和消费者使用实验。

（五）问卷法

可以通过设计调查问卷并让调查对象根据自己的实际情况填写调查问卷的方式获得所调查对象的信息。除一般实地调研外，问卷法在目前网络市场调研中运用也较为普遍。

（六）信息检索法

可以通过阅读行业指南、报纸、杂志等查找所需要的信息，也可以利用互联网检索顾客相关情况和数据。

项目实操

项目实操名称：智能餐饮平台市场调研

[项目情景]

项目 5-1：智能餐饮平台市场调研

创业市场调研是创业前的一项重要工作，可以帮助创业者了解市场需求、行业竞争、潜在客户等信息，从而制订出更加有针对性的创业计划。下面是一个项目实操的设计，以帮助创业者学习如何进行创业市场调研。

项目介绍：

该项目旨在通过开发一款智能餐饮平台，为消费者提供在线点餐、外卖配送、餐厅预订等服务，帮助消费者更便捷地享受高品质餐饮服务。该平台将通过大数据技术分析用户口味和消费偏好，为用户提供更加个性化的推荐服务，同时也为餐饮商家提供营销推广和订单管理的工具。

调研目标：

（1）了解目标用户的消费习惯和偏好，确定平台的定位和功能。

（2）调查本地餐饮市场的竞争格局和现状，分析市场前景和机会。

（3）了解本地餐饮商家对于在线点餐和配送服务的需求和态度，掌握商业合作的可能性。

调研方法：

（1）线上问卷调查：通过网络问卷平台设计问卷，针对不同群体进行调查，如学生、上班族、家庭主妇等，了解他们的消费偏好、在线点餐的使用频率和心理感受等，确定平台的功能和服务定位。

（2）电话访谈：选择数家本地知名餐厅，进行电话访谈，探讨他们对于在线点餐和外卖配送服务的看法和需求，了解他们对于此类服务的态度和期望，从而确定商业合作的可能性。

（3）实地调查：走访本地餐厅、商场等人流密集区域，进行实地调查，了解当地餐饮市场的现状和竞争格局，收集竞品信息，从而为制定市场策略提供参考。

[实操任务]

1. 围绕所学基本知识，结合项目，设计市场调研方案。
2. 结合项目，有效实施市场调研，提供调研结论。

第二节　制订创业计划

创业计划，也叫商业计划，是创业者实施创业项目之前，全方位描述与拟创办企业有关的内外部环境条件和要素特点，为企业发展提供指导的规划。创业计划是执行创业活动的第一步，一份优秀的创业计划往往会使创业者达到事半功倍的效果。但是创业计划不是一成不变的，随着计划的执行要依据实际情况进行调整。

一、制订创业计划的作用

（一）帮助创业者厘清思路，制定正确发展策略

使用创业计划前，创业计划应该是给创业者自己看的，因此，创业者应该以认真的态度对自己所有的资源、已知的市场情况和初步的竞争策略做尽可能详尽的分析，并提出一个初步的行动计划，做到心中有数。另外，创业计划书还是进行创业资金准备和风险分析的必要手段。对初创的风险企业来说，创业计划的作用尤为重要，一个酝酿中的项目，往往很模糊，通过制订创业计划，把正反理由都写下来，然后再逐条推敲，创业者就能对这一项目有更加清晰的认识。

（二）帮助创业者凝聚人心，有效管理

一份完美的创业计划可以增强创业者的自信，使创业者明显感到对企业更容易控制、对

经营更有把握。因为创业计划提供了企业全部的现状和未来发展的方向，也为企业提供了良好的效益评价体系和管理监控指标。创业计划使得创业者在创业实践中有章可循。创业计划通过描绘新创企业的发展前景和成长潜力，并明确要从事什么项目和活动，从而使大家了解将要充当什么角色，完成什么工作，以及自己是否胜任这些工作。因此，创业计划对于创业者吸引所需要的人力资源，凝聚人心，具有重要作用。

（三）帮助创业者对外宣传

创业计划作为一份全方位的项目计划，它是对即将展开的创业项目进行可行性分析的过程，也是在向外宣传拟建的企业及其经营方式，包括企业的产品、营销、市场及人员、制度、管理等各个方面，在一定程度上也是拟建企业对外宣传和包装的文件。

二、制订创业计划的基本过程

制订创业计划需要从实施者及编写团队已有的知识储备分析、信息采集、综合把握、统筹考虑等多个方面进行有效的准备。

（一）组建编写团队

创业计划是实施创业的根据和大纲，应该由创业者及其团队来编写，它体现了创业者及其团队的能力和素质。编写创业计划可以帮助创业者厘清思路，按照计划稳步实施。创业计划非常复杂，由创业者独立完成有些困难，因此，须组建团队共同承担编写工作。

（二）编写的基础工作

创业计划主要是用来描述项目前途，探索其中的合理想法，确认实现项目所需的必要资源以及寻求所需支持的过程。编写创业计划是创业者对各种资源的梳理与整合，并进行周密安排。这一过程需要创业者有清晰的逻辑思维，以便对创业项目进行准确、清晰的表达。

1. 分析创业现状

创业者根据自己能够提供的产品和服务的现状和市场需求、自身的优势和劣势、市场机会和威胁等对创业现状进行分析，为编写创业计划提供参考。

2. 确立创业目标

创业者要尽可能详尽、清晰、明确地确立创业宗旨和具体目标，这种目标要易于操作和可实现，应该考虑以下几个方面的因素：商品、市场、动机、信息、媒介、测定等。

3. 规划创业远景

在确立创业目标后，创业者应该考虑“建立什么样的企业”，包括企业发展战略、营销计划、财务预算、利润和现金流量预测等。

4. 综合把握，统筹考虑

在上述工作的基础上，一份完整的计划书还要重点构思市场机遇与开发谋略、产品与服务构思、竞争优势、经营团队等。

5. 起草大纲和计划

在构思和市场调研的基础上，创业者就可开始起草创业计划大纲。计划大纲主要是体现创业者的想法，计划则对大纲进行了扩充和延伸。通过计划可以了解创业者要建立什么样的企业、为社会和顾客提供什么样的产品和服务、创业者有一个什么样的团队、面对挑战和竞争如何取得成功等。

6. 编写创业计划书

编写创业计划书是制订创业计划的重要环节。编写团队在以前调研的基础上，根据相关格式和规范编写完成计划书，通过计划书全面反映创业计划的落实。

7. 审核更新计划

在已经成形的创业计划的基础上，要根据变化的市场环境不断地对计划进行审核更新，使之更加完善、更具指导创业的功能。

三、制订创业计划的原则

在编制创业计划的过程中，要把握以下七个原则：

（一）市场导向原则

创业的目的是创造利润和财富，因此创业计划必须把握市场方向，以市场需求为导向，通过市场需求带动创业。同时，通过对市场需求进行合理的分析，寻找创业的合理依据，充分体现创业者对未来市场的把握。此外，要在创业计划中说明市场需求分析所依据的调查方法与事实证据等。

（二）彰显优势原则

创业计划是实施创业的推荐性文件，要在编制时明确说明创业活动本身的优势和前瞻性。创业计划要呈现出具体的竞争优势，显示经营者创造利润的强烈愿望，同时也应该说明可能遇到的风险和威胁，不能只强调优势和机遇，而忽略劣势和风险。

（三）前后一致原则

创业计划内容繁多，前后的行文要相互一致、保持统一，体现内容的系统性和形式的逻辑性，避免出现前后不一、自相矛盾的现象。

（四）行文精练原则

创业计划要避免啰唆的叙述，应该中心突出、主题鲜明、简明扼要、开门见山地介绍创业者的想法和观点。

（五）易于实践原则

创业计划归根结底是要指导创业实践活动的，一旦确定，便是创业者拟定的创业行动蓝图。因此，它必须具有很强的可操作性，以便于实施。特别是其中的营销计划、组织结构、管理措施、应对风险的方法和策略等，须具有可行性和可操作性。

（六）通俗易懂原则

创业计划应尽量避免技术性很强的专业术语，要尽可能用通俗易懂的语言，以便交流。

（七）实事求是原则

创业计划中的所有内容必须实事求是，即使是财务规划也要尽量客观、实际，切勿凭主观意愿进行估计。在创新创业计划中，创业者必须根据大量的调查进行科学分析，尽量列出客观、可供参考的数据与文献资料。

项目实操

项目实操名称：在线教育平台创业计划

[项目情景]

项目5-2：在线教育平台创业计划

你是一名创业者，正在计划创立一家在线教育平台，希望为学生提供优质的在线学习资源，提高他们的学习效率。请按照以下步骤，编写一个创业计划：

(1) 确定目标市场和用户群体，包括年龄、学历、职业等信息，并分析该市场的规模和增长趋势。

(2) 确定你的竞争对手和他们的优势、劣势，以及你的差异化竞争策略。

(3) 确定你的产品或服务的特点和定价策略，包括课程种类、授课方式、学习进度等。

(4) 设计营销策略，包括推广渠道、宣传方式、营销活动等，以及预算和时间安排。

(5) 制订财务计划，包括预计收入、成本、利润、投资回报率等指标，以及资金来源和运营成本控制计划。

(6) 确定组织结构和管理团队，包括人员招聘、职责分工、培训计划等。

(7) 确定风险和风险管理策略，包括市场风险、技术风险、资金风险等，以及应对措施和风险承担计划。

[实操任务]

请按照上述步骤，编写一个完整的创业计划，并结合实际情况进行分析和讨论。

第三节　撰写创业计划书

创业之前，需要收集和利用大量的信息。在顺利掌握前面的知识内容后，就已经对自己的创业项目有了更为明确的计划，然后需要对所有信息进行综合分析，完成一份详尽的创业计划书，再度判断创业项目有多大的成功机会，从而决定是否应该创办企业。

一、创业计划书的主要内容

一份完整的大学生创业计划书一般由十个章节与一个附录构成，分别为：执行总结、项目背景、产品技术与服务、市场分析、营销策略、公司管理（公司战略、管理团队、人力资源、生产组织、采购供应等）、投资分析、财务分析、风险分析、风险资本的退出和附录。

（一）执行总结

它是整个创业计划书的浓缩和精华，涵盖计划书的要点，描叙要简洁、清晰、客观、逻辑性强，使人一目了然。应该就公司性质、产品技术、应用领域、产品与市场定位、核心竞争优势、公司成长性、预计投资收益、公司愿景与战略进行归纳阐述。控制好执行总结的文字数量（一般不超过 3 页纸）。核心内容要一句话能说清楚，能让人记住并想看后面章节。可以根据项目的特点进行补充与删减。

（二）项目背景（或产业或行业分析）

这部分主要描述项目的提出原因：准备进入的是一个什么样行业？评价所选行业的基本特点特征，描述该行业的现状及存在的问题、行业竞争状况，该行业的发展方向，我国发展该行业的政策导向。亦包括：①市场结构分析；②行业的性质分析；③行业的寿命周期分析；④行业稳定性分析及其他有关因素分析。注意一定要结合自己的产品技术（服务）、目标市场、竞争对手及竞争优势。

（三）产品技术与服务

这部分主要对产品技术（或服务）做出详细的说明，说明要准确，也要通俗易懂，使非专业人员（投资者、其他行业的管理人等）也能看得明白，听得明白。

1. 产品技术类项目

该项目一般从六个方面加以论述：

①产品技术的概念、性能、特性、应用领域及产品定位。

②产品的核心技术及由来、技术的成熟度。

③产品技术的先进性。

④产品技术的市场核心竞争力、竞争优势，在产业链上所处位置等。

⑤产品技术的市场前景。

⑥产品技术的知识产权等。

2. 文化创意与服务咨询类项目

此类项目从四个方面阐述：

①对公司的服务性质、对象、特点、领域进行介绍。

②提供的服务满足了客户什么需求？为被服务者创造了什么价值？

③服务具有什么独特性、创新性？市场竞争力与核心竞争力优势如何？服务目标的市场前景如何？

④涉及知识产权的，如商标权、软件著作权等要清晰。

（四）市场分析

1. 对于产品技术类

在应用领域，市场定位与产品定位，市场分析，一定要聚焦到目标细分（再细分）市场与目标客户群，定位要准确清晰。即须界定目标细分市场在哪里、市场的切入点在哪里，市场进入门槛，市场特征分析，目标市场的规模（容量），市场占有率、增长率，目标细分市场的主要竞争对手分析及竞争优势比较（定性与定量）。

2. 对于文化创意与服务咨询类

除了以上内容，还须对公司运营的商业模式、盈利模式进行描述，要有创新性、独特性、竞争性与可行性，以及服务模式的定位，细分目标服务市场与目标服务客户的定位要准确清晰，此部分要厘清商业模式与盈利模式的区别。通常情况下，我们将商业模式与盈利模式都可以看作产品与服务是如何赚钱的，但还是有区别的：一是一项服务或一门生意如何产生收入和利润（盈利模式），二是如何将日常运营和长期策略具体化（商业模式）。

（五）营销策略

不同的产品技术（服务）针对不同的市场、不同的客户会有不同的营销策略。根据对细分目标市场、客户群特征与竞争对手等的分析，在目标确定之后，制定有针对性的营销策略。

随着互联网的诞生与超速发展，营销策略与营销创意亦日新月异、层出不穷。细分目标市场与细分客户群分析得越到位，市场切入点越清晰明朗（即做细、做小、做实），营销策略就会越有针对性。常见的营销策略有以下两种。

1. 传统营销策略

营销组合策略：产品策略，产品的组合策略，主要包括产品的实体、服务、品牌、包装。它是指企业提供给目标市场的货物、服务的集合，包括产品的效用、质量、外观、式样、品牌、包装和规格，还包括服务和保证等因素、新产品开发策略。价格策略，定价的组合，主要包括基本价格、折扣价格、付款时间、付款方式、借贷条件等。它是指企业出售产品所追求的经济回报。渠道策略，通常称为分销的组合，它主要包括分销渠道、储存设施、运输设施、存货控制，它代表企业为使其产品进入和实现目标市场所组织，实施的各种活动，包括途径、环节、场所、仓储和运输等。促销策略，主要指企业利用各种信息载体与目标市场进行沟通的传播活动，包括广告宣传、人员推销、营业推广、公共关系、事件营销等。

2. 营销模式

微博（微信）营销，例如“品牌及产品曝光”“微柜台，电子商务及售后管理”“植入式营销”等营销模式等。

（六）公司管理

此部分的撰写主要从以下四个方面展开：

①公司使命（宗旨、愿景）。

②公司总体战略、战略规划或战略目标及战略实施、公司核心竞争力的描述。

③创业团队：专业知识、经历经验等优势互补型，分工合理，职责明确。

④公司管理（根据公司战略、目标市场与营销计划）：主要描述公司选址、组织架构、厂房设备安排、工艺流程与质量管理、生产计划（产能扩张）、人力资源、薪酬与激励、采供与物流、企业文化等。

（七）投资分析

投资分析要预测未来 3~5 年，其包含：

①注册资本、股权结构与规模（股东出资与比例）、投资总额、资金来源与运用。

②投资假设。经营收入与成本预测、投资收益（回报）分析、项目敏感性分析、盈亏平衡分析、投资报酬率分析、投资回收周期分析、投资回报政策等。

③投资效益的动态分析：净现值法、内部报酬率法。

（八）财务分析

财务分析要预测未来 3~5 年，其包含：

①主要财务假设及说明，主要财务报表：成本费用表、资产负债表、损益表及利润分配表、现金流量表。

②财务指标分析：预计营业收入（销售收入）及趋势分析、预计营业额（销售额）分析，杜邦财务分析体系、财务比率分析、分析结论。

③盈利能力指标：包括资本金利润率、销售利税率（营业收入利税率）、成本费用利润率、资产报酬率、净资产报酬率、销售净利率、主营业务利润率。

④发展能力指标：营业增长率、资本积累率、总资产增长率、固定资产成新率。

（九）风险分析

这部分是进入目标市场将面临的最主要风险与防范措施的描述，包括市场风险、技术风险、管理风险、财务风险、政策风险、进出口汇兑的风险等。

（十）风险资本的退出

这部分主要描述退出的时间与方式，如注册资金里没有风险资本就无须描述。

（十一）附件

附件部分就是为创业计划书提供必备的补充资料，不必把所有东西都放入附录，只放那些能真正增强正文说服力的资料。例如：①专利证书；②技术鉴定；③结题（项）报告；④查新报告；⑤市场实际调查结果；⑥荣誉证明；⑦已创业企业还需要工商注册、税务登记等相关材料；⑧表目录、图目录等；⑨国家、省竞赛规则里的具体要求。

二、创业计划书的撰写原则

（一）逻辑严谨

市场调研分析部分：资料翔实、可信度高、潜在需求现状。技术工艺部分：技术成熟、后续有保障。财务效益部分：销售、价格和成本合理、回收期短。营销策略：可操作性、有特色和创意。风险评价：客观、可解决。退出方式：可行。

（二）分析规范

市场调研和预测方法科学规范。

（三）文字通畅

做到通俗易懂、谨防语病。

（四）排版规范

封面、标题（大、中、小）、正文、段落、引言、表格、公式、数字表示、参考资料等方面做到规范排版。

创业计划书是创业者向潜在投资人、合作伙伴或银行贷款人等展示创业计划的重要文档，因此其排版应该规范、清晰、易读，以增强其可读性和专业性。以下是一些创业策划书排版的基本规范。

1. 页边距和行距

通常采用上下 2.54 厘米、左右 3.18 厘米的页边距和 1.5 倍行距，使得文本更加清晰易读，同时也有利于标注和批注。

2. 字体和字号

应选择一种清晰易读的字体，如宋体、微软雅黑等，并采用统一的字号，如标题一般为 16 或 18 号，正文一般为 12 或 14 号。

3. 标题和段落

应注意标题和段落的层次结构，以便读者更好地理解创业计划。标题一般采用加粗或者加粗加大的形式，段落应使用空行或者首行缩进的方式来区分不同的段落。

4. 图表和表格

如果需要使用图表和表格来呈现数据和信息，应保证其清晰易读，并且应有详细的标注和解释，方便读者理解。

5. 页眉和页脚

应在每一页的页眉或页脚中包含项目名称、页码等基本信息，以便读者进行阅读和查找。

6. 校对和审阅

在完成排版后，应进行校对和审阅，以确保创业策划书没有拼写、语法、标点等方面的错误。

以上是一些创业策划书排版的基本规范，创业者在编写创业计划书时应该注意这些细节，以提高创业计划书的专业性和可读性。

三、创业计划书撰写注意事项

撰写一份优秀的创业计划书就如同讲故事。故事要讲得圆满、真实；对于产品类的项目一定要申请专利，至少拿到申请号，专利证书、项目鉴定证书、专家评价意见、投资意向书等要齐全；要了解国内同行及发展的水平；成本核算、财务评价要真实可信；报告和答辩过程中要自信。

创业计划书是创业者向投资者或合作伙伴展示自己的创业计划和商业模式的重要材料，因此在编写创业计划书时需要注意以下事项。

1. 明确创业目标

在编写创业计划书时，需要明确创业目标和计划，以及企业的核心价值和使命。

2. 审慎分析市场

需要对市场进行充分的调研和分析，评估市场规模、市场竞争力和市场前景等因素，确保创业计划的可行性。

3. 突出创新点

创业计划书要突出企业的创新点和独特之处，这有助于提升创业项目的吸引力。

4. 彰显技术优势

当编写创业计划书时，彰显技术优势也是非常重要的。以下是一些技术优势的具体举例。

①技术创新：如果产品或服务具有独特的技术优势，应该在计划书中突出重点。说明这项技术是如何被发现和开发的，以及如何将其应用到产品或服务中。

②专有技术：如果公司拥有专有技术，那么这是一个重要的竞争优势。在计划书中，应该详细介绍这项技术，并说明如何保护它。

③成本效益：技术优势还可以表现在成本效益上。如果技术能够降低生产成本或提高生产效率，那么这是一个很大的优势。在计划书中，应该说明这些成本效益，并解释如何实现它们。

④质量控制：技术还可以用于改进产品或服务的质量控制。如果技术可以保证产品或服务的一致性和可靠性，那么这也是一个重要的竞争优势。在计划书中，应该详细介绍这些质量控制措施，并说明如何实施它们。

⑤客户体验：技术还可以用于提高客户体验。如果技术可以改善产品或服务的用户界面、功能或交互体验，那么这是一个非常有价值的优势。在计划书中，应该详细介绍这些技术，并说明如何将其应用到产品或服务中，以提高用户体验。

总之，在编写创业计划书时，彰显技术优势可以让投资者和潜在客户更好地了解产品或服务，并使其提高信任度和兴趣。因此，在计划书中要尽可能地突出技术优势，以展示公司的独特价值。

5. 强调知识产权

在编写创业计划书时，突出知识产权的重要性也是非常关键的。创业项目如果具有独特的知识产权，能够在市场中获得更好的竞争优势和商业价值。因此，在编写创业计划书时，需要明确自己的知识产权状况，包括专利、商标、著作权等，还要详细描述如何保护这些知识产权，以及如何利用这些知识产权为自己的创业项目创造价值。同时，在计划书中也可以介绍自己对相关行业的了解和分析，以及对该行业未来发展的预期，突出自己的行业洞察力和技术优势，为项目的成功打下坚实基础。

6. 强调团队优势

创业计划书中需要强调创业团队的优势和能力，包括专业知识、技能和经验等方面。

7. 注意资金规划

在编写创业计划书时，需要考虑到企业的资金需求和资金来源，同时也需要制定详细的资金使用计划和风险控制措施。

8. 突出市场营销

创业计划书中需要突出市场营销策略，包括目标客户群体、产品定位、渠道选择等方面。

9. 合理定价

在创业计划书中需要合理定价，考虑到市场需求和成本，制定出能够取得市场竞争优势的价格策略。

10. 撰写清晰简洁

创业计划书的语言要简洁明了，尽量避免使用过于专业或复杂的术语，以便投资者或合作伙伴更好地理解企业的商业模式和计划。

11. 注意排版和格式

创业计划书的排版和格式要规范，包括字体、字号、行距、段落间距、图表和表格的设计等方面，以提高可读性和美观度。

12. 配套多媒体材料

在编写创业计划书时，除了书面文字内容外，配套多媒体材料也可以起到重要的补充和支持作用。比如，制作一份精美的演示文稿，通过图文并茂、动态展示的方式，更直观地介绍项目的产品、技术、市场和商业模式等方面的内容，能够更加生动地展现项目的价值和吸引力。同时，还可以通过制作视频、动画等多媒体材料，来展示项目的产品功能、应用场景和市场前景等，进一步提高投资者的兴趣和信心。因此，在编写创业计划书时，也应该考虑如何制作相应的多媒体材料，以更好地彰显项目的价值和吸引力。

综上所述，编写创业计划书需要充分考虑到企业的目标、市场、创新点、团队优势、资金规划、市场营销、定价策略等多个方面，同时需要注意语言简洁、排版规范等细节问题。

【本章课后思考】

一、选择题

1. 创业市场调研不包括（　　）。

A. 创业环境调研　　B. 创业成本调研

C. 创业条件调研　　D. 竞争对手调研

2. 创业计划书的主要内容不包括（　　）。

A. 执行总结　　B. 项目背景　　C. 市场分析　　D. 长期收益

3. 创业计划书的撰写原则不包括（　　）。

A. 逻辑严谨　　B. 前后一致　　C. 文字通畅　　D. 排版规范

4. 一般来说对行业的风险分析包括（　　）。

A. 市场风险　　B. 技术风险　　C. 财务风险　　D. 管理风险

5. 创业市场调研方法包括（　　）。

A. 观察法　　B. 访谈法　　C. 实验法　　D. 问卷法

二、填空题

1. 在编制创业计划的过程中，要把握以下原则：________、________、________、

________、________、________、________。

2. 确立创业目标应考虑的因素包括________、________、________、________、________、________。

3. 创业计划书的撰写原则主要包括：________、________、________、________。

4. ________是实施创业的根据和大纲。

5. 创业市场调研方法中的实验法主要用于________实验和________实验。

三、问答题

1. 简述创业市场调研的方法。
2. 分析制订创业计划的作用。
3. 制订创业计划的流程有哪些？
4. 简述创业计划书的主要内容。
5. 创业计划书中的项目背景主要从哪些方面进行分析？

第六章 组建与管理创业团队

【学习目标】

理解：理解创业团队的定义、特征和意义，理解组建创业团队的要素。

掌握：掌握创业团队的组建原则和步骤，掌握创业团队管理的内容、常见问题和管理策略。

应用：结合项目案例，在创新创业实践中组建创业团队，结合项目案例，在创新创业实践中运用创业团队管理方法和技巧。

【思政目标】

“组建创业团队”章节，可以围绕以下四个方面来设计思政内容：

1. 创新教学过程设计：引入→团队角色分配→团队招募和管理→团队文化建设→团队冲突解决→总结与评价。

2. 引导大学生认识到创新创业需要集体智慧和合作精神，需要团队协作，不能只靠一个人的力量，要学会与人合作，共同实现创新创业目标。

3. 培养大学生团队协作能力，提高团队建设和管理的能力，通过项目实操等活动，培养大学生团队协作、沟通、协商、合作的能力，发挥每个团队成员的才智和作用。

4. 引导大学生关注人才资源，注重人才培养和引进，尤其要重视高层次人才和青年人才的培养和使用，鼓励大学生积极参加创新创业团队和创业孵化计划，提高自身的专业能力和综合素质。

第一节　组建创业团队

案例导入

项目6-1：在线教育平台创业项目团队配置

项目简介：

该项目旨在创建一种在线教育平台，使大学生能够通过互联网学习各种课程和技能，为大学生提供灵活、高效、优质的教育服务。

创业团队配置：

(1) 创始人/CEO（首席执行官）：负责领导整个创业项目，并为项目设定愿景和战略，需要具备业务经验和领导能力，以及对在线教育市场的深入了解。

(2) 技术主管/CTO（首席技术官）：负责开发和管理在线教育平台的技术架构和后台系统，需要具备深厚的技术背景和经验。

(3) 运营主管/COO（首席运营官）：负责平台的日常运营和管理，包括招募教师、制定课程计划和市场营销策略等。需要具备敏锐的商业眼光和运营经验。

(4) 营销主管/CMO（首席营销官）：负责制定市场营销策略和推广计划，以扩大在线教育平台的知名度和用户数量，需要具备市场分析和品牌推广的经验。

(5) 教学主管/CPO（首席产品官）：负责平台的教学质量和课程设计，需要具备丰富的教育经验和教育资源。

(6) 财务主管/CFO（首席财务官）：负责财务规划和管理，包括财务报表、预算和投资计划等，需要具备财务管理和风险控制的经验。

(7) 用户支持主管/CCO（首席文化官）：负责平台的用户支持和客户服务，需要具备良好的沟通能力和客户服务经验。

以上职位可以根据团队需求进行适当调整和细分，以确保每个职位都能得到充分发挥和协作。此外，创业团队需要具备开放性、创新性和团队合作精神，以应对创业过程中的各种挑战。

思考：

1. 围绕上述项目，请思考创业团队的组建原则？

2. 如果你是在线教育平台创业项目的负责人，你会如何配置创业团队？

一、什么是创业团队

（一）创业团队的定义

团队是由两个或者两个以上的，为了共同目标并按照一定规则结合在一起的组织。团队成员相互作用，共同合作，充分发挥每个成员的技能与特长，实现共同价值。创业团队是由拥有一定股权，且积极参与新企业创办或新企业成长管理的两个或两个以上个体组成的特殊群体。该群体成员拥有极强的创业精神，为实现共同的创业愿景，按照角色分工相互依存，共同参与决策制定与实施，共担创业风险以及共享创业收益。

（二）创业团队的特征

创业团队特征不同于个体创业者的个性特征，成功的创业团队一般具有下列特征。

1. 创始人具有百折不挠的品格

创业团队的创始人通常都需要有坚定的信念和意志，思想意识超前，有与众不同的认知能力和洞察力。创始人的领导力是指影响他人，特别是团队、投资人、供应商等关键角色的能力。创始人需要掌控企业发展的方向，设定创业过程中各阶段的目标，组织协调团队的分工，为团队提供强有力的支撑。

2. 团队成员具有凝聚力和能力互补性

团队成员的能力决定了创业团队的整体能力和发展潜力。在创业团队中，团队成员都非常清醒地认识到自身的优势和劣势，在充分沟通与合作的基础上完成既定的目标，迅速提高团队的向心力和凝聚力。

3. 团队具有共同的认知和情感

共同的认知和情感是创业团队成员长期从事自身创业任务的精神支柱，这种共同的认知和情感显现出来，就是团队成员在团队当中扮演适合自己、适合团队目标的角色，保持与团队共生存的步伐，共担荣辱。

4. 具有学习能力

学习能力是指学习的意愿与方法，知识的运用与分享，经验的总结与自我改变。创业过程要求创业者站在行业的最前沿思考问题，需要面对不确定性，开拓未知领域，这都需要强大的学习能力作为基础和保障。建立制度化的措施来保障创业团队持续开展学习，能够使团队成员激发学习热情，增强学习意识，强化学习能力。

5. 具有执行力

现实创业过程存在团队成员想的多做得少，从而导致创业失败的现象。执行力是实现创业目标的关键。初创企业需要完成各方面的工作，需要团队成员付出巨大的精力，这就需要团队成员拥有强大的执行力，工作效率才能提升。

6. 具有协同性

团队成员之间高效协作是优秀创业团队的重要标志。团队成员都有自己的特长，同时在性格等方面也有不同之处，如何协调好团队成员之间的关系成为团队成员高效协作的关键。团队中各个成员都有自己的任务分工，共同协作，就能提高工作效率，同时也能避免矛盾与内耗。

7. 具有创新力

创新意识是企业活力的源泉，代表着企业的创新能力和水平。创新力已经成为实现企业可持续发展的必然选择，创新性也成为评价创业是否成功的重要指标。优秀的创业团队的组建是企业创新能力的必要条件。只有团队成员都发挥自己的智慧，然后进行观点的碰撞，进而形成更具有创新性的想法，企业才能解决问题，才能创造出奇迹。

（三）组建创业团队的意义

就当前激烈的社会竞争而言，初创企业在开始阶段，创业团队是企业的核心，对于企业的运行起到至关重要的支撑作用。组建一个优秀的创业团队，是创业取得成功的关键要素，具有重要意义。

1. 有利于提高初创企业的生存能力

创业过程中，人才的重要性是不言而喻的，创业团队是否优秀决定着创业的成败。创业团队可以实现专业技能、个性特质、创业资源、创业理念等方面的优势互补，其作用远超个人创业者。初创时期，各项工作都需要创业团队的合力，这样可以提高初创企业的生存能力。

2. 有利于提高创业效率及创新能力

创业者在组建创业团队后，根据创业目标，分工明确，各尽所能，创业者可以集中精力抓关键，有利于提高工作效率。同时，优秀的团队配合可以激发企业的创新意识，提高企业的创新能力。

3. 有利于体现企业凝聚力

初创企业以团队协作的方式开展工作，相互合作的过程不仅能够提升团队成员自身的本领，还能够提高团队的凝聚力度。优秀的团队合作精神、凝聚力可以帮助初创企业快速成长，在遇到困境时能够帮助企业度过危难时刻。

4. 有利于提高初创企业的管理水平

团队成员之间的密切合作可以使团队领导者把注意力集中到诸如长期发展计划等重大问题上来，尤其是自我管理的团队形式，使领导者得以脱身去做更多的战略计划。

二、创业团队的组建要素

创业团队的组建需要具备五个要素：目标、成员、定位、职权、计划。

（一）目标

目标即为什么要组建团队，要实现什么样的共同愿景。创业团队需要拥有共同目标，它决定着团队前行的方向，没有目标，团队就没有存在的价值。创业团队目标是完成创业阶段企业的组织、管理、技术、市场、销售等各项工作。

（二）成员

创业团队的核心是成员，这是团队能否取得成功的关键因素。创业团队成员的异质性是选择成员时应该考虑的首要问题。异质性是指创业团队成员在专业背景、年龄、经验、认知、性格等方面存在的差异。

（三）定位

创业团队定位首先需要确定由谁选择和决定团队的组成人员，团队要对谁负责等问题，其次确定成员在团队中具体的分工与职责。

（四）职权

职权是创业团队目标、人、定位的延伸，指创业团队所担负的职责和相应的权限。一般分为团队权力和团队主要领导人权力，在创业初期，领导权相对较为集中，随着创业团队成长，领导者拥有的权力逐渐减小。

（五）计划

创业团队在确定目标、人员、定位、职权之后，需要制订创业计划，指导团队成员分别做哪些事情以及如何去做，分步实施，直到实现创业目标。

三、创业团队组建原则

（一）创业目标明确原则

创业的核心成员都应该明确创业目标，明确的创业目标决定了创业团队的性质和奋斗方向，促使团队成员清晰地认识到应该如何工作。在组建创业团队时，首要考虑团队成员能否达成共识，为共同的目标一起努力前行。

（二）成员互补原则

创业者组建创业团队主要的目的在于弥补创业目标与自身能力之间的差距。如果团队成员在知识、性格、技能、经验、背景等方面互补时，就能够通过共同协作达到“1+ 1>2”的合作效应，一般来说，高度同质化的团队不利于初创企业的发展，团队成员之间需要优势互补。

（三）人员精简高效原则

创业初期，为了减少创业成本，在能够完成目标任务的前提下，用人越少越好，人员精简是手段，组织高效是目的，精简是为了高效，同时高效也要求精简。一般来说，初创企业团队核心人员在 2 到 3 人。

（四）动态开放原则

创业过程充满了不确定性，团队成员中可能因性格、能力、观念、家庭等原因存在人员流失的现象，同时也存在有志同道合的人希望加入团队的现象。因此，在组建创业团队时，应该保持团队的动态性和开放性，把真正合适的优秀人员吸纳到团队中来。

四、组建创业团队的步骤

（一）确定胜任的领导者

创业团队中必须有可以胜任的领导者，而这种领导者，并不是单单靠资金、技术、专利来决定的，也不是谁出好的点子谁当。这种领导者应是团队成员在多年同窗、共事过程中发自内心认可的，具有领导人的决策能力、管理能力和人格魅力，能让其他团队成员信服的。

（二）筛选创业团队成员

企业的人员管理就是让合适的人做合适的事，因此创始人必须就创业项目所需实现的目标确定岗位职责，以及确定胜任这些岗位所需要的知识和技能，从实际出发，根据创业的规模、人员优势互补等方面筛选合适的成员，建立最初的企业团队。根据团队结构特点、成员优势特点，创业目标和具体工作要求，明确每个成员的责、权、利，做到有分有合，各司其职，有条不紊。

（三）制订创业计划

创业计划是在对创业目标进行具体分解的基础上，以团队为整体来考虑的计划，创业计划确定了在不同的创业阶段需要完成的阶段性任务，通过逐步实现这些阶段性目标来最终实现创业目标。创业团队在确定了阶段性子目标以及总目标之后，紧接着就要研究如何实现这些目标，这就需要制订周密的创业计划。

（四）酝酿团队创业的制度和创业文化

在创业之始，团队成员尤其需要有共同的约定和文化理念的引领，要形成基本的共识。这是组建团队初始不能忽略的问题。创业是非常艰辛的，在创业之始，团队成员尤其需要有共同的约定和文化理念的引领。一旦约定，大家必须共同遵守、执行和维护，否则很难形成合力。

（五）团队成员的管理与调整

创业并非易事，难以一帆风顺，在遭遇挫折时团队成员能否持之以恒，共克难关是对团队成员的极大考验，同时性格迥异的各人在创业过程中的相处或多或少、或长或短都会经历一个磨合期，在面对挫折和磨合时，有的团队成员可能难以经历考验。这个时候，创始人需要具备人事管理能力，既要能协调、维系成员之间的关系，也要有决心调整、变更团队成员。创业过程越是顺利，创业团队越会一路壮大，企业管理者需要具备更高的人事管理能力。

项目实操

项目实操名称：组建大学生创新创业在线教育平台的创业团队

[项目情景]

项目 6-2：组建大学生创新创业在线教育平台的创业团队

项目目的：

通过建立一个在线教育平台，为大学生提供创新创业教育，激发他们的创新思维和创业精神，促进大学生的创业发展。

项目实操步骤：

(1) 明确平台定位和目标：在项目启动前，明确平台的定位和目标，包括平台的目标受众、主要服务内容、市场需求、竞争环境等。这有助于制定具体的运营计划和推广策略。

(2) 团队组建：建立一个充满活力、有激情的团队，包括技术、市场、运营等人员。建议团队成员拥有创新思维、创业经验和在线教育背景。

(3) 平台功能设计：根据目标受众和市场需求，设计平台的功能模块，包括课程设置、在线学习、社区互动、项目孵化、投融资等。确保平台功能具有针对性和实用性，能够满足大学生创新创业的多元化需求。

(4) 内容制作和运营：建立内容生产和运营机制，包括课程制作、社区管理、运营推广等。为大学生提供创新创业知识、案例分享、投融资信息等，同时提供在线交流和互动平台，促进大学生之间的交流与合作。

(5) 推广策略：制定平台推广策略，包括社交媒体、线下推广、校园大使、赛事合作等多种渠道，吸引目标用户，提高平台知名度和品牌形象。

(6) 用户反馈和改进：持续收集用户反馈和建议，优化平台体验和服务质量。通过市场调研、用户调查等方式了解用户需求和偏好，为平台的持续改进提供支持。

(7) 投资融资：建立投资和融资渠道，支持有潜力的大学生创业项目。与各大投资机构建立联系，为有创新创业潜力的大学生提供融资支持和项目孵化服务。

(8) 持续发展和壮大：根据市场需求和用户反馈，持续发展和壮大平台。扩展业务范围，拓展新的服务领域，为大学生创新创业提供更全面和优质的支持。

[实操任务]

请结合“大学生创新创业在线教育平台”项目，组建一支高效、互补、协作的创业团队，以实现创业项目的目标和愿景。

第二节 创业团队管理

案例导入

项目 6-3：陈某的“创业团队管理”

陈某是中国的著名企业家和 AL 集团的创始人之一。他在创建和经营 AL 集团的过程中，积累了丰富的经验和智慧，特别是在创业团队管理方面。下面是他的一些创业团队管理方法。

1. “骑马找马”方法

在创业初期，陈某用“骑马找马”的方法来建立他的团队。他会在各种场合发现那些对 AL 的使命和愿景感兴趣的人，然后邀请他们来 AL。这种方法可以帮助陈某快速找到那些有才华的人才，同时也可以让他们更容易地了解 AL 的文化和价值观。

2. “三三制”管理方式

AL在成长过程中采用了“三三制”管理方式，即每个团队由三个核心成员组成，其中一个是技术专家，一个是市场专家，还有一个是财务专家。这种管理方式可以让团队在各个方面都得到平衡发展，从而实现更好的协作和创新。

3. 建立“大海捞针”式的招聘系统

陈某一直认为，招聘是公司发展中最重要的环节之一。他建立了“大海捞针”式的招聘系统，通过在各种渠道上发布招聘信息，吸引那些有才华的人才来加入AL。同时，他也非常注重面试过程，确保每个招聘的人都符合AL的文化和价值观。

4. 倡导“半吊子”文化

陈某一直倡导“半吊子”文化，即让团队成员在自己擅长的领域做到极致，而在其他领域则不必苛求。这种文化可以让团队成员在保持专业性的同时，也可以更好地协作和相互支持。

总的来说，陈某在创业团队管理方面注重人才的选拔和培养，建立了一套完善的招聘和面试制度，并通过创新的管理方式和文化建设，建立了一个高效、协作的团队。

（资料来源：编者根据相关资料编写。）

项目6-4：李某的“创业团队管理”

李某是中国知名企业家，××公司的创始人之一。他在创建和发展××公司的过程中，积累了许多成功的创业团队管理经验。以下是他的一些创业团队管理方法。

1. “分层管理”方法

××公司采用了分层管理模式，将公司分为多个部门和团队，每个团队都有一个明确的职责和目标。这种管理方式可以使得每个团队更加专注和高效地完成自己的任务，并更好地协作和沟通。

2. “三支柱”管理模式

××公司采用了“三支柱”管理模式，即技术、产品、运营三个方面的平衡发展。在团队建设中，李某注重通过各个方面的协作来实现这种平衡，提高团队的综合素质和竞争力。

3. “招贤纳士”与内部培训

××公司一直注重招聘优秀人才，采用“招贤纳士”的方式吸引了许多有才华的人加入公司。同时，××公司也注重内部培训，为员工提供良好的发展机会和晋升空间，使得公司内部人才得以快速成长和壮大。

4. 以“梦想、使命、价值观”为核心的文化建设

李某非常注重文化建设，他将“梦想、使命、价值观”作为××公司文化的核心，并通过员工培训、奖励机制等方式，让这种文化深入人心，激励员工创新创业。

总的来说，李某在创业团队管理方面注重创新、文化建设、团队合作、人才选拔和培养、执行力和效率。通过不断探索和实践，他建立了一套适合××公司发展的管理体系，为××公司的快速发展提供了强有力的支撑。

（资料来源：编者根据相关资料编写。）

思考：

1. 对比陈某和李某的创业团队管理，有何不同？
2. 创业团队管理，应包含哪些内容？
3. 对比并思考高效的创业团队管理技巧。

创业团队的建设不是简单地将强大的个体放在一起，而是在现有条件下恰到好处地组建团队，并在有限的条件下使团队高效。创业团队组建成功之后，在企业初创过程中往往会面临诸多问题，这时，创业团队的管理就至关重要了。创业团队的合力如果没有达到预期的效果，一定程度上是受个体知识、能力、素养等因素影响，而且，团队的整体合力并不是简单的个体能力叠加，更重要的是团队内部的协作和磨合。创业团队管理的目的就是将团队的合力发挥到极致，完成企业制定的目标。创业团队管理的核心是共同的价值观和荣辱感，团队协作是成功的关键。

一、创业团队管理的主要内容

（一）目标管理

目标管理是指一种程序或过程，它使组织中的上级和下级一起协商，根据组织使命确定一定时期内组织的总目标，继而决定上、下级的责任和分目标，并把这些目标作为评估和奖励每个部门和个人贡献的标准。

（二）定位管理

团队定位和团队目标是紧密联系在一起的。团队目标决定了团队的定位，明晰的战略定位是企业组织设计的蓝图，只有明确了战略定位，企业才能确定其团队的规模、产品或服务的范围、组织的结构等。

（三）计划管理

团队应该如何分配和行使组织赋予的职责和权限，团队成员多少合适？团队成员分别做哪些工作，如何做？这些都是创业团队计划管理应该回答的问题。

（四）职权管理

职权管理的过程可以说是不断地分权、分责、分利的过程。职责就是做什么事，做到什么程度，横向、纵向的关系及完成任务应配备的权限。

（五）人员管理

任何团队都是由不同的个人组成的，确定团队目标、定位、职权和计划，都只是为团队取得成功奠定基础，团队最终能否获取成功、达到目标，还是要取决于成员的表现，因为不同个体有不同的特点，团队成员之间的关系也是影响团队成功的因素。

二、创业团队管理的常见问题

从总体上来看，任何企业在发展初期都极容易受到其所处历史条件、周围环境以及组成人员的协作程度的影响，遇到诸多难以解决的矛盾和挑战。在这个阶段里，大多数企业往往因权力和利益的分配不均长期处于分歧性冲突所招致的各种困扰之中，使企业的发展潜力和前景遭受毁灭性的打击，严重时，甚至可能直接面临被扼杀的局面。创业团队作为创业者与投资者之间重要纽带之一，一旦对创业过程中企业所面对的风险认识不足、判断不够，则很容易使整个创业团队陷入瘫痪状态。创业团队所面临的风险，在某种程度上就构成了创业之路上的最大障碍。因此，创业团队要想成功并获得长远发展就必须对自身进行合理有效的管理与控制。对于创业团队而言，其所面临的风险因素可以概括为以下几个方面。

（一）成员之间的信任危机

在创业团队内部，信任关系是一种潜在而持久的力量，它会使创业者对团队成员形成一种情感上的依赖与支持。在创业的过程中，团队成员常常会陷入一种不信任的状态，这种状态不仅包括团队成员之间的人格上的不信任，还包括团队成员之间个人能力上的怀疑。对于创业团队的领导者而言，缺乏对他人的信任可能会造成团队成员创业积极性骤减，甚至可能使整个创业团队处于分崩离析的状态。对于创业团队的普通成员来说，缺乏对团队领导者和同伴的信任，可能使团队失去共同努力的方向，缺乏凝结在一根绳上的向心力，使企业滑向内耗的深渊。如果信任危机再遭遇到团队利益分配不公以及个人认知维度差异较大等问题，其所引发的矛盾将变得更加激烈，可能会给整个团队和每个成员带来其他破坏性后果。

（二）团队内部的利益分配难题

在企业生命周期各个阶段，创业团队的每个成员都期望能通过自己的努力来获得自身期望的收入。在利益分配的过程中，团队成员渴望实现收益与贡献的完美契合，期望在利益分配方面展现出公正无私的态度。由是观之，创业团队成员的行为特征对团队绩效有着重要影响。创业团队成员的贡献是一个不断变化的过程，随着创业步入不同阶段，他们所需的资源可能会发生巨大的变化，因此每个团队成员所拥有的资源也会随之不断变化。在创业初期，创业团队成员通常会共同致力于实现共同的理想和目标，集中在收益方面的注意力相对较少；在创业中后期，团队成员中的大多数都倾向于通过合作获得报酬，并将其作为自己工作绩效的一个重要衡量指标。因此，领导者必须制定一个合理的收益分配方案以激励其做出有利于自己的行为。然而，由于缺乏明确的利润分配方案，许多企业在其发展过程中始终面临着利润分配方案的争议，导致创业团队的协作能力一直饱受利益问题的考验，难以形成有效的整体合力。

（三）成员之间的个性差异问题

一个人的个性是其在长期的生存活动中经过他人的教育、个人的修习以及文化的浸染共同塑造的，是一种相对稳定的心理特征总和，大体包括动机、兴趣、理想、信念、能力、气质和性格等方面。对一个创业团队来说，团队成员的个人品性特征决定了其对合作伙伴的偏好程度，对合作伙伴所承担风险的态度是一个人是否能产生合作意愿并最终促成合作行为的重要影响因素。对许多创业团队来说，在其成立初期，由于团队成员彼此默契程度较低、主体之间个性差异较大，往往容易产生各种各样的矛盾甚至冲突。但也有部分创业团队是由一群志同道合的伙伴共同合作组成的，他们之间早已建立了深厚的友谊，因而导致创业团队成员之间存在的个性差异问题被遮盖，使得创业团队成为一种特殊群体。在此情形下，当创业团队遇到重大难题和危机时，团队成员之间的沟通障碍就容易浮现，进而使团队目标难以达成，使初创企业遭受失败。

(四) 团队目标的不一致性难题

对一个团队来说，在思想、意识以及行动上的统一是保证其能快速完成相应任务、提升团队效率的关键。因而，确保团队成员在创业理念上达成一致是任何一个成功创业团队的必要元素。在大多数创业团队成立之初，这些问题或许是少见的，因为，成员之间的目标都是显而易见的、一致的，即维持团队的有序运转、获得较好的利益回报。但经过一段时间的共事以及团队的迅速扩张，团队中的部分成员可能会意识到他们之间已然缺乏了共同的思想根基，有些成员所追求的价值目标已经同原有的团队初心截然相反。在这种状况下，如果不对整个创业团队进行思想引导，则可能会致使团队面临随时解散的风险。

(五) 团队中存在的信息传递障碍

语言是人与人之间沟通的主要媒介，信息是语言交流中负载个人情感和态度的重要载体。语言层面的沟通不畅会导致个体对他人传递信息的误读，进而造成主体之间合作机制的缺乏。从总体上来看，团队之间的沟通障碍主要包括平级成员间的沟通不畅、不同层级人员之间的沟通不畅。在创业团队中，成员之间的沟通和理解是至关重要的，因为建立和谐的人际关系可以帮助成员更好地接受团队的决策，共同完成任务，提高团队的绩效水平。如果沟通不畅，不仅不能使员工产生工作动力，而且还会造成严重的消极影响，甚至可能引发团队危机。在创业过程中，团队沟通与交流中存在的“一言堂”问题必须得到有效解决。由于缺乏完善的沟通渠道，尤其是在部分创业领导者具有极好的办事能力、强硬的工作作风时，极容易使整个团队的沟通与交流陷入“一言堂”的状况。然而，这种“家长制作风”会导致团队成员之间缺乏真诚交换意见的机会，给整个团队带来四分五裂的风险。

(六) 团队发展中的信心丧失问题

当创业团队成员对企业前景感到迷茫时，就可能对所从事的事业产生怀疑，否定自身为此所付出的相关努力，进而使创业无法继续进行下去。对一个创业团队来说，当其在发展过程中遭遇到挫折时，如果团队领导者或者团队成员为当前的危局久久不能找到合适的应对办法或新的出路，那么这个创业团队的成员就丧失战胜困难的信心。尤其是在竞争激烈的当下，如果创业团队中的成员对整个团队所处环境、潜在风险以及团队未来缺乏充分的认识，只凝视着自身的不足，那么团队必将难以持久地维持下去。

(七) 团队中的自我膨胀问题

自我膨胀作为一种不健康的心理现象，在一定程度上可被视为个人自我的盲目扩张，它是个人在不断获得自我肯定的基础上演化出的对自我的过分自信和对他者的过度轻视。对许多团队来说，在其获得成功之前，一切似乎都很美好。团队成员相互扶持，为了共同的目标而不断努力奋斗。然而，当这个团队开始在自己设定的价值目标上取得一定的成就，进而引来了外界或同行的广泛关注后，维系团队的凝聚力就可能开始不断减弱。团队中部分成员就可能开始高估自己的重要性，论功行赏的思想就会冒头，并且时刻认为这些都是自己应得的。可事实是，不顾团队中其他人的利益，只顾为自己攫取利益的自私行为足以动摇团队的根基，继而使团队产生覆灭的危机。

(八) 团队面临的外部诱惑风险

随着资本扩张与技术发展的关系变得愈发的紧密，一个成功的创业团队迫切地需要优秀人才的加入。可以说，有一个优秀的人才加入，也就在激烈的企业竞争中占据了一个有利的制胜点，为企业在市场竞争中占有一席之地打下了良好的人才基础。然而，在创业团队砥砺奋进的过程中，如果其他企业所能提供的广阔平台以及丰厚的价值回报与团队成员不断扩张的价值需求相契合，团队就将发生人才流失的危机。若流失的人才掌握了团队的关键技术和重要资源，则整个团队将遭受致命的打击，甚至面临解散的风险。

三、创业团队管理的策略

（一）明确团队发展目标，让团队产生共鸣

“共鸣”是创业团队能够持久发挥强大力量的坚实依靠，可以产生高效有力的工作动能，促使团队具有高度的凝聚力，这就需要明确团队发展的目标，目标是方向，指引企业团队持续不断地发展，企业能走多远，关键看它有什么样的发展目标和远景。

初创企业制定目标时，首先要经过创业团队核心成员反复研讨并达成共识；其次要以企业自身的实际发展情况和当前行业发展的趋势为依据；最后要具有很强的指导性，是通过努力能够实现的目标。同时注意制定目标时要避免空洞不切实际，目标制定后要坚持到底，不能随意更改。团队目标远景要体现团队的目标和价值观，许多创业团队在组建之初提出了非常空大的不容易实现的目标，反而易使团队成员丧失信心，因此，团队创业目标愿景的提出可以采用“登门槛”效应，由低至高，逐步实现。

（二）加强团队队伍建设，增强团队凝聚力

团队的战斗力，来自其凝聚力，如何增强团队的凝聚力，这就需要加强团队的队伍建设。首先，引导团队成员客观认识自己，不断完善自己。可以通过一些科学的测量工具来帮助团队成员科学判断自我人格特质，做到扬长避短，实现与其他成员的良性互动。其次，不断提高领导者的素质。团队领导者是团队前进的“舵手”，引领团队的前进方向。再次，建立和完善有效的沟通机制，创造和谐互助的团队工作氛围。团队管理与建设过程中，很多问题是由于缺乏有效的沟通造成的，因此，团队应具有良好的沟通方式，能够使全体成员面对面进行交流和探讨，通过集众人之智来解决各种问题。最后，再好的策略和方案不去执行，都归为零，要提高执行力，职责明确，责任到人，建立团队合作协调的工作流程，让每个人都知道自己应该去做哪些事情。

（三）加强制度建设，实现科学化管理

没有规矩，不成方圆。创业团队要实现高效管理，需要制定严格的团队管理规则制度和合理的股权分配方案。团队管理制度的制定要定位科学，目标明确，思路清晰，制度中应包含团队的创立目标、项目经营范围、资金的构成、部门的设置、团队成员的职责、权利与义务等，通过制度的制定，使各项事务有章可循，确保各项事务顺利开展。

规章制度是一个组织的底线，对于那些没能达到规章制度要求的行为应进行处罚，规章制度应该与新创企业的核心价值观和文化相契合，因此需要明确企业的使命、愿景和价值观，并将其融入规章制度中，形成企业的行为准则，以确保员工行为和决策与企业的整体目标一致。同样，对于一个创业团队来说，规章制度是非常重要的，如果没有明确的规章制度来规定团队成员的行为，没有规定哪些事是符合规定可以去做的，哪些事又是明确禁止的，所有成员做事都是随心所欲，那么团队成员就难以向着同一个方向进发。但是规章制度不可

生搬硬套，而应该是一种人性化、弹性化的管理制度，需要根据实际情况灵活应变。

（四）建立学习型组织，激发团队的创造力

新组建的团队，需要让每个成员充分发挥自己的创造力，为企业发展贡献力量，这是企业迅速发展的关键。要想激发团队的创造力，就需要建立学习型团队，激发团队的创造力。学习型团队是一个善于获取、创造、传递知识的团队，同时具有较强的反思能力，善于发现与总结，通过不断修正自身的思维与行为方式来适应新知识和新见解的冲击。学习型团队是一种持续发展，内涵丰富，需要精心策划和严格管理的团队。

现在社会已进入“终生学习”时代，必须不断学习新知识。团队可以将学习作为一项工作任务，将它与考核和薪酬结合起来。构建培训和学习体系，学习首先得明确学习内容，创业团队根据自身的实际情况，明确学习的重点与难点，同时还需建立制度来维持持续学习。构建知识共享和交流平台，团队应通过各种沟通会、研讨会、学习会、工作总结会等形式引导大家发表自己的见解，形成讨论氛围，从而实现知识的共享。要把对行业的理解、对客户需求的假设、对产品和服务设计的理念、对高效工作的方法，点点滴滴地传递给团队的所有人，帮助员工迅速成长；要创造一个适合的软硬环境和氛围，让团队成员有更大的创造空间和平台；对团队的新成果，要有一定的奖励措施；对团队成员进行引导，多给予一些方法和指导。

项目实操

项目实操名称：创业团队管理项目实操

[项目情景]

项目 6-5：创业团队管理项目实操

以下是四个有关创业团队管理的创业项目：

1. 创新教育平台项目

随着互联网和移动设备的普及，人们越来越依赖于数字化的教育工具。创新教育平台旨在提供一种面向学生和教育工作者的全新学习体验，帮助他们更加高效地获取知识和技能。该项目的团队需要具备教育、技术和营销等方面的专业知识，并通过分层管理模式实现高效的团队协作。

2. 人工智能创业项目

人工智能是未来最具前景的领域之一，涵盖了自然语言处理、机器学习、视觉识别等众多技术。人工智能创业项目需要具备技术研发、数据分析和产品设计等方面的专业知识，同时需要通过良好的创业团队管理实现高效的创新和快速迭代。

3. 绿色科技项目

随着全球气候变化和环境污染的日益加剧，绿色科技项目成为人们越来越关注的领域。该项目需要具备环境科学、工程技术和市场营销等方面的专业知识，同时需要通过分层管理模式实现高效的团队协作，以解决复杂的环境问题。

4. 区块链创业项目

区块链技术是一种新兴的分布式数据库技术，被广泛应用于数字货币、供应链管理、智能合约等领域。区块链创业项目需要具备技术研发、加密算法和市场营销等方面的专业知识，同时需要通过分层管理模式实现高效的团队协作，实现高速发展。

总的来说，以上这些创业项目都需要具备不同的专业知识和技能，并通过良好的创业团队管理实现高效的团队协作和创新。成功的创业团队管理不仅需要有效的组织和管理人员，还需要激励员工发挥自己的才能和创造力，从而实现公司的成功。

[实操任务]

创业团队管理需要建立一种科学有效的管理机制，以保证团队成员之间的良好合作和协调，从而实现团队目标。请从以上四个项目，结合所学专业，选择一个项目，并围绕“创业团队管理”，按照以下项目实操步骤，进行训练。

1. 确定项目目标和团队需求。需要明确项目的目标和所需团队的人员构成，确定需要哪些专业知识和技能，并制订招聘计划。

2. 招聘和选拔团队成员。招聘过程中，需要从大量的求职者中筛选出具有相关专业知识和技能，并且适合公司文化的人员。为了提高招聘效率，可以采用在线招聘平台和社交网络等渠道，同时也可以通过人脉和内部员工推荐的方式寻找合适的人选。

3. 建立分层管理结构。创业团队管理需要建立分层管理结构，将团队分成不同的部门或小组，每个部门或小组需要设立负责人，统一管理团队成员，并向上级汇报工作进展情况。

4. 制定详细的工作计划和目标。为了使团队成员明确工作目标，需要制定详细的工作计划和目标，并且与团队成员进行明确的沟通和交流。此外，为了确保团队成员在完成任务时能够有条不紊地推进工作，还需要建立一套科学有效的工作流程。

5. 建立团队协作机制。创业团队需要建立一种良好的协作机制，以确保团队成员之间的交流和合作。可以通过定期的团队会议和交流活动等方式来促进团队成员之间的合作和沟通，以更好地实现共同的目标。

6. 激励团队成员。激励是团队管理中非常重要的一个环节，可以通过给予奖励、晋升、股权等方式来激励团队成员。此外，领导者还需要关注团队成员的心理需求，给予关心和支持，提高团队成员的归属感和满意度。

7. 定期评估和调整团队管理策略。创业团队管理需要不断地评估和调整管理策略，以适应市场和团队的变化。通过定期的团队评估和反馈，可以发现问题和改进空间，并及时采取措施解决问题。

【本章课后思考】

一、选择题

1. 创业团队的组建要素不包括（　　）。

A. 目标　　B. 成员　　C. 计划　　D. 资源

2. 一般来说创业团队在初期应将核心人员数控制在（　　）人。

A. 1~2　　B. 2~3　　C. 3~5　　D. 4~6

3. 下列哪项不属于创业团队的特征？（　　）

A. 具有执行力　　B. 具有创新力　　C. 具有协同性　　D. 具有价值观

4. 下列哪项不属于组建创业团队原则？（　　）

A. 创业目标明确　　B. 人员精简高效　　C. 性格差异　　D. 动态开放

5. 创业团队的核心是（　　）

A. 成员　　B. 资源　　C. 目标　　D. 计划

二、填空题

1. 团队是由两个或者两个以上的，为了__________并按照一定规则结合在一起的组织。

2. 创业团队的五个要素是__________、__________、__________、__________、__________。

3. 组建创业团队的步骤是______________，______________，______________，______________，团队成员的管理与调整。

4. 创业团队管理的核心是共同的__________和__________，团队协作是成功的关键。

5. 创业团队内部，__________是一种潜在而持久的力量，它会使创业者对团队成员形成一种情感上的依赖与支持。

三、问答题

1. 简述什么是创业团队。

2. 简述组建创业团队的意义？

3. 简述创业团队管理的主要内容。

4. 简述创业团队管理的常见问题。

5. 简述优化创业团队管理的策略。

第七章

运营管理新创企业

【学习目标】

理解：理解人力资源管理的概念和目标，新创企业人力资源管理特点，理解新创企业财务管理的含义和内容，基本的财务概念，理解市场营销与营销管理的含义、功能及特点，理解品牌的含义及其作用，理解风险管理的概念、风险的类型。

掌握：掌握新创企业人力资源管理机制，掌握新创企业财务预测、财务控制和财务报表，掌握现代营销学观念与营销管理的内容，掌握品牌塑造的原则、内涵及其步骤，掌握常见风险防范方法。

应用：结合项目案例，在创新创业实践中构建新创企业人力资源管理机制；结合项目案例，在创新创业实践中运用财务管理知识；运用现代营销管理观念及其工具分析企业营销环境和消费者市场需求特征；在创新创业实践中运用品牌塑造步骤中的核心要点；在创新创业实践中识别风险并制定风险防范措施。

【思政目标】

“运营管理新创企业”章节，可以围绕以下五个方面来设计思政内容：

1. 强调数字化、网络化、智能化和绿色化等方面的创新，鼓励大学生在创业过程中应用新技术和新模式，推动新旧动能转换，实现可持续发展。

2. 引导大学生在营造尊重创新、崇尚创业的浓厚氛围中，树立正确的创业观念和价值观，注重社会责任和企业形象，不断提升社会认可度和品牌价值。

3. 引导大学生深入探讨如何有效应对新创企业运营管理中的各种挑战和风险，包括市场变化、竞争压力、人才流失等问题，同时鼓励大学生在实践中勇于创新，大胆尝试新的运营管理方法和策略。

4. 培养大学生注重团队协作和领导力的重要性，了解如何组建一个高效的团队并进行有效的领导，同时引导大学生了解如何在团队中发挥个人优势和特长，为新创企业的运营管理做出更大的贡献。

5. 引导大学生在运营管理中注重企业社会责任，推崇可持续发展的理念和实践，鼓励大学生将企业利益和社会责任有机结合，实现企业和社会的双赢。

第一节 人力资源管理

一、人力资源管理的概念

人力资源管理可分为宏观管理和微观管理。人力资源宏观管理是对社会整体的人力资源的计划、组织、控制，从而调整和改善人力资源状况，使之适应社会再生产的要求，保证社会经济的运行和发展。人力资源微观管理是通过对企事业组织的人和事的管理，处理人与人之间的关系、人与事的配合，充分发挥人的潜能，并对人的各种活动予以计划、组织、指挥、协调和控制，以实现组织的目标。

通过对人力资源管理理论发展历程的追溯和分析，将人力资源管理的定义总结为：根据企业发展战略的要求，有计划地对人力资源进行合理配置，通过对企业中员工的招聘、培训、使用、考核、激励、调整等一系列过程，调动员工的积极性，发挥员工的潜能，为企业创造价值。确保企业战略目标的实现，需要企业一系列人力资源政策以及相应的管理活动。这些活动主要包括企业人力资源战略的制定、员工的招募与选拔、培训与开发、绩效管理、薪酬管理、员工流动管理、员工关系管理、员工安全与健康管理等。即企业运用现代管理方法，对人力资源获取（选人）、开发（育人）、保持（留人）和利用（用人）等方面所进行的计划、组织、指挥、控制和协调等一系列活动，最终达到实现企业发展目标的一种管理行为。

二、人力资源管理的目标

我们从事人力资源管理主要应达到如下几个目标。

（一）取得最大的使用价值

人力资源管理的首要目标，就是用科学方法使人与事做适当的配合，发挥最有效的人力资源作用，即“人与事配合，事得其人，人尽其才”，取得最大的使用价值。

（二）发挥人的最大主观能动性，激发人力资源活力

激发人力资源活力是实现创新和发展的关键要素之一。为了充分发挥人的最大主观能动性，需要创造一个积极的环境，鼓励个体和团队发挥他们的潜力和创造力。应该重视员工的

参与感和归属感。激励措施、奖励机制和公平的晋升机会，可以激发员工的积极性和工作动力。同时，建立良好的沟通渠道和团队合作机制，让员工感受到自己的贡献被认可和重视，从而增强他们对组织的忠诚度和归属感。

（三）培养全面发展的人

人类社会的发展，无论是经济、政治、军事，还是文化，最终目的都要落实到人——一切为了人本身的发展、人的全面发展——这一管理的终极目标。古希腊哲学家普罗泰戈拉有句著名的格言：人是万物的尺度。只有人，人的全面自由发展，才是衡量社会进步的尺度和一切科学进步的尺度，是人类社会进步的标志，是社会经济发展的最高目标，也是管理所要达到的终极目标。

人的全面发展意味着人的个性的丰富性和能力的多样性，它使人在复杂多变的社会生活中能应付自如，显示出更强的主动精神和创造力。人的个性和能力所包含的个人特殊品质的思想、感情、行为、知识、技能、技巧都要通过教育培训才能形成。因此，教育与培训在人力资源的开发管理中的地位越来越高。教育不仅是提高社会生产力的一种方法，而且是造就全面发展的人的唯一方法。

随着市场经济的发展，国家民族间的竞争、企业间的竞争，透过产品的质量、价格和服务竞争的层层迷雾，我们看到的是不同国家、不同民族、不同企业之间人力资源的竞争。因此，无论是国家层面，还是企业层面，都把培养高素质的人当作首要任务。我们要坚持以人为本的科学发展观，努力促进人的全面发展。

三、新创企业人力资源管理的特点

新创期企业，由于规模小、组织体系不完善、企业的创新性和年轻化等特点，其人力资源管理特点主要表现为以下几个方面。

（一）人才紧缺

初创期的企业所从事的经营管理具有跨专业的特点，需要复合型专业人员，并且企业处于创业期，需要尽快在行业之中立足，需要有一定相关经验的技术人员，对人才的要求较高。但是企业由于规模小，发展平台较小，资金紧缺，前景不明，可能随时被淘汰，即使有高于行业水平的薪酬，对有经验的技术人员吸引力也较小，人员招聘方面存在一定的困难。

（二）人力资源管理理念不足，人才配置不合理

尽管企业发展注重人力资源管理，然而多数企业未认识到人力资源管理的重要性，尤其是初创型企业。初创型企业是所有者开展管理，由于缺乏人力资源管理经验，极易浪费宝贵的人力资源。初创型企业人力资源管理体系还不完善，现有的人力资源管理模式也无法吸引人才和留住人才。

（三）人力资源工作展开不充分

初创期的企业规模较小，组织体系不完善，企业此时往往聚焦于经营的开展，而没有太多的时间和精力用于管理，包括非常重要的人力资源管理工作也不例外。企业可能没有人力资源管理部门，仅由一人承担简单的人事行政工作，人力资源的各项工作无法有效展开。

（四）创业者直接领导

在初创期，创业者直接参与企业管理，承担人力资源管理高层的角色，对员工定薪、人

员规划、企业文化建设等重要工作直接进行决策和管理。

（五）人力资源管理随意性较大

初创期，企业规章制度不够完善，组织结构尚不明确、不稳定，没有明确的人力资源考核机制，缺乏严谨的考核制度和执行，考核主观随意性较大。企业规模较小，员工对于规章制度的遵循方面会有折扣，制度化管理难以有效实施。

四、新创企业人力资源管理的机制

对于新创企业而言，塑造一个以人为本的内部环境，构建共创未来的愿景与机制，使人力资源在动态的使用过程中，实现其自身增值和价值创造，是决定创业成功的关键要素。所以，新创企业必须建立一套行之有效的人力资源管理机制，选任、培养、激励、留住人才，促进新创企业的不断成长。

（一）构建企业文化

企业文化是全体员工衷心认同和共有的企业核心价值理念。初创期的企业还未能形成完整的具有体系的企业文化，此时的企业文化主要表现为企业的核心价值观和发展愿景。初创期的企业是一个创业团队，对于创业初期，企业员工必须具有创业精神和与企业较为吻合的价值观，这样有助于企业人员结构的稳定性、员工的团结性和良好工作环境氛围的营造。企业应在全员参与的基础上，结合企业特点和企业愿景，构建符合企业发展的能够凝心聚力的企业文化。

企业在塑造企业文化的过程中应坚持以人为本、公平公正的原则，为员工提供一个良好的工作环境与公平的竞争机制，推动企业文化落地，将企业文化渗透到企业人力资源管理的流程中。比如在招聘中，以企业文化为导向制定招聘标准，在招聘过程中将企业文化作为重要考量，要求具有创业精神和团队精神，考察应聘者的价值观与企业文化的吻合程度，这样能够减少员工的离职率，有助于组织的稳定性。初创期企业资金紧张，发展前景不稳定，精神激励是初创期企业最主要最有效的激励方式。精神激励的主要内容就是企业文化，领导者需要企业文化来对员工进行激励，激发员工的工作激情，提高员工的忠诚度。

（二）制订人力资源战略规划

企业为了实现长久稳定发展，必须加大人力资源投入。人才竞争成为企业竞争的重要因素，企业为了加强自身竞争实力，实现可持续发展目标，必须科学管理现有人才。第一，企业管理者应当正确认知企业发展现状，了解到人力资源管理的重要性，基于发展眼光，创新思维引进和管理人才。第二，为了转变企业管理人员的传统理念，管理人员应当参与管理培训班，接受专业化教育培训。通过学习全新的管理理念和方法，结合企业发展实况，制订全新的人力资源战略规划，补充和完善现有管理的不足与缺陷。第三，企业生产经营发展期间，管理人员必须时刻检验自身的不足，能够正确认识到自身问题，在企业不同发展阶段，制订科学的人力资源计划，高度重视企业人力资源管理战略，为企业长久发展奠定良好基础。

（三）明确岗位设置，选任合适的人才

在企业中没有什么比将合适的人放在合适的岗位上更重要，当然也没有什么比将不合适

的人放在不合适的岗位上对企业和个人造成的浪费和伤害更大。新创企业首先要将岗位设置制度化、规范化，对人力资源配置进行谋篇布局，并在此基础上知人善任。

一是根据节约高效的原则设计岗位分工。新创企业资金有限，讲究精打细算，在人力资源上更应该如此，而人才需求分析是控制人力资源成本开支的基础，是关键的第一步。创业者必须清楚企业中哪些岗位一定要设置、分别设置多少人、应当赋予哪些权责等。新员工进入企业后，最需要了解的就是企业的组织架构、岗位职责、与其他人如何配合等问题。二是根据德才兼备的原则选任合适人才。最优秀的人才不一定是最合适的人才，只有根据岗位需求，选择能力和品德与之匹配的员工，才能在促进企业发展的同时，保证员工忠诚度，减少人才流失率。否则，会出现将高能力的人配置到低位置上，导致大材小用，加大人力成本，增加跳槽风险的现象，或者出现将低能力的人配置到高位置上，造成执行力低下，工作上错漏频出的问题。

（四）将招聘作为工作重点

高质量的专业人员是初创期企业开展业务的核心要素，初创期的企业人员招聘可能会关系到企业的存亡，人员的招聘要保证企业的发展和稳定。招聘者要明确企业的人才需求，选择合适的招聘途径，充分了解人才市场信息，了解当前市场的薪酬行情。在招聘过程中，应聘人员的价值观是否与企业文化吻合应当是重要的考量标准；在招聘时要让应聘者了解企业的真实状况和工作内容，不能为了招聘到人才，片面或扩大鼓吹企业某一方面，并且做出不可能实现的承诺。

初创企业在起步发展阶段，由于各方面内容不完善，人才吸引力不足，因此，企业管理者必须立足于发展实况，营造和谐的工作环境，按照人才的能力水平制定不同等级的福利待遇，以此加强人才吸引力。多数企业在招聘人才时，优先考虑具备工作经验的人才，希望以此减少人才培育成本。然而具备经验的人才，也有部分是由于无法胜任工作，对现有工作不感兴趣，由于自身性格所致，团队意识中存在不和谐因素，因此对企业发展影响较大。因此企业在招聘人才时，不能过度关注有工作经验的员工，还应当考虑大学毕业生。由于毕业生接受新生事物比较容易，没有条框限制，具备较强可塑性，可以成为企业发展的重点培养对象。同时，企业在选聘人才时，还应关注适才问题，只有满足企业发展要求的人才，才能够在任职期间发挥出无限价值，还可以避免优秀人才岗位分配不合理问题，减少人力资源浪费。

（五）重视专用人才培养

企业在新创阶段的目标是通过创新性的业务内容，给客户创造新的需求并高效率地完成项目任务，尽可能占领新兴市场并生存下来。单纯的技术人员不能很好地满足企业的发展要求，复合型人才在人力资源市场上又很难寻找到，因此，企业可以通过培养人才的专用化来满足企业发展的需求，同时具有专用性的员工稳定性更强，可以减少关键人才的流失，激发企业的创造力和学习能力，有利于保持组织内部活力，增强组织的稳定性，同时为企业接下来的快速扩张储蓄人力资本。

对于初创期企业打造人才的专用性可以从三个方面进行：首先，建立学习型组织；其次，培养团队精神，把个人的作用内化到团队当中，使个人的能力只有在团队中才能发挥最大效用；最后，加强对专用性人才的激励，对已经形成专用性的人才采取长期激励的方式，这既是对他们所做贡献的奖励，同时也是约束。

（六）完善考核机制，激励有为人才

绩效考核是人力资源发展的基本保证，既可以对员工进行甄选区分，也可以保障企业目标的实现。一方面，绩效考核与薪酬、职务晋升、福利待遇等紧密挂钩，可以为员工的晋升与发展提供公平竞争的平台；另一方面，绩效考核对员工个人目标进行正确导向，使之与企业整体目标契合，通过员工不断提高自身绩效的努力，达到提高企业整体绩效水平的目的。因此，必须建立健全科学的绩效考核机制，使德才兼备的员工得到与之相匹配的待遇，激活员工队伍的能动性和创造性。

一是厘清考核指标，设定相应的权重。在考核内容上，对德、能、勤、绩的全面考核，与突出考核重点并重，指标的设计要体现企业现阶段目标的导向。根据新创企业的特点，业务类“硬”指标的权重相对较大，综合素质类“软”指标的权重相对较小。在考核方式上，采用与自己比发展、与别人比业绩、与别人比贡献的三位一体模式，横向与纵向考核双向并行。二是建立以奖为主、以罚为辅的奖惩机制。绩效考核也需要提高执行力，承诺准确、及时兑现，能使员工得到最大化的现实收益和心理满足，发挥最大的激励效用。而新创企业的市场拓展能力较弱，风险防御能力较低，业绩受市场变化的影响较大，对员工的考核结果不应过于苛刻，否则当员工的切身利益得不到保障或者时刻处于可能被淘汰的风险时，员工会受到打击，缺乏安全感，人心惶惶，使企业失去了凝聚力。三是畅通双向沟通渠道，增强双赢共识。为防止对员工考核的片面化，持续的双向沟通应贯穿绩效考核的全过程。在制定考核指标时，需要与员工就目标设定达成共识，同时体现企业对员工的期望与员工对企业的承诺。在考核实施中，畅通的沟通渠道保障员工享有申诉权利，有利于纠正考核偏差，使考核结果获得员工的认同。在考核反馈阶段，动态的沟通能促使企业和员工就如何改进不足、怎样提升绩效以及下一个绩效目标达成共识。

（七）重视员工关系管理

良好的员工关系是留住员工的主要原因之一。初创期企业既是一个企业，也是一个团队，专业人员是其中最核心的组成。良好的人际环境和员工关系有利于企业稳定和工作效率的提升。基于企业年轻化、创新性等特点，在员工关系管理方面，企业领导者要尊重每个员工，可以通过与员工的直接交流，传达公司发展的愿景目标等内容，激发员工的工作热情，促进员工的团结。

项目实操

项目实操名称：新创企业人力资源管理方案

[项目情景]

项目 7-1：新创企业人力资源管理方案

项目背景：

在新创企业的初期阶段，人力资源的管理对企业的成功发展至关重要。如何吸引和留住优秀人才、如何建立高效的团队、如何制定合理的薪酬福利政策，都是需要考虑的问题。因此，本项目旨在设计一套针对新创企业的人力资源管理方案。

项目目标：

制定一套适合新创企业的人力资源管理方案，包括人才招聘、团队建设、薪酬福利等方面，帮助企业吸引和留住优秀人才，打造高效的团队，促进企业的快速发展。

项目实操步骤：

(1) 调研分析：对新创企业的人力资源现状进行调研，了解企业的需求和挑战，分析竞争对手的优劣势，为后续制定方案提供基础数据。

(2) 制订招聘计划：根据企业的需求和发展阶段，制订招聘计划，包括招聘岗位、招聘流程、招聘渠道、招聘条件等，确保吸引到符合企业要求的人才。

(3) 设计团队建设方案：根据企业发展阶段和团队结构，设计团队建设方案，包括团队组建、团队管理、激励机制等，促进团队协作和发展。

(4) 制定薪酬福利政策：根据市场行情和企业财务情况，制定薪酬福利政策，包括基本工资、绩效奖金、社会保险、员工福利等，激励员工发挥更大的工作动力。

(5) 实施方案并评估：根据制定的方案，实施人才招聘、团队建设和薪酬福利政策等措施，并根据实际情况进行评估和调整，不断完善企业的人力资源管理。

项目成果：

(1) 一套适合新创企业的人力资源管理方案。

(2) 招聘计划、团队建设方案、薪酬福利政策等具体实施措施。

(3) 有效的人力资源管理实践，帮助新创企业建立并维护高效的员工团队，提高企业的绩效和竞争力。

具体成果包括：

(1) 适合新创企业的招聘计划：根据企业的发展阶段和业务需求，制订适合的招聘计划，确定招聘的岗位和职责，并采用多种渠道招聘合适的人才。

(2) 团队建设方案：针对新创企业的团队建设特点，制定团队建设方案，包括组织结构、职责分工、团队建设活动等，帮助员工逐步融入企业文化和价值观。

(3) 薪酬福利政策：设计具有竞争力的薪酬福利政策，结合企业的财务状况和行业标准，制定员工薪酬和福利待遇，激励员工的积极性和工作热情。

(4) 员工培训和发展计划：制订员工培训和发展计划，包括新员工培训、职业生涯规划、岗位培训等，帮助员工提高职业技能和综合素质，提升企业的竞争力。

(5) 有效的绩效考核体系：建立科学的绩效考核体系，根据企业目标和员工的工作表现，制定合理的绩效考核指标和评价方法，激发员工的工作热情和创造力。

通过以上措施实施，新创企业可以有效地吸引和留住人才，建立稳定的员工团队，提高企业的绩效和竞争力。

[实操任务]

根据项目资料，设计一份“新创企业人力资源管理方案”。

第二节　财务管理

案例导入

项目 7-2：小李的财务困惑

小李是一名年轻的创业者，他的公司是一家提供在线美妆服务的新创企业。在初创阶段，公司面临着许多财务管理方面的挑战，例如预算编制、现金流管理、税务规划等等。

为了解决这些问题，小李开始制订一份财务管理计划，包括制定预算、规划现金流、优化税务筹划、建立财务报告等。他还在招聘财务专业人才，建立一个专业的财务团队，确保公司财务管理的高效和准确。

在执行计划的过程中，小李发现财务报表的准确性和及时性非常重要，因为这有助于他了解公司的财务状况并做出决策。他也意识到现金流是一个至关重要的问题，因为它可以影响公司的生存和发展。因此，他制定了一系列措施来确保现金流的充足和稳定，例如优化应收账款和应付账款的管理、制定预算和现金流预测、及时追收逾期账款等。

通过小李的努力和团队的配合，公司的财务状况得到了明显的改善，现金流得到了有效的管理，税务筹划得到了优化，使得公司能够更加专注于业务发展，提高竞争力。

思考：

1. 小李为什么要制订财务管理计划？它对公司的发展有什么作用？

2. 在制订财务管理计划时，小李需要考虑哪些因素？请列举出至少三个。

3. 为什么财务报表的准确性和及时性非常重要？这对公司的决策有什么影响？

4. 小李在管理现金流方面采取了哪些措施？这些措施是如何帮助公司提高竞争力的？

5. 除了现金流管理，小李在税务筹划方面还采取了什么措施？这些措施的效果如何？

6. 在财务管理中，除了以上所述的方面，你认为还有哪些方面是新创企业需要关注和注意的？为什么？

一、新创企业财务管理概述

（一）新创企业财务管理的含义

新创企业的财务管理是指新创企业在企业整体经营战略和目标下，进行资产的购置、资本的融通和营运资金的经营，以及企业利润分配的管理。它是企业管理的一个重要组成部分，企业必须根据我国现有的财务管理制度，按照财务管理的基本原则，组织企业整体财务活动，处理好财务关系。

财务管理是初创企业管理的核心。它是企业管理活动的一项重要内容，是对资金进行的管理，主要解决企业资金的筹集、运用和分配等问题。财务管理讲究成本效益原则，通过对资金的管理，使企业资金更有效地为企业带来效益。创业企业要想生存和发展，就必须管好钱、算好账。创业企业的财务管理至关重要，因为大学生创业的最根本的目的就是为了实现企业盈利。如果不规范企业的财务管理，就有可能导致企业财务运行紊乱，资金周转不灵，企业没有收益和利润。

要对企业进行有效的财务管理，必须了解企业财务管理的现状、财务管理过程中存在的主要问题，并进行改进。创业者对财务管理的认识容易产生两个大的偏差：第一，创业初期没什么好管理的，有一个会计、一个出纳就可以了，财务管理就是设立一个部门、制定一些规章管好这两个人；第二，财务管理的重要性只有完整的财务组织架构才能实现，必须创建庞大的机构，制定烦琐的规章和财务信息流通渠道。以上两种认识都没有领会企业初创期财务管理存在的问题及管理重心。

（二）新创企业财务管理的重点内容

面对市场环境的不断变化，企业的财务管理部门应具备高素质的财会人员，加强财务管理基础工作，健全财务管理制度。

1. 加强内部管理

（1）提高认识，强化资金管理。

资金的周转使用牵涉到企业内部的方方面面，企业经营者应管好、用好、控制好资金。这不仅是财务部门的职责，还涉及企业的各部门、各生产经营环节，所以各部门配合要层层落实，共同为企业资金的管理努力。

（2）提高资金的使用效率。

首先，有效配合资金的来源和应用；其次，准确预测资金收回和支付的时间；最后，合理地进行资金分配，流动资产和长期资产的占用应合理。

（3）加强财产的内部控制管理。

建立健全财产物资管理的内部控制制度，在物资采购、领用、销售及产品管理上建立规范的操作程序，要定期检查、盘点，堵住漏洞，保护企业资产安全。

（4）加强对存货和应收账款的管理。

加强存货管理，压缩过时的库存物资，避免不合理资金占用，并以科学的方法确保存货资金的最佳结构。加强应收账款管理，对赊销客户的信用进行调查评定，定期核对应收账款，制定完善的收款管理办法，避免死账、呆账的发生。

2. 加强资金回收管理

应收账款是造成资金回收风险的重要方面，有必要降低它的影响。应收账款的成本有：机会成本、应收账款管理成本、坏账损失成本。应收账款可能使企业产生利润，然而未使企业的现金增加，反而还会使企业运用有限的流动资金垫付未实现的利税开支，加速现金流出。因此，对应收账款的管理应在以下方面强化：一是建立稳定的信用政策；二是确定客户的资信等级，评估企业的偿债能力；三是确定合理的应收账款比例；四是建立销售责任制；五是密切关心企业要账人员回收账款动态，避免私人暂时留存，用于个人利益。

3. 做好财务记录

财务记录是做好财务管理的基础，缺乏完善的记录，将使所有的财务分析、财务决策成为一纸空文。财务记录的核心内容是凭证、账簿和报表。会计报表是会计工作的最终结果，即会计报表依据会计账簿来编制，而会计账簿又得依据会计凭证来登记。作为经营者或投资人，看财务资料时应更关注会计报表。要特别注意的是，各种经济业务发生的原始凭证（如销售单、出库单等）一定得保存完整，并及时转交会计记账，这是一切财务工作的基础，没有完整的原始凭证不可能做出真实的会计报表。账簿可以提供每笔业务发生情况的信息，通过账簿记录可以更详细地了解各类账户的发生额及余额等信息。

4. 建立严谨的财务内部控制制度

企业管理层和会计人员要认真执行会计法律、法规、规章、制度，督促内部会计管理制度的贯彻实施，保证会计资料合法、真实、准确、完整，保障会计人员依法行使职权，对有突出贡献的会计人员给予奖励。

在创业实践中，主要是要做好以下几项工作：①提高会计人员的业务水平，规范会计工作秩序；②加强内部审计控制；③建立健全内控体系；④责权利结合，实行责任追究制度；

二、财务管理中基本的财务概念

为了进一步规范我国的财务制度，财政部在 2006 年 2 月 15 日制定了《企业会计准则》，2014 年进行修订，对一些基本的财务概念进行了详细的说明。

（一）会计六要素

1. 资产

资产是指企业过去的交易或者事项形成的、由企业拥有或者控制的、预期会给企业带来经济利益的资源。

企业过去的交易或者事项包括购买、生产、建造行为或其他交易或者事项。预期在未来发生的交易或者事项不形成资产。

由企业拥有或者控制的，是指企业享有某项资源的所有权，或者虽然不享有某项资源的所有权，但该资源能被企业所控制。

预期会给企业带来经济利益，是指直接或者间接导致现金和现金等价物流入企业的潜力。

2. 负债

负债是指企业过去的交易或者事项形成的、预期会导致经济利益流出企业的现时义务。

现时义务是指企业在现行条件下已承担的义务。未来发生的交易或者事项形成的义务，不属于现时义务，不应当确认为负债。

3. 所有者权益

所有者权益是指企业资产扣除负债后由所有者享有的剩余权益。

公司的所有者权益又称为股东权益。

所有者权益的来源包括所有者投入的资本、直接计入所有者权益的利得和损失、留存收益等。

直接计入所有者权益的利得和损失，是指不应计入当期损益、会导致所有者权益发生增减变动的、与所有者投入资本或者向所有者分配利润无关的利得或者损失。

利得是指由企业非日常活动所形成的、会导致所有者权益增加的、与所有者投入资本无关的经济利益的流入。

损失是指由企业非日常活动所发生的、会导致所有者权益减少的、与向所有者分配利润无关的经济利益的流出。

4. 收入

收入是指企业在日常活动中形成的、会导致所有者权益增加的、与所有者投入资本无关的经济利益的总流入。

收入只有在经济利益很可能流入从而导致企业资产增加或者负债减少，且经济利益的流入额能够可靠计量时才能予以确认。

5. 费用

费用是指企业在日常活动中发生的、会导致所有者权益减少的、与向所有者分配利润无关的经济利益的总流出。

费用只有在经济利益很可能流出从而导致企业资产减少或者负债增加，且经济利益的流出额能够可靠计量时才能予以确认。

6. 利润

利润是指企业在一定会计期间的经营成果。利润包括收入减去费用后的净额、直接计入当期利润的利得和损失等。

直接计入当期利润的利得和损失，是指应当计入当期损益、会导致所有者权益发生增减变动的、与所有者投入资本或者向所有者分配利润无关的利得或者损失。

（二）会计恒等式

在以上六个会计要素中，资产、负债和所有者权益是组成资产负债表的会计要素，也称资产负债表要素。收入、费用和利润是组成利润表的会计要素，亦称利润表要素。这六项会计要素相互之间存在着一定的数量关系，反映这种数量关系的恒等式就是会计等式：

资产=负债+所有者权益

收入-费用=利润

（三）货币时间价值

创业者必须明白货币是有时间价值的，一定量的货币在不同时点上具有不同的经济价值。

这种由于货币运动时间差异而形成的价值差异就是利息。创业者必须注重利息在财务决策中的作用，一个看似有利可图的项目，如果考虑货币的时间价值，很可能会变成一个得不偿失的项目，尤其是在通货膨胀的时期。

（四）现金流量

现金流量是衡量企业经营质量的重要标准，在许多情况下，现金流量指标比利润指标更加重要。一个企业即使有良好的经营业绩，但由于现金流量不足造成财务状况恶化，照样会使企业破产。集团公司应特别重视现金流量的控制，加强对子公司现金收支的管理。

三、财务预测

预测是科学决策的前提。财务预测是根据企业财务活动的历史资料，考虑现实的要求和条件，采用科学的方法，对企业未来一定时期的资金、成本、收入和盈利水平进行测算，对企业的财务预测进行估计。财务预测是企业进行正确的财务决策的前提条件。通过财务预测，测算收入、成本、现金流量等财务数据，为企业选择未来的筹资方案、投资方案、利润分配方案等提供必要的依据。财务预测有助于公司合理安排收支，提高资金使用效益。

财务预测主要包括销售预测、成本预测、利润预测及资金需求量预测几个方面的内容。从现有的资金需求量预测方法来看，都是基于已有经营业务或销售收入的企业，但对于创业初期的企业来说，没有这方面的资料，因此现有的销售百分比法、线性回归分析法、高低点法都不适用。对于初期的创业者来说，可以进行初步的销售预测、成本预测，从而确定最初的资金需求预测，如果企业运转了一年，到第二年就有利用销售百分比法的条件了。

（一）销售预测

销售预测有定性预测和定量预测两种方法。定量分析法，也称数量分析法，是指在预测对象有关资料完备的基础上，运用一定的数学方法，建立模型做出预测。定性分析法，即非数量分析法，是指由专业人员根据实际经验，对预测对象的未来情况及发展趋势做出预测的一种分析方法。定性预测法有全面调查法、典型调查法和专家调查法等。鉴于初创企业资金有限、精力有限，选择典型调查法比较好。典型调查法就是对某种或某几种产品，有意识地选取少数具有代表性的典型单位进行深入细致的调查研究，借以认识同类事物的发展变化规律的一种非全面调查，以推算市场需求及发展趋势。其主要内容包括对产品的数量需求、用户的购买能力等。典型调查的内容包括以下几个方面：

1. 产品生命周期分析法

产品生命周期分析法就是利用在不同生命周期阶段上的产品销售量变化趋势，进行销售预测的一种定性分析方法。产品生命周期是指产品从投入市场到退出市场所经历的时间，一般要经过萌芽期、成长期、成熟期和衰退期四个阶段。判断产品所处的生命周期阶段，可根据销售增长率指标进行。一般来说，萌芽期增长率不稳定，成长期增长率最大，成熟期增长率相对稳定，衰退期增长率为负数。如果创业者进入的是一个新兴行业，那产品大多数处于萌芽期或成长期；如果进入的是一个传统行业，大多数应该处于成熟期。对于创业者来说，了解拟经营的产品处于哪个生命周期是很关键的，因为这决定了后面的营销策略等。

2. 消费者情况调查

消费者情况调查的内容主要包括消费者的主要特征、经济条件、购买特点、风俗习惯及对产品的要求等因素，据此分析未来一定时期的市场情况。调查的目的主要是了解购买本企业产品或服务的团体或个人的情况，如民族、年龄、性别、文化、职业、地区等。购买行为调研法，是调研各阶层顾客的购买欲望、购买动机、兴趣爱好、购买习惯、购买时间、购买地点、购买数量、品牌偏好等情况，以及顾客对本企业产品和其他企业提供的同类产品的欢迎程度。该方法广泛应用于家电、食品、饮料、化妆品、洗涤品等快速消费品和耐用消费品等行业。

3. 市场竞争情况调查

市场竞争情况调查的目的主要是支持企业营销的总体发展战略，做到知己知彼，发挥竞争优势。主要侧重于本企业与竞争对手的比较研究，以识别企业的优势和劣势，判断出本企业所具备的与竞争对手相抗衡的条件或可能性，确定企业的竞争策略，以达到以己之长克他之短的功效。其内容主要有：了解行业的竞争结构和变化趋势，了解竞争者的战略目标、核心能力、市场份额、产品策略、价格策略、销售渠道策略、促销策略等。

4. 营销渠道调查

现代企业的竞争，很大程度上取决于整条营销渠道效率的竞争，我们要了解同类商品生产厂家及其他进货渠道的分布状况，以及这些厂家所生产、经营商品的花色、品种、质量、包装、价格、运输等方面情况，并确定各种渠道因素对销售量的影响。调查内容主要包括商品销售区域和销售网点的分布、潜在销售渠道分析、销售点服务品质、铺货调研、商品运输线路、商品库存策略。

将上述四个方面的调查资料进行综合、整理、加工、计算，就可以对某种商品在未来一定时期内的销售情况进行预测。

（二）成本预测

现有的成本预测方法，一般都是根据企业产品成本的历史资料，按照成本的主要构成要素，应用数学方法来预计和推测成本的发展变动趋势。但对于新创企业来说，如果提供的产品，市场上已经广泛存在，则可以使用现有的统计数据；如果市场上有相似的产品，可以参考相似产品的成本统计数据；如果没有相近或相似的产品，则需要对构成产品成本的各种因素进行全面的分析，充分考虑产品每个部件的成本，及相应的人工费、加工费、其他的制造费、营销推广费用等，同时还要考虑库存、产品不良率等诸多因素，这样就可以初步确定产品的变动成本，再结合固定成本的预测，从而可以确定总成本。

（三）利润预测

根据上面的销售预测，可以对销售收入进行预测；结合上面的成本预测，可以进行利润预测。为了验证利润是否合理，需要进行一个行业的比较。

一般情况下，各个不同的行业有一个平均的利润率，如果预测的结果是利润率高于行业平均数，说明企业的市场行情是比较好的，需要将企业的战略规划落到实处；反之，则说明企业的利润率偏低，企业需要采取措施扩大市场份额，增加企业营业收入，或者减少成本费用。

（四）资金需求量预测

资金是企业进行生产经营活动的必要条件。企业的资金一般分为固定资金和流动资金。准确地进行资金需求预测，不仅能为企业生产经营活动的正常开展测定相应的资金需求量，而且能为经营决策、节约资金耗费、提高资金利用效果创造有效条件。

在销售预测、成本预测和费用预测的基础上，就可以对资金的需求进行预测。一般所讲的资金需求量指的是对外融资需求量，即根据企业的现实条件，确定企业的资金缺口，这个资金缺口就是资金需求量。但对于初期的创业者来说，在确定资金缺口之前，更重要的是对资金需求总量的预测。

对于这个资金需求，企业的资金可以通过现有的负债（如赊购原材料、借款等）、现有的自有资金及预计新增的收入来提供，如果现有的负债、自有资金及预计新增的收入不能满足资金需求总量时，要考虑新的借款或是吸收新的投资等。

对外资金需求量=资金需求总量-资金来源

对于初创企业，可以利用前两年的预计报表对第三年的资金需求量进行预测，企业在运行了一段时间后，对未来的资金需求进行预测，可以采用销售百分比法。

销售百分比法就是根据企业各个资金项目与销售收入总额之间的依存关系，按照计划期销售额的增长情况来预测需要相应追加多少资金的方法。那些与销售收入总额有依存关系的资产和负债项目称为敏感性项目。

销售百分比法的应用步骤如下：

①根据企业的实际情况，确定企业的敏感性资产和敏感性负债。

②计算销售百分比：

资产销售百分比=敏感性资产/销售收入×100%

负债销售百分比=敏感性负债/销售收入×100%

③计算预计敏感资产、负债。

④计算预计总资产、总负债：

预计总资产=非敏感性资产合计+预计敏感性资产

预计总负债=非敏感性负债合计+预计敏感性负债

⑤计算预计的存留收益。

⑥计算预计的所有者权益总额：

预计所有者权益总额=原来的所有者权益+留存收益

⑦计算外部融资额：

外部融资额=预计总资产-预计总负债-预计所有者权益

此方法的特点是假设资产和负债中有敏感性资产和敏感性负债，核心问题是看清哪些资产和负债属于敏感性的。

四、财务控制

新创企业和小公司成败的关键因素之一，就是正确、严格的财务控制。许多融资非常顺利的公司，其商业计划书非常完善，产品或服务满足了市场的某一类需求，销售组织效率很高，市场营销颇为有效，定价也十分合理，但最后却还是失败了，其关键原因就是缺乏财务控制。

新创企业及成长阶段的小公司必须对各种支出加以规划和严格控制。创业者必须对公司的财务关键控制点做出相应的对策，这不仅有助于增加企业的销售额，更重要的是，公司能够从中获得利润和现金。

财务控制是指利用有关信息和特定手段，对企业的财务活动施加影响和调节，以便实现所规定的财务目标的过程。对于新创企业，事前控制比较重要。比如，对企业开业必需的所有费用就要事先做好控制和安排，其他的财务控制发生在经营之后，创业者要掌握一定的方法，一旦出现问题，要采取适当的措施。

（一）现金流量预算与控制

对于刚刚起步、企业财务制度还不是很健全的初创企业来说，现金流量分析和估计是一个强有力的计划工具，它将有利于创业者做出科学的财务决策。在创业企业成长过程中，决定企业兴衰存亡的最关键的因素是现金流，最能反映企业本质的是现金流，而非利润，在众多价值评价指标中基于现金流的评价是最具科学性和权威性的。由于企业创业初期的市场基础薄弱，市场情况还不是特别明朗，企业的销售会出现波动，当有大的现金流入时，企业会乐观地认为前途一片光明，在企业经营决策上过于乐观，出现盲目扩展，结果当市场出现萎缩时，出现大量的应偿还债务，极大增加了企业出现破产的可能性，这将会给企业带来生存的危险。对于处于创业初期的小企业来说，实际情况是费用支出往往比预计的要多一些，而收入比预计的要少一些，我们要科学估算现金流量，避免企业面临现金流断裂的危险。

现金流量预算又称为现金预算，是企业预算期现金流转时间及金额数量的预算，是企业的一种综合性预算。现金流量预算的编制遵循“以收定支，与成本费用相匹配”原则，采用零基预算的编制方法，按收付实现制来反映现金的流入与流出。经过企业上下反复汇总、平衡，最终形成年度现金流量预算。

在实践中，编制现金流量预算主要以销售（营业）收入的收现数为起算点，然后将其他收入与费用项目的收现数、付现数分别列出，以直接反映最终的现金净流量。

其中：营业现金流量预算包括现金收入、现金支出、现金多余或不足的测算以及不足部分的筹措方案和多余部分的利用方案等。

（二）应收账款控制

应收账款是指企业因对外赊销产品、材料供应、劳务等而应向购货或接受劳务单位收取的款项，是企业短期投资的主要组成部分。

应收账款成本主要由以下三方面构成。

①机会成本，指企业由于将资金投放于应收账款而放弃的投资于其他方面的收益。

②管理成本，包括对顾客的信用状况进行调查所需的费用等。

③坏账成本，指由于应收账款不能及时收回发生坏账而给企业造成的损失。

企业应收账款的管理包括建立应收账款核算办法、确定最佳应收账款的机会成本、制定科学合理的信用政策、严格赊销手续管理、采取灵活营销策略和收账政策、加强应收账款的日常管理等几方面内容。在市场竞争日趋激烈的今天，新创小微企业不得不部分甚至全部以信用形式进行业务交易。减少应收款项，制定合理的信用政策，加速资金的回笼，是应收账款控制的主要任务。

应收账款控制主要从以下三个方面来进行：

①企业必须建立销售与收款控制业务的岗位职责制，明确相关部门和岗位的职责、权限，确保办理销售与收款业务的不相容岗位相互分离、制约和监督。同时财务核算准确翔实，债权债务关系明确。新创企业必须有完善的应收账款核算体系，并且原始单据必须准确完整。

②评价客户资信程度，制定相应信用政策。中小企业必须根据顾客的资信程度来制定给予客户的信用标准。西方传统的信用资格评价通常从信用品质（Character）、偿还能力

(Capacity)、资本（Capital)、抵押品（Collateral)、经济状况（Conditions）五个方面来评价客户的资信程度。

初创企业可以根据客户的资信程度分析数据对客户进行排队分析，选择信资程度好的客户，而拒绝那些信资程度差的客户。做好客户的信用调查，对赊销金额的用户的资产状况、财务状况、经营能力等进行实地调查，根据调查结果来评定其信用等级，建立赊销信用档案。新创企业必须根据客户的资信程度来制定给予客户的信用标准，制定相应的信用政策。

③加强应收账款的账龄分析，确定收款率余额百分比。账龄分析是不同欠款期应收账款金额占全部应收金额的比例，一般来讲，逾期拖欠时间越长，账款催收的难度越大，成为坏账的可能性也就越高。如某个企业的应收账款欠款期在 3 个月内占 40%，3~6 个月的占 25%，6~12 个月的占 10%，一年以上的占 20%。通过账龄分析表，如果平均收款期开始延长或账龄分析表开始显示过期账户所占百分比逐渐增加，那么就必须采取相应措施，改善信用状况。一般来说，1 年以内的应收账款在企业正常信用期限范围内；1~2 年的应收账款虽属逾期，但也属正常；2~3 年的应收账款风险较大；而 3 年以上的应收账款通常回收的可能性极小。

在实践中，初创企业总有一部分应收账款由于种种原因不能及时收回，这就要求企业确定合理的催收程序和催收方法。

（三）成本控制

初创企业本身资金就比较少，更需要关注成本的节约和成本控制，通过成本控制可以节省企业资金，可以降低企业的经营成本，让利于消费者，从而获得市场竞争优势。

成本控制是从技术、生产、经营各个角度对产品成本的生产过程采用一定的标准进行经常的监督，发现问题，及时采取措施，对产品成本进行全面管理，以达到降低成本、求得最佳经济效益的目的。成本控制应该有计划、有重点地区别对待。各行各业不同企业有不同的控制重点。控制内容一般可以从成本形成过程和成本费用分类两个角度加以考虑。

成本控制内容主要有：

①产品设计成本、加工工艺成本、物资采购成本、生产组织方式、材料定额与劳动定额水平等。这些内容对成本的影响最大，基本上决定了产品的成本水平。

②员工工资成本，我们要结合企业实际，做好公司薪酬管理，提高员工工作效率，在不损害员工工作积极性的基础上，合理安排工作时间，控制好工作时间，提高劳动生产率。

③制造费用控制，应编制弹性预算，采取费用包干，归口负责。

④营销费用成本，包括产品包装、厂外运输、广告促销、销售机构开支和售后服务等费用。在新创企业发展初期，往往会存在营销费用过高，抵消了企业利润的问题，这需要企业做好定量分析和研究。

五、财务报表

作为大学生创业者，必须加强财务管理知识学习，首先要了解财务管理方面的基本法规和财务管理的相关基础知识，只有懂规则、懂专业知识才能有效进行财务管理，也可避免因不懂财务知识而造成财务决策上的重大失误。在企业经营实践中，银行贷款要看企业的现金流量表，税务局征税要看纳税申报表，投资人投资要看资产负债表和利润表，这些文件都需要企业负责人签字，企业负责人是企业财务工作最终的责任人。虽然财务机构的职员能很好地处理财务事项，但作为企业经营者，至少学会明白这些报表所代表的具体含义，并能够根据这些报表找出企业财务中存在的主要问题，并进行科学的决策，确保企业财务资金运行安全和稳健。在实践中最为常见的报表主要有资产负债表、利润表和现金流量表。

为了编制会计报表，新创企业应加强日常会计的核算，坚持按照国家相关规定的原则，如实反映企业财务状况和经营成果。在编制财务报表之前，要做好以下主要工作：

①检查是否把当期的经济业务登记完毕，整理和调整会计分录。

②账证、账账核对，保证账证相符、账账相符。

③清查财产，进行账实核对，保证账实相符。

④编制“工作底稿”，进行试算平衡。

⑤结账，计算各账户的借方发生额、贷方发生额和余额。

（一）资产负债表

1. 资产负债表的含义

资产负债表是反映企业某一特定日期（月末、季末、半年末、年末）财务状况的会计报表。

它是根据资产、负债和所有者权益三者之间的相互关系，按照一定的分类标准和顺序，对企业某一阶段工作进行数据汇总形成的报表。建立资产负债表的理论依据主要是“资产=负债+所有者权益”的平衡关系原理。

2. 资产负债表的作用

①编制资产负债表的目的就是提供企业以及与其股权上有联系的企业全部财务状况。据此进行企业生产经营能力和企业资产分布合理性的分析。

②资产负债表可以反映企业在特定日期所掌握的资产及分布状况，可以反映企业债权人和所有者各自的权益，了解权益的结构情况。

③通过对该表的分析，可以了解企业所承担的现有义务，据此分析出企业财务实力、短期偿债能力和支付能力，判断企业的财务风险。

④资产负债表是会计报表分析的主要信息来源，是创业者进行各项经营活动分析的基础。创业者可以通过资产负债表了解以下内容：企业所掌握的资源及其结构；企业在资产、负债的构成比例方面是否合理；所有者权益及其结构；企业的财务趋向；通过前后期资产负债表的对比，可以从企业资产、负债的结构变化中，分析企业经营管理工作的绩效；企业投资者可以通过资产负债表，考核创业者是否有效地利用了经济资源，是否使资本得到保值、增值，是否存在财务风险，从而对创业者或企业经营管理人员的经营业绩，以及财务管理情况进行考核评价。

3. 资产负债表的内容、构成及编制

表 7-1 给出了某公司 202× 年 12 月 31 日的资产负债表。

表 7-1　资产负债表

会企 01 表

编制单位：××公司　　　　202× 年 12 月 31 日　　　　单位：元

资　产	期末余额	年初余额	负债和所有者权益（或股东权益）	期末余额	年初余额
流动资产：			流动负债：		
货币资金	2 513 754. 50	1 256 000. 00	短期借款	2 800 000. 00	2 545 200. 00
交易性金融资产	150 000. 00	200 000. 00	交易性金融负债		
衍生金融资产			衍生金融负债		
应收票据	45 000. 00	20 000. 00	应付票据	23 000. 00	250 000. 00
应收账款	1 169 359. 00	420 000. 00	应付账款	250 000. 00	500 000. 00
应收款项融资			预收款项	0. 00	100 000. 00
预付款项	0. 00	80 000. 00	合同负债		
其他应收款	23 000. 00	5 000. 00	应付职工薪酬		
存货	1 834 139. 10	2 540 000. 00	应交税费	682 796. 54	254 000. 00
合同资产			其他应付款	1 023 008. 91	223 000. 00
持有待售资产			持有待售负债		
一年内到期的非流动资产			一年内到期的非流动负债		
其他流动资产			其他流动负债		
流动资产合计	5 735 252. 60	4 521 000. 00	流动负债合计	4 778 805. 45	3 872 200. 00
非流动资产：			非流动负债：		
债权投资	200 000. 00		长期借款	2 020 000. 00	4 000 000. 00
其他债权投资			应付债券		
长期应收款			其中：优先股		
长期股权投资			永续债		
其他权益工具投资			租赁负债		
其他非流动金融资产			长期应付款	100 000. 00	300 000. 00
投资性房地产			预计负债		
固定资产	10 342 947. 25	12 600 000. 00	递延收益		
在建工程			递延所得税负债	6 250. 00	
生产性生物资产			其他非流动负债		
油气资产			非流动负债合计	2 126 250. 00	4 300 000. 00
使用权资产			负债合计	6 905 055. 45	8 172 200. 00
无形资产	1 709 750. 00	1 080 000. 00	所有者权益（或股东权益）：		
开发支出			实收资本（或股本）	9 803 800. 00	9 803 800. 00

续表

资 产	期末余额	年初余额	负债和所有者权益（或股东权益）	期末余额	年初余额
商誉			其他权益工具		
长期待摊费用			其中：优先股		
递延所得税资产	2 500.00		永续债		
其他非流动资产			资本公积	50 000.00	50 000.00
非流动资产合计	12 255 197.25	13 680 000.00	减：库存股		
			其他综合收益		
			专项储备		
			盈余公积	321 285.50	26 250.00
			未分配利润	910 308.90	148 750.00
			所有者权益（或股东权益）合计	11 085 394.40	10 028 800.00
资产总计	17 990 449.85	18 201 000.00	负债和所有者权益（或股东权益）总计	17 990 449.85	18 201 000.00

通过观察表 7-1 可知：

①一张完整的资产负债表应由“表首”和“表体”两个部分组成。表首列示表名、编制单位、编制日期和货币计量单位四个要素。表体列示资产、负债、所有者权益项目，可采用两种格式，即报告式资产负债表和账户式资产负债表。

②资产负债表分为左、右两方。左方为资产，反映资产的分布和存在的形态；右方为权益，代表企业经济资源的所有权的内容及其构成，包括债权人权益（负债）和所有者权益。由于全部资产的所有权总是属于投资人和债权人的，所以资产负债表左方的总计和右方的总计始终保持平衡关系，即“资产总额=负债总额+所有者权益总额”。

③资产负债表左右两方内部项目的排列，严格区分为流动性项目与非流动性项目。其中，流动性项目是在一年或长于一年的一个营业周期内发生变化的资产和负债项目，非流动性项目是在一年以上可以实现或需要偿还的项目。

④左方资产内部各个项目按照各项资产的流动性的大小或实现能力的强弱来排列。流动性越大、变现能力越强的资产项目越往前排，流动性越小、变现能力越弱的资产项目越往后排。

⑤右方所有者权益内容各个项目按照各项目的稳定性程度或永久性程度排列。稳定性程度越好或永久性程度越好的实收资本和资本公积金项目越往前排，稳定性程度差或永久性程度差的盈余公积金和未分配利润项目则往后排。

⑥右方的权益项目包括负债和所有者权益两项，它们是按照权益的顺序排列的。由于企业的资产首先要用来偿还债务，所以负债是第一顺序的权益，具有优先偿还的特点，列于所有者权益之前；而所有者权益则属于剩余权益，列于负债之后。

⑦负债项目按照偿还期限的长短顺序进行排列，偿还期限短的列前，偿还期长的列后。

⑧资产负债表中的许多项目，都可以根据有关账户的期末余额直接填列。例如“短期借款”、“应付职工薪酬”、“实收资本”、“资本公积”、“盈余公积”等项目都是根据其总分类账户的期末余额直接填列的。

总体上说，资产负债表各项目的排列顺序，实质上是显示企业偿债能力的资料。左方资产项目是反映企业可以用于偿还债务的资产，越往上层的项目，其变化速度就越快。右方权益项目反映的是债权人及所有者的权益。这样，将左右双方对比，就可以揭示企业的偿债能力信息。

（二）利润表

1. 利润表的含义

利润表也叫损益表，是反映企业在一定期间的经营成果的财务报表，其编制的理论依据是“利润=收入-费用”这一恒等式。利润表主要包括：主营业务收入、主营业务成本、主营业务支出、税金及附加、销售费用、管理费用、财务费用、其他业务收入、其他业务支出、投资收益、营业外支出、营业外收入等，利润表是企业会计中的主要报表。

2. 利润表的作用

①它把一定时期的营业收入与同一会计期间的相关的费用相配比，计算出企业在该期间内的税后净利润。通过利润表可以考核企业利润计划的完成情况，分析企业的利润增减变化的原因，预测企业利润的发展趋势。

②结合资产负债表，企业在生产、经营、投资、筹资等各项活动中的管理效率和效益都可以从利润数额的增减变化中综合地表现出来，据此可以分析企业资产的营运状况，为投资者及企业管理者等提供信息。

③利润表还是考核管理者管理绩效的依据，也是企业进行利润分配的依据，以利于企业扩大经营规模，增大后期盈利的能力。

④利润表可用来分析企业的盈利水平，评估企业的获利能力，并预测企业未来的现金流量。

3. 利润表的内容、构成及编制

表 7-2 给出了某公司 202× 年度的利润表。

表 7-2　利润表

会企 02 表

编制单位：××公司　　202× 年度　　单位：元

项　目	本期金额	上期金额
一、营业收入	18 042 000. 00	17 600 000. 00
减：营业成本	10 463 354. 50	11 200 000. 00
税金及附加	1 680 439. 57	1 760 000. 00
销售费用	1 445 746. 00	1 700 000. 00
管理费用	781 634. 51	1 513 000. 00
研发费用	874 000. 00	576 000. 00
财务费用	269 780. 00	275 600. 00

续表

项　目	本期金额	上期金额
其中：利息费用	272 300.00	321 600.00
利息收入	5 200.00	79 000.00
加：其他收益		
投资收益（损失以“-”号填列）	18 000.00	
其中：对联营企业和合营企业的投资收益		
以摊余成本计量的金融资产终止确认收益（损失以“-”号填列）		
净敞口套期收益（损失以“-”号填列）		
公允价值变动收益（损失以“-”号填列）	30 000.00	
信用减值损失（损失以“-”号填列）	-27 841.00	-11 000.00
资产减值损失（损失以“-”号填列）		
资产处置收益（损失以“-”号填列）		
二、营业利润（亏损以“-”号填列）	2 547 204.42	564 400.00
加：营业外收入	260 000.00	320 000.00
减：营业外支出	173 000.00	679 100.00
三、利润总额（亏损总额以“-”号填列）	2 634 204.42	205 300.00
减：所得税费用	667 301.11	74 430.00
四、净利润（净亏损以“-”号填列）	1 966 903.31	130 870.00
（一）持续经营净利润（净亏损以“-”号填列）	1 966 903.31	130 870.00
（二）终止经营净利润（净亏损以“-”号填列）		
五、其他综合收益的税后净额		
（一）不能重分类进损益的其他综合收益		
1. 重新计量设定受益计划变动额		
2. 权益法下不能转损益的其他综合收益		
……		
（二）将重分类进损益的其他综合收益		
1. 权益法下可转损益的其他综合收益		
2. 其他债权投资公允价值变动		
……		
六、综合收益总额	1 966 903.31	130 870.00
七、每股收益		
（一）基本每股收益	0.20	0.01
（二）稀释每股收益	0.20	0.01

通过表 7-2 可以看出：

①一张完整的利润表在形式上分为表首和表体两部分内容。表首部分主要反映报表名称、报表编制单位名称、报表编制日期和货币计量单位四个要素，表体部分列示利润表的具体项目，即收入、费用和利润。

②利润表是按照企业利润的构成内容，分层次、分步骤地逐步计算编制而成的报表。它是根据经营活动与非经营活动对企业利润的贡献情况排列编制，通常分为以下几个步骤：

a. 计算营业利润，即以“营业收入”为基础，减去“营业成本”“税金及附加”“销售费用”“管理费用”“财务费用”“资产减值损失”，加上“公允价值变动收益”和“投资收益”，计算出利润总额，以反映企业营业利润的形成情况。

b. 计算利润总额，即以营业利润为基础，加上营业外收入，减去营业外支出，计算利润总额，以反映出企业利润总额的形成情况。

c. 以利润总额为基础，减去所得税，计算得出净利润，以反映出企业生产活动的最终财务成果的形成情况。

（三）现金流量表

1. 现金流量表的含义

现金流量表是以现金为基础编制的财务状况变动表，是反映一定会计期间内（如月度、季度或年度）企业经营活动、投资活动和筹资活动对其现金及现金等价物所产生影响的财务报表。它是一种动态报表。

2. 现金流量表的作用

①编制现金流量表的目的，就是提供企业在一定会计期间内现金流入和流出的信息，通过这些信息可以了解企业一定期间内现金流入和流出的原因。

②帮助投资者、债权人和其他报表使用者了解和评价企业获得现金的能力，并以此预测企业未来的现金流量。

③通过经营活动现金流量、投资活动现金流量和筹资活动现金流量，可分析企业资金变化的具体原因，为改善企业的资金管理指明方向。

3. 现金流量表的内容、构成及编制

表 7-3 所示为××公司 202× 年的现金流量表。

表 7-3 现金流量表

会企 03 表

编制单位：××公司　　202× 年度　　单位：元

项　目	本期金额	上期金额
一、经营活动产生的现金流量：		
销售商品、提供劳务收到的现金	20 160 460. 00	20 342 000. 00
收到的税费返还	0. 00	0. 00
收到其他与经营活动有关的现金	260 600. 00	330 000. 00
经营活动现金流入小计	20 421 060. 00	20 672 000. 00

续表

项　目	本期金额	上期金额
购买商品、接受劳务支付的现金	11 344 107. 50	13 584 070. 00
支付给职工以及为职工支付的现金	652 480. 00	550 000. 00
支付的各项税费	3 175 850. 00	2 893 430. 00
支付其他与经营活动有关的现金	2 184 318. 00	2 810 000. 00
经营活动现金流出小计	17 356 755. 50	19 837 500. 00
经营活动产生的现金流量净额	3 064 304. 50	834 500. 00
二、投资活动产生的现金流量：		
收回投资收到的现金	80 000. 00	400 000. 00
取得投资收益收到的现金	0. 00	0. 00
处置固定资产、无形资产和其他长期资产收回的现金净额	1 597 000. 00	870 900. 00
处置子公司及其他营业单位收到的现金净额	0. 00	0. 00
收到其他与投资活动有关的现金	0. 00	0. 00
投资活动现金流入小计	1 677 000. 00	1 270 900. 00
购建固定资产、无形资产和其他长期资产支付的现金	1 188 350. 00	1 200 000. 00
投资支付的现金	200 000. 00	0. 00
取得子公司及其他营业单位支付的现金净额	0. 00	0. 00
支付其他与投资活动有关的现金	0. 00	0. 00
投资活动现金流出小计	1 388 350. 00	1 200 000. 00
投资活动产生的现金流量净额	288 650. 00	70 900. 00
三、筹资活动产生的现金流量：		
吸收投资收到的现金	0. 00	0. 00
取得借款收到的现金	3 200 000. 00	1 200 000. 00
收到其他与筹资活动有关的现金	0. 00	0. 00
筹资活动现金流入小计	3 200 000. 00	1 200 000. 00
偿还债务支付的现金	4 945 200. 00	1 419 800. 00
分配股利、利润或偿付利息支付的现金	350 000. 00	285 600. 00
支付其他与筹资活动有关的现金	0. 00	0. 00
筹资活动现金流出小计	5 295 200. 00	1 705 400. 00
筹资活动产生的现金流量净额	-2 095 200. 00	-505 400. 00
四、汇率变动对现金的影响	0. 00	0. 00
五、现金及现金等价物净增加额	1 257 754. 50	400 000. 00

续表

项　目	本期金额	上期金额
加：期初现金及现金等价物余额	1 256 000.00	856 000.00
六、期末现金及现金等价物余额	2 513 754.50	1 256 000.00

通过表 7-3 可以看到，现金流量表主要来自三个方面：

①来自经营活动的现金流量：经营活动是指企业投资活动或者筹资活动以外所有交易和事项，反映公司为开展正常业务而引起的现金流入量、流出量和净流量，如商品销售收入、出口退税等增加现金流入量，购买原材料、支付税款和人员工资增加现金流出量等。经营活动产生的现金流量净额，指经营活动现金流入小计与经营活动现金流出小计之差。

②来自投资活动的现金流量：投资活动是指企业长期资产的构建和不包括在现金等价物范围内的投资及其处置活动，投资活动流入的现金包括收回投资收到的现金，取得投资收益收到的现金，处置固定资产、无形资产和其他长期资产收到的现金净额，处置子公司及其他营业单位收到的现金净额、收到其他与投资有关的现金等。

③来自筹资活动的现金流量：是指公司在筹集资金的过程中所引起的现金收支活动及结果，如分配股利或利润、偿付利息支付的现金、取得借款和归还借款等。

总之，现金流量表可以帮助创业者分析公司的变动能力和支付能力，预测企业的财务风险，进而科学评价企业的生存能力、发展能力和适应市场变化的能力。

项目实操

项目实操名称：新创企业的财务管理方案设计

[项目情景]

项目 7-3：新创企业的财务管理方案设计

项目目标：

设计一套适合新创企业的财务管理方案，帮助企业合理规划资金流动，保证企业正常运营，同时为企业的未来发展提供稳定的财务支持。

项目计划：

(1) 研究市场需求，了解新创企业财务管理的实际情况。

(2) 制定财务目标，包括资金规划、成本控制、收入增长等。

(3) 设计财务组织架构，包括人员配置、部门职责等。

(4) 制定财务制度，包括预算管理、成本管理、费用管理、收支管理等。

(5) 制定投资决策制度，包括资产管理、投资决策、风险管理等。

(6) 制定税务策略，包括税务合规、税务优惠等。

(7) 制订融资计划，包括资金来源、融资渠道等。

(8) 制定财务报告和分析，包括月度、季度、年度财务报表和分析。

项目成果：

（1）一套适合新创企业的财务管理方案，包括财务组织架构、财务制度、投资决策制度、税务策略、融资计划和财务报告和分析。

（2）完整的实施措施，包括人员配置、职责分工、流程规范等。

（3）财务管理实践，帮助企业规范财务流程，优化资金使用效率，为企业发展提供坚实的财务基础。

［实操任务］

根据所学知识，完成新创企业财务管理方案设计。

第三节　营销管理

一、市场营销概述

（一）市场营销的定义

国内外学者对市场营销的定义有上百种，企业界对营销的理解更是各有千秋。美国学者基恩·凯洛斯曾将各种市场营销定义分为三类：一是将市场营销看作一种为消费者服务的理论；二是强调市场营销是对社会现象的一种认识；三是认为市场营销是通过销售渠道把生产企业同市场联系起来的过程。这从一个侧面反映了市场营销的复杂性。

实际上，伴随营销理论与实践的不断创新，营销的概念在不同时期有不同的主流表述，基本上每十年都有一些巨大的变化，总会有新的想法、新的理念出现。如美国市场营销协会（American Marketing Association）在1960年的定义是"市场营销是引导货物和劳务从生产者流转到达消费者或用户所进行的一切企业活动"；到1985年，该定义则变为"市场营销是个人和组织对理念（或主意、计策）、货物和劳务的构想、定价、促销和分销的计划与执行过程，以创造达到个人和组织的目标交换"；2007年该协会公布市场营销的新定义是"市场营销是创造、传播、传递和交换对顾客、客户、合作者和整个社会有价值的市场供应物的一种活动、制度和过程"；2013年再次更新为，市场营销就是创造、沟通、交付和交换对顾客、客户、合作伙伴以及社会有价值的市场供应物的活动、系列制度和过程。

著名营销学家菲利普·科特勒认为，市场营销可以区分其管理定义和社会定义。市场营销管理的定义是："选择目标市场并通过创造、传递和传播卓越顾客价值，来获取、维持和增加顾客的艺术和科学。"而市场营销的社会定义则是："市场营销是一个社会过程，在这个过程中，个人和团体可以通过创造、提供和与他人自由交换有价值的产品与服务来获得他们的所需所求。"不同时期对于市场营销的经典理论如图7-1所示。

根据上述定义，我们可以将市场营销的定义归纳为：通过创造和交换产品价值，从而使个人或群体满足欲望和需要的社会过程和管理过程，简而言之，市场营销就是为目标市场创造、沟通和交付价值。其要点主要包括：

①市场营销的基本目标是“获取、维持和增加顾客”。

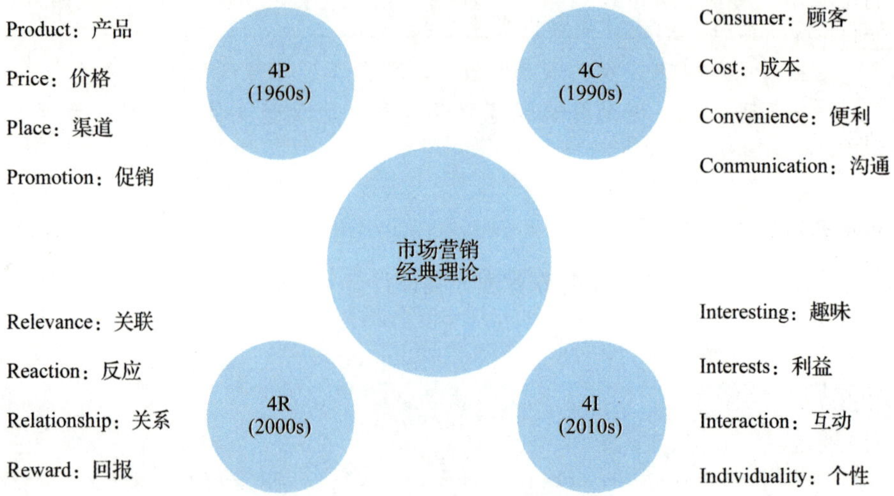

图 7-1　不同时期的市场营销经典理论

②“交换”是市场营销的核心。市场营销的基本业务就是为了实现交换，不断地“创造、传递和传播”卓越的顾客价值和管理顾客关系。

③交换过程能否高效地顺利进行，取决于营销者创造的产品和价值满足顾客需求的程度，以及对交换过程管理的水平。

（二）市场营销的核心概念

1. 需要、欲望和需求

人类需要是市场营销的基石。所谓需要，是指人们与生俱来的基本要求。如为了生存与发展，人们会有吃、穿、住、安全、归属、受人尊重和自我实现等需要。这些需要存在于人类自身生理和社会之中，且不能凭空创造，市场营销者可用不同方式去满足它。

欲望是指想得到上述需要的具体满足品的愿望，是个人受不同文化及社会环境影响表现出来的对需要的特定追求。如为满足“解渴”的生理需要，人们可能选择（追求）喝开水、茶、汽水、果汁或者矿泉水。市场营销者虽无法创造需要，但可以影响欲望，并通过创造、开发及销售特定的产品和服务来满足欲望。

需求是指人们有支付能力并愿意购买某个具体产品的欲望。在营销者看来，需求就是对某特定产品及服务的市场需求。

优秀的公司总是通过各种方式深入地了解顾客的欲望和需求，并据以制定自己的营销策略。它们认真研究顾客行为和偏好，分析有关用户调查、产品保证与服务等方面的数据，观察对比本公司产品及竞争产品的顾客，以了解他们的喜好，培训销售人员以使他们能发现尚未满足的欲望。近些年来，在大数据经济和数字化零售的背景下，很多企业都在积极进行数字化转型和数字化管理，而正确理解消费者需求和消费动机更是数字化转型的基础和前提。

2. 市场细分、目标市场和定位

不同人群的需求往往是不同的。消费者市场细分的标准通常包括：地理因素、人口统计因素、心理因素和行为因素。市场营销者需要通过识别人口、心理和行为差异来区分不同的

细分市场，然后选择进入具有最大机会的目标市场。对每一个目标市场，营销人员都要开发一种产品（服务），在目标客户心中建立能够提供某些关键利益的定位。市场定位的战略包括产品差别化战略、服务差别化战略、人员差别化战略、形象差别化战略和促销方式差别化战略五种常见的类型。

3. 产品和服务

在营销学中，产品特指能够满足人的需要和欲望的任何事物，其价值在于它给人们带来对欲望的满足。人们购买轿车不是为了得到一种机械，而是要得到它所提供的交通服务。产品实际上只是获得服务的载体，这种载体可以是有形物品，也可以是不可触摸的、无形的"服务"，如人员、地点、活动、组织和观念。当人们心情烦闷时，为满足轻松解脱的需要，可以去参加音乐会听歌手演唱（人员），可以到风景区旅游（地点），可以参加校友聚会（活动），可以参加消费者假日俱乐部（组织），也可以参加研讨会接受一种不同的价值观（观念）。市场营销者必须清醒地认识到，其创造的产品或服务不管形态如何，如果不能满足人们的需要和欲望，就必然会失败。

4. 效用、费用和满足

效用是消费者对产品满足其需要的整体能力的评价。消费者通常根据这种对产品价值的主观评价和支付的费用来做出购买决定。如某人为解决其每天上班的交通需要，他会对可能满足这种需要的产品选择组合（如自行车、摩托车、汽车、出租车等）和他的需要组合（如速度、安全、方便、舒适、节约等）进行综合评价，以决定哪一种产品能提供最大的总满足。假如他主要对速度和舒适感兴趣，也许会考虑购买汽车。但是，汽车购买与使用的费用要比自行车高许多。若购买汽车，他必须放弃用其有限收入可购置的许多其他产品（服务）。因此，他将全面衡量产品的费用和效用，选择购买能使每一元花费带来最大效用的产品。

5. 交换、交易和关系

交换是指从他人处取得所需之物，而以自己的某种东西作为回报的行为。交换是市场营销的核心概念，营销的全部内容都包含在交换概念之中。交易是交换的基本组成单位，是交换双方之间的价值交换。交换是一种过程，在这个过程中，如果双方达成一项协议，我们就称为发生了交易。交易通常有两种方式：一是货币交易，如甲支付800元给商店而得到一台微波炉；二是非货币交易，包括以物易物、以服务易服务的交易等。

建立在交易基础上的营销可称为交易营销。为使企业获得较之交易营销所得到的更多，就需要关系营销。关系营销是营销者与有价值的顾客、分销商、零售商、供应商以及广告代理、科研机构等建立、保持并加强长期的合作关系，通过互利交换及共同履行诺言，使各方实现各自目的的营销方式。与顾客建立长期合作关系是关系营销的核心内容。同各方保持良好的关系要靠长期承诺和提供优质产品、良好服务和公平价格，以及加强经济、技术和社会各方面联系来实现。关系营销可以节约交易的时间和成本，其营销宗旨从追求每一次交易利润最大化转向与顾客和其他关联方共同长期利益最大化，即实现"双赢"或"多赢"。企业建立起这种以战略结盟为特征的高效营销网络，也就使竞争模式由原来单个公司之间的竞争，转变为整个网络团队之间的竞争。

6. 市场营销与市场营销者

在交换双方中，如果一方比另一方更主动、更积极地寻求交换，我们就将前者称为市场营销者，后者称为潜在顾客。换句话说，所谓市场营销者，是指希望从别人那里取得资源并愿意以某种有价值的东西作为交换的人。市场营销者可以是卖方，也可以是买方。当买卖双方都表现积极时，我们就把双方都称为市场营销者，并将这种情况称为相互市场营销。

（三）市场营销与企业职能

在市场经济体系中，企业存在的价值在于它能不断提供合适的产品和服务，有效地满足他人（顾客）需要。因此，"现代管理学之父"彼得·德鲁克指出："顾客是企业得以生存的基础，企业的目的是创造顾客，任何组织若没有营销或营销只是其业务的一部分，则不能称为企业。"市场营销和创新，这是企业的两个功能。其中，营销是企业与众不同的独一无二的职能。这是因为：

①企业作为交换体系中的一个成员，必须以对方（顾客）的存在为前提。没有顾客，就没有企业。

②顾客决定企业的本质。只有顾客愿意花钱购买产品和服务，才能使企业资源变成财富。企业生产什么产品并不重要，顾客对他们所购物品的感受与价值判断才是最重要的。顾客的这些感觉、判断及购买行为，决定着企业命运。

③企业最显著、最独特的功能是市场营销。企业的其他职能，如生产、财务、人事职能，只有在实现市场营销职能的情况下，才是有意义的。因此，市场营销不仅以其"创造产品或服务的市场"标准将企业与其他组织区分开来，而且不断促使企业将营销观念贯彻于每一个部门。

不同时期市场营销的重点有所变化，如图 7-2 所示。

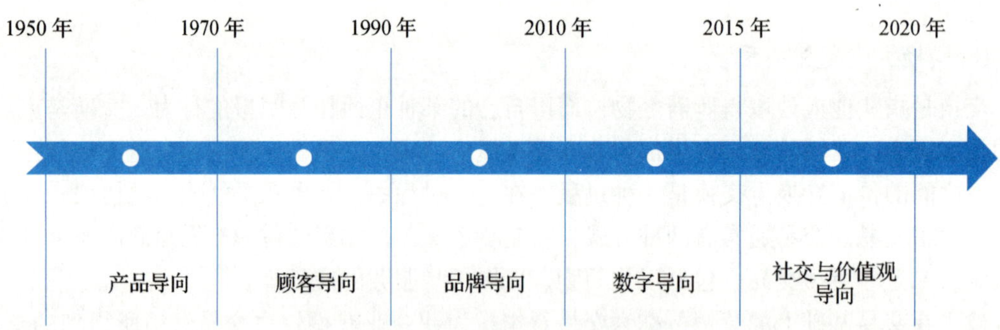

图 7-2　不同时期市场营销重点的变化

二、营销管理概述

（一）营销管理的含义

营销管理（Marketing Management）是指企业选择目标市场，通过创造、传播和传递优质的顾客价值，建立和发展与目标市场之间的互利交换关系而进行的分析、计划、执行与控制过程。它的基本任务就是通过营销调研、计划、执行与控制来管理目标市场的需求水平、时机和构成，以达到企业目标。所以，我们将营销管理看成是选择目标市场并通过创造、传递和传播卓越顾客价值，来获取、维持和增加顾客的艺术和科学。为了保证营销管理任务的实现，营销管理者必须对目标市场、市场定位、产品开发、定价、分销、信息沟通与促销做出系统决策。市场营销管理的一般过程如图 7-3 所示。

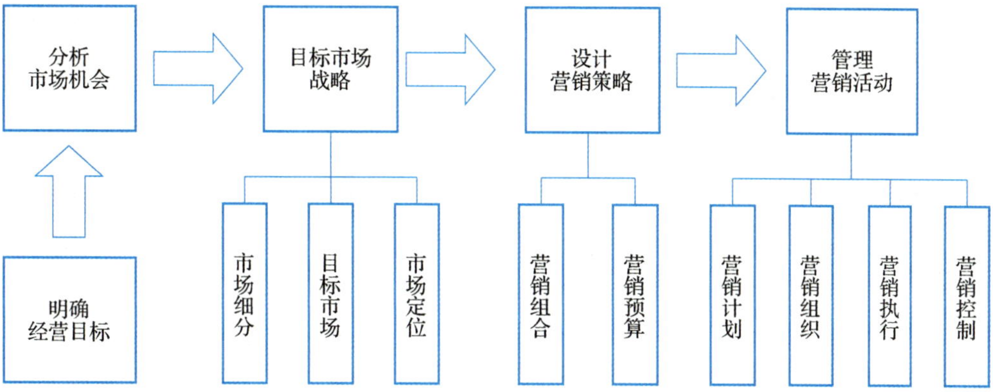

图 7-3　市场营销管理的一般过程

营销管理的本质是需求管理。在现实生活中，企业市场营销管理的任务会随着目标市场的不同需求状况而有所不同。企业的管理者通常需要应付各种不同的需求状况，调整相应的营销管理任务。常见的需求状况主要有以下几方面。

1. 负需求

负需求即多数人不喜欢，甚至愿意花一定代价来回避某种产品（如防疫注射、高胆固醇食品等）的需求状况。对负需求市场，营销管理的任务是“改变营销”，即通过重新设计产品、降低价格和更积极促销等手段，来改变市场的信念和态度，将负面需求转变为正面需求。

2. 无需求

无需求即目标市场对产品（如陌生产品，与传统、习惯相抵触的产品，废旧物资等）缺乏兴趣或漠不关心的需求状况。对无需求市场，营销管理的任务就是设法把产品的好处和人与社会的需要、兴趣联系起来。

3. 潜伏需求

潜伏需求即现有产品或劳务尚未满足的隐而不现的需求状况，如人们对无害香烟和癌症特效药品的需求。对潜伏需求，营销管理的任务就是致力于市场营销研究和新产品开发，有效地满足这些需求。

4. 下降需求

下降需求即市场对一个或几个产品的需求呈下降趋势的情况。营销管理者要分析需求衰退的原因，通过开辟新的目标市场、改变产品特性，或采用更有效的促销手段来重新刺激需求，扭转其下降趋势。

5. 不规则需求

不规则需求即市场对某些产品（服务）的需求在不同季节，甚至一天的不同时段呈现出很大波动的状况，如对旅游宾馆、公园、公共汽车、博物馆等服务需求。市场营销管理者要通过灵活定价、大力促销及其他刺激手段来改变供求的时间模式，努力使供需在时间上协调一致。

6. 充分需求

充分需求即某种产品或服务的需求水平和时间与预期相一致的需求状况。这时，营销管理的任务是密切关注消费者偏好的变化和竞争状况，经常测量顾客满意程度，不断提高产品质量，设法保持现有的需求水平。

7. 过度需求

过度需求即某产品（服务）的市场需求超过企业所能供给或愿意供给水平的需求状况。对此，营销管理的任务是实施“低营销”，通过提高价格，合理分销产品，减少服务和促销等手段，暂时或永久地降低市场需求水平。

8. 不健康需求

不健康需求即市场对某些有害物品或服务如毒品、赌具、色情书刊和音像等的需求。对不健康需求，营销管理的任务是“反市场营销”，运用宏观营销从道德和法律手段加以约束或杜绝。

由于顾客是需求的载体，市场营销管理实际上也是顾客关系管理。建立和维系与顾客的互惠关系，是市场营销管理的基本目标。在传统营销中，企业往往更注重新顾客的开发管理，以争夺更高的市场占有率。随着市场环境的变化，越来越多的企业已将营销管理的焦点转移到与有价值的老顾客建立长期互惠关系上，从而追求更高的顾客占有率。

（二）营销管理演进的四种范型

随着环境变迁和营销实践的发展，营销管理出现下列四种范型。

1. 交易营销

该阶段的营销管理以交易为中心，以销售活动为主，追求销售额增长，关注发展新顾客。

2. 关系营销

该阶段的营销管理以顾客关系为中心，追求留住顾客、多次成交和更持续的生意关系，最关注的是顾客满意度。

3. 价值营销

该阶段的营销管理以品牌价值为中心，追求获得更高顾客资产和品牌资产，注重深入挖掘顾客价值。

4. 价值网营销

该阶段的营销管理以网络和价值网络为中心，关注利用外部资源的引入和网络效应来提高营销管理的效能和效率。价值网营销有两个分支：一是以互联网驱动的互联网营销；二是合作共赢驱动的营销。以顾客价值为中心的合作网络突破了单一公司的资源局限，建立起跨公司、跨行业的联盟，从而争取到共同分享的更大的顾客资产和市场。

三、营销管理观念的发展与演变

随着社会经济的发展、市场环境的变迁，以及企业经营经验的积累，营销管理哲学观念发生了深刻变化。这种变化的基本轨迹是由企业利益导向逐渐转变为顾客利益导向，再发展到社会利益导向。我们可以将企业市场营销管理哲学观念的演变划分为生产观念、产品观念、推销（销售）观念、市场营销观念和全方位营销观念五个阶段，前三个阶段的观念一般称为旧观念，是以企业为中心的观念；后两个阶段的观念是现代市场营销观念，可分别称为顾客（市场）导向观念和全方位（社会）营销导向观念。

（一）以企业为中心的观念

以企业为中心的市场营销管理观念，就是以企业利益为根本导向和最高目标来实施营销行为的观念。它包括以下几种。

1. 生产观念

生产观念是最古老的营销管理观念。生产观念认为，消费者总是接受任何他能买到的价格低廉的产品。因此，企业应当致力于提高生产效率，实现低成本和大众分销。持生产观念的企业的典型口号是："我们生产什么，就卖什么。"

生产观念在西方盛行于19世纪末20世纪初。当时，资本主义国家处于工业化初期，市场需求旺盛，整个社会产品供应能力则相对不足。企业只要扩大生产价廉物美的产品，就能盈利，而不必过多关注市场需求差异。在这种情况下，生产观念为众多企业所接受。

除了物资短缺、产品供不应求的情况之外，还有一种情况也会导致企业奉行生产观念。这就是某种具有良好市场前景的产品，技术含量和生产成本很高，必须通过提高生产率、降低成本来扩大市场。

生产观念是一种重生产、轻市场的观念。在物资紧缺的年代也许能"创造辉煌"，但随着生产的发展、供求形势的变化，这种观念必然使企业陷入困境。

2. 产品观念

产品观念认为，消费者最喜欢高质量、高性能和具有某些特色的产品。因此，企业管理的核心是致力于生产优质产品，并不断精益求精。

持产品观念的公司假设购买者欣赏精心制作的产品，相信他们能鉴别产品的质量和功能，并愿意出较高价格购买质量上乘的产品。这些公司的经理人员常迷恋自己生产的产品，而不太关注市场是否欢迎。他们在设计产品时只依赖工程技术人员而极少让消费者介入。

产品观念和生产观念几乎在同一时期流行。与生产观念一样，产品观念也是典型的"以产定销"观念。由于过分重视产品而忽视顾客需求，这两种观念最终将导致"营销近视症"。

3. 推销观念

推销观念（或销售观念）认为，消费者通常有一种购买惰性或抗衡心理，若顺其自然，消费者就不会大量购买本企业的产品，因而营销管理的中心是积极销售和大力推广。执行推销观念的企业，称为推销导向企业。其口号是："我们卖什么，就让人们买什么。"

推销观念盛行于20世纪三四十年代。在这一时期，由于西方各国科学管理和大规模生产盛行，因此商品产量迅速增加，整个市场供过于求，卖主之间的市场竞争日益激烈。1929年爆发的严重经济危机，前后历时5年，堆积如山的货物卖不出去，市场极度萧条，这种现实使许多企业家认识到，企业不能只顾生产，即使有物美价廉的产品，也要努力推销才能保证被人购买。在推销观念指导下，企业相信产品是"卖出去的"，而不是"被买去的"。他们致力于产品的推广和广告活动，进行无孔不入的促销信息“轰炸”，以求说服甚至强制消费者购买。与前两种观念一样，推销观念也是建立在以企业为中心，“以产定销”，而不是满足消费者真正需要的基础上的。

（二）以消费者为中心的观念（市场营销观念）

以消费者为中心的观念，又称市场营销观念，是现代营销学的基本观念。这种观念认为，企业的一切计划与策略应以消费者为中心，正确确定目标市场的需要与欲望，比竞争者更有效地满足顾客需求。

市场营销观念形成于 20 世纪 50 年代。第二次世界大战后，随着第三次科学技术革命的兴起，西方各国企业更加重视研究和开发，大量军工企业转向民品生产，社会产品供应量迅速增加，市场竞争进一步激化。同时，西方各国政府相继推行高福利、高工资、高消费政策，社会经济环境也出现快速变化。消费者有较多的可支配收入和闲暇时间，对生活质量的要求提高，消费需要变得更加多样化，购买选择更为精明，要求也更为苛刻。这种形势迫使企业改变以卖方为中心的思维方式，转向以顾客为中心。该理念认为，实现企业目标的关键是：比竞争对手更有效地为其选定的目标市场创造、交付和传播顾客价值，更好地满足目标顾客的需要。

执行市场营销观念的企业，称为市场导向企业。坚持“顾客需要什么，我们就生产供应什么”经营理念，将和顾客交换价值作为企业获利之道。它要求企业贯彻“顾客至上”的原则，将营销管理重心放在首先发现和了解“外部”的目标顾客需要，然后再协调企业活动并千方百计去满足它，使顾客满意，从而实现企业目标。因此，企业在决定其生产、经营时，必须进行市场调研，根据市场需求及企业本身的条件，选择目标市场，组织生产经营。其产品设计、生产、定价、分销和促销活动，都要以消费者需求为出发点。产品销售出去之后，还要了解消费者的意见，据以改进自己的营销工作，最大限度地提高顾客满意程度。总之，市场营销观念根据“消费者主权论”，相信决定生产什么产品的主权不在于生产者，也不在于政府，而在于消费者，因而将过去“一切从企业出发”的旧观念，转变为“一切从顾客出发”的新观念，即企业的一切活动都围绕满足消费者需要来进行。

推销观念和市场营销观念的对比如图 7-4 所示。

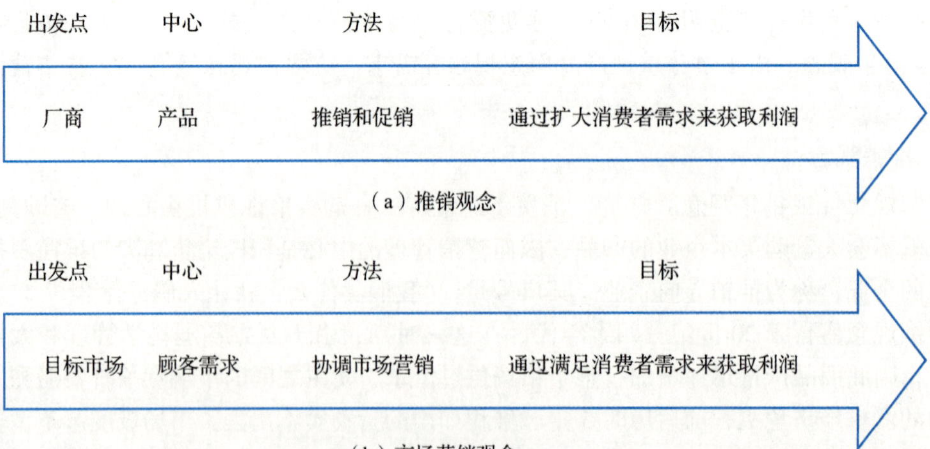

图 7-4　推销观念和市场营销观念的对比

（三）社会营销观念（全方位营销观念）

从20世纪70年代起，随着经济全球化、相关群体利益多元化、环境破坏、资源短缺、人口爆炸、通货膨胀和忽视社会服务等问题日益突出，要求企业顾及消费者和利益相关者的整体与长远利益，即社会整体利益的呼声越来越高。在西方市场营销学界提出了一系列新的观念，如人类观念、理智消费观念、生态准则观念、绩效营销观念等。其共同点是认为企业生产经营不仅要考虑消费者需要，而且要考虑消费者、利益相关者和整个社会的长远利益。这类观念可统称为社会营销观念。

社会营销观念也称全方位营销观念，该观念认为，所有事物都与营销相关，企业和组织应该以对营销项目、过程和活动的开发、设计及实施的范围和相关关系的了解为基础，实施更加整体化、更具一致性的策略，以维护与增进顾客和社会的福利。社会营销主要包括关系营销、整合营销、内部营销和绩效营销四个部分。其中，关系营销要求企业与重要团体——顾客、供应商、分销商和其他营销伙伴建立长期、互惠的满意关系，形成营销网络，以获得并保持长期的业绩和业务。整合营销要求通过设计营销活动并整合营销项目，使为顾客创造、传播和传递价值的能力最大化。内部营销要求成功地雇用、培训和激励有能力的员工，使之更好地为顾客服务。绩效营销要求审视营销获得的商业回报，并更广泛地关注营销对法律、伦理、社会和环境的影响和效应。

社会营销观念是对市场营销观念的深化与发展。市场营销观念的中心是满足消费者的需求，进而实现企业的利润目标。但往往出现这样的现象，即在满足个人需求时，与社会公众的利益发生矛盾，企业的营销努力可能不自觉地造成社会的损失。市场营销观念虽也强调消费者的利益，不过它认为谋求消费者的利益必须符合企业的利润目标，当两者发生冲突时，保障企业的利润要放在第一位。社会营销观念则强调，要以实现消费者满意以及企业内外经营者和社会公众的长期福利作为企业的根本目的与责任。理想的市场营销决策应同时考虑到：消费者的需求与愿望、消费者和社会的长远利益、企业及其营销伙伴的营销效益。

四、营销管理的主要内容

（一）制定营销战略与营销计划

营销战略为品牌、产品或公司的发展提供方向和工作重点指导。企业市场营销部门根据战略规划，在综合考虑外部市场机会及内部资源状况等因素的基础上，确定目标市场，选择相应的市场营销策略组合，并予以有效实施和控制，一般包括战略思想、战略目标、战略行动、战略重点和战略阶段等内容。

营销计划是指导和协调营销活动的核心工具。它主要从战略和战术两个层次进行操作，含对计划期内的营销方案和资金配置的战术性指导，是总结营销者对市场的认识并表明公司计划如何实现营销目标的书面文本，其主要内容包括环境分析、营销战略和策略、财务预测、实施控制四个方面。战略营销计划主要是确立目标市场和公司的价值主张。战术营销计划主要是制定特定的营销战术，包括产品特色、促销、销售规范、定价、销售渠道和服务以及完整的营销计划、实施和控制的过程。

（二）捕获营销洞见

1. 信息收集与需求预测

识别市场的变化是企业营销人员的主要职责。企业现代营销信息系统一般包括内部信息（内部环境）与营销信息（外部环境）两个部分。内部信息是营销管理者通过订单、销售、价格、成本、库存水平、应收账款和应付账款等内部报告来发现重要的市场机会并识别潜在的问题，是为营销管理人员提供结果性数据，而营销信息系统则为管理人员提供企业所处的营销环境中即时发生的动态数据。

企业的营销环境分为宏观环境和微观环境两个部分。微观环境指与企业紧密相连，直接影响与制约企业营销能力的外界力量和因素，多半与企业具有或多或少的经济联系，也称直接营销环境，又称作业环境，包括市场营销渠道企业、顾客、社会公众以及竞争者。宏观环境指影响微观环境及企业营销活动的一系列巨大的社会力量和自然环境因素，主要有人口、经济、政治、科学技术、社会文化、法律及自然生态等因素。宏观环境一般以微观环境为媒介去影响和制约企业的营销活动，故被称作间接营销环境，在特定场合，也可直接影响企业的营销活动。宏观环境因素与微观环境因素共同构成多因素、多层次、多变化的企业市场营销环境的综合体，如图 7-5 所示。

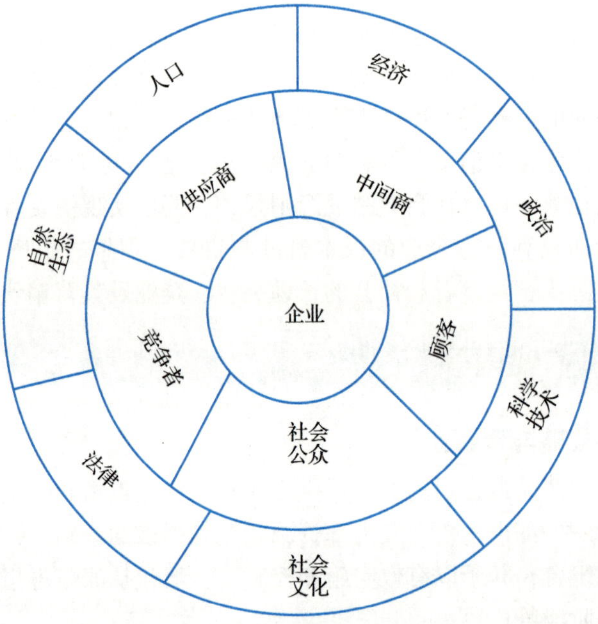

图 7-5　企业市场营销环境

2. 实施营销调研

企业通过营销调研去识别与界定营销机会与问题，提出、提炼和评估营销行动，监督营销绩效。当今，大数据信息的使用在帮助人们生活便捷的过程中发挥着越来越关键的作用，正引领着各个行业的革新和结构升级，市场营销领域也是如此。利用大数据，企业可以对用户数据进行汇总集合分析，了解用户浏览界面时的偏好和需求，有针对性地提供商品和服务。

企业可以自己实施营销调研，也可以外包给专业公司。好的营销调研具有如下特征：方法科学、创意新颖、形式多样、模型准确、本利分析、合理的怀疑态度与遵守道德规范。营销调研的过程包括界定营销问题和调研内容、制订调研计划、收集信息、分析信息、向管理层展示调研结果、制定决策。

在调研工作中，公司必须决定是自己收集资料还是使用现有资料。公司必须决定使用哪一种调研方法（观察法、焦点小组访谈法、调查法、行为资料分析法或实验法）和哪一种调研工具（调查表或设备）。另外，公司还必须决定抽样计划和访问方式（邮寄、电话、面访或在线）。

（三）与顾客建立连接

1. 创造长期顾客忠诚

相信顾客是公司唯一“利润中心”的管理者们认为，图 7-6（a）中的传统组织结构图已经过时。该传统组织结构图呈金字塔形，高层管理处于顶端，中层管理人员在中间，而一线员工和顾客处于底端。成功的营销公司将传统组织结构图倒转过来，变成图 7-6（b）。在该图当中，顶端变成了顾客，其次重要的是那些接触、服务和满足顾客的一线员工，之后是支持一线员工工作以更好地服务顾客的那些中层管理人员，而最底端才是雇用并支持优秀中层管理人员的那些高层管理人员。我们也在图 7-6（b）的两侧加上了“顾客”，表明每一层级的管理者都必须亲自了解、接触并服务顾客。将顾客置于顶端的商业模式，始终将顾客利益代言作为企业的战略和竞争优势，利用较高的顾客满意度转化为其对企业或品牌的忠诚度。

随着数字技术的发展，日益消息灵通的顾客对公司的期望不再局限于与顾客联系、让顾客满意、让顾客惊喜，他们期望公司能够倾听并回应他们的意见。

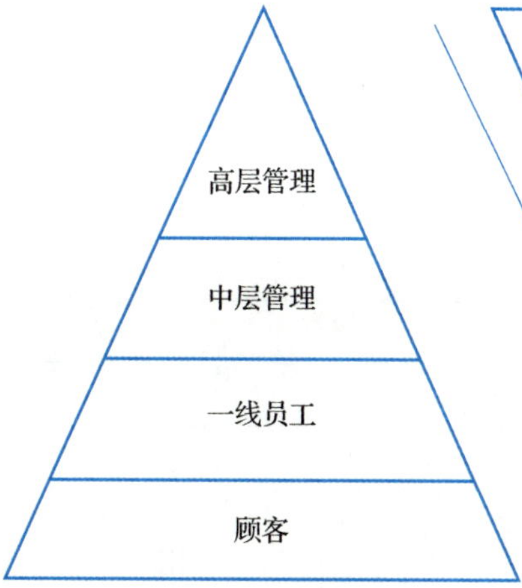

（a）传统组织结构图

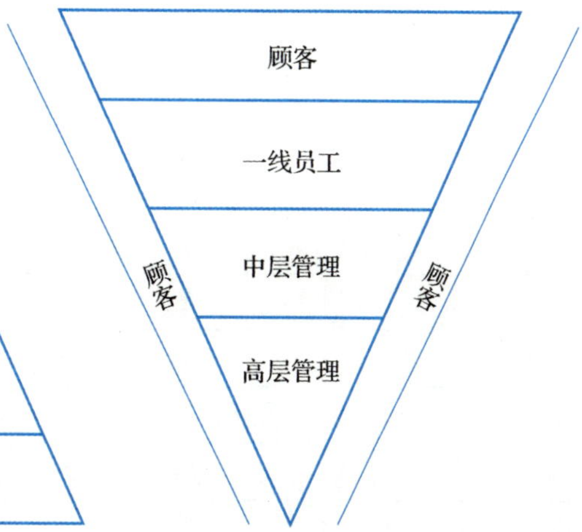

（b）现代顾客导向的组织结构图

图 7-6　传统组织结构和现代顾客导向组织结构的对比

2. 分析消费者市场

消费者行为受到三种因素的影响：文化因素（文化、亚文化和社会阶层）、社会因素（相关群体、家庭和社会角色与地位）和个人因素（年龄、生命周期阶段、职业、经济状况、生活方式、个性和自我概念）。研究这些因素为更有效地赢得顾客和服务消费者提供了线索。影响消费者行为的四个主要心理过程是动机、感知、学习和记忆。为了理解消费者实际上怎样做出购买决策，营销人员必须识别是谁做出购买决策、谁会影响购买决策。人们可以是发起者、影响者、决策者、购买者或使用者，对不同类型的人应当采用不同的营销方式。消费者购买决策过程五阶段模式如图 7-7 所示。

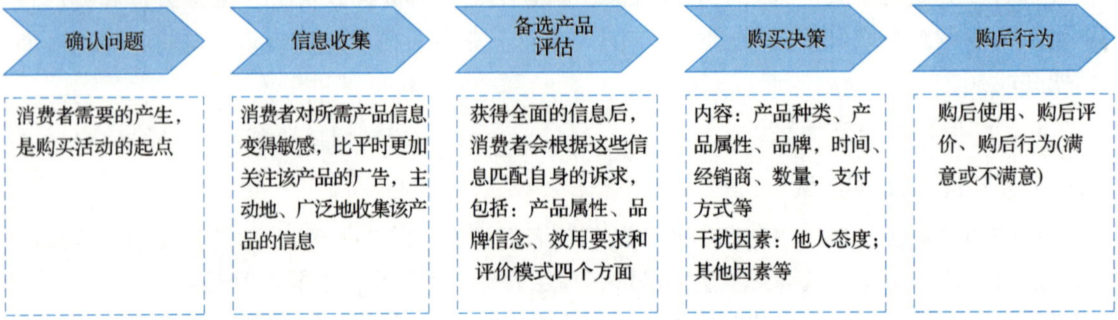

图 7-7　消费者购买决策过程五阶段模式

3. 分析组织市场

组织市场指工商企业为从事生产、销售等业务活动以及政府部门和非营利组织为履行职责而购买产品和服务所构成的市场。简言之，组织市场是以某种正规组织为购买单位的购买者所构成的市场，与消费者市场相对应。

从理论上说，组织用户完整的购买过程可分为八个阶段，但是具体过程依不同的购买类型和购买方式而定，直接重购和修正重购可能跳过某些阶段，新购则会完整地经历各个阶段。单个或少量商品购买决策过程可能比较简单，而大宗商品购买、系统购买的决策过程可能比较复杂，如表 7-4 所示。

表 7-4　组织用户购买决策过程

购买阶段	购买类型		
	新购	修正重购	直接重购
1. 问题识别	是	可能	否
2. 总需要说明	是	可能	否
3. 明确产品规格	是	是	是
4. 物色供应商	是	可能	否
5. 征求供应建议书	是	可能	否
6. 选择供应商	是	可能	否
7. 签订合同	是	可能	否
8. 绩效评价	是	是	是

（四）创建强势品牌

品牌的有益作用可从多个方面来透视。除了有利于市场监控、有利于维系市场运行秩序以外，品牌对营销企业、对消费者乃至对国家都有不同的作用。

1. 品牌对营销者的重要作用

对从事市场营销活动的企业来说，品牌的有益作用主要表现在以下几方面：第一，品牌有助于促进产品销售，树立企业形象；第二，品牌有利于保护品牌所有者的合法权益；第三，品牌有利于约束企业的不良行为；第四，品牌有助于扩大产品组合。此外，品牌还有利于企业实施市场细分战略，不同的品牌对应不同的目标市场，针对性强，利于进占、拓展各细分市场。

2. 品牌给消费者带来的益处

第一，品牌便于消费者辨认、识别所需商品，有助于消费者选购商品；第二，品牌有利于维护消费者利益；第三，品牌有利于促进产品改良，有益于消费者。

3. 品牌有益于提升国家竞争力

企业是经济发展的主体。实践证明，有国际竞争力的企业（即拥有强势品牌的企业）的数量多少，很大程度上决定一个国家的经济发展水平，也决定一个国家的经济竞争能力。

当今的经济环境下，任何一个企业不可能在广泛或多样的市场中与所有顾客都建立联系。现代企业在创建品牌方面更需要学会识别细分市场，以便能够有效地为消费者服务。这一决策要求它们深入了解消费者行为，仔细思考如何做到与众不同。正确识别和满足细分市场通常是创建品牌及其营销活动成功的关键。

（五）创造价值

一个品牌成功的背后必定会有与市场需求高度匹配的产品和服务的支撑。市场领导者通常出售能提供卓越顾客价值的高品质产品和服务。正如华为品牌的迅速崛起，绝大部分是因为它对产品和服务质量的不懈追求。

1. 制定产品战略

营销学中对产品的定义是任何一种能被提供来满足市场欲望或需要的东西，包括有形物品、服务、体验、事件、人物、地点、财产、组织、信息和想法等。产品是营销组合中首要也是最重要的因素。产品战略要求对产品组合、产品线、品牌、包装和标签等制定协调的决策。在规划市场供应物时，营销人员需要全面思考产品的五个层次：核心利益、基本产品、期望产品、附加产品和潜在产品。潜在产品包括产品可能最终经历的所有的增加和转变。

2. 服务的设计和管理

随着公司发现要在实体产品方面做到与竞争者的差异化是一件越来越难的事情，它们转而开始实施服务差异化，例如更准时地送货，更好、更快地回应顾客的咨询，或者更快地处理投诉问题。顶级服务企业十分了解这些优势的重要性，也清楚如何创造令人印象深刻的顾客体验。

3. 新产品研发

新产品的研发塑造着公司的未来。产品和服务的改进和更新能保持或者增加销售量。世界性的新产品和新服务则可以改变产业的发展趋势、整个企业的命运，甚至改变人们的生活方式。一旦公司完成了市场细分，选择了它的目标顾客群体，识别出他们的需求，确定了所希望的市场定位，它就准备开发和推出合适的新产品和服务。新产品的研发一般包括八个阶段：创意产生、创意筛选、概念开发和测试、营销战略制定、商业分析、产品开发、市场测试和商业化。

4. 制定定价策略

价格是市场营销组合的一个元素，也传达了公司预期的产品或品牌的价值定位。但是定价策略是复杂的，必须考虑许多因素：公司、顾客、竞争者和营销环境。全方位营销人员知道他们的定价也必须符合公司的营销策略、目标市场与品牌定位。

（六）传递价值

要成功地创造价值就要成功地传递价值。企业的价值网络包括供应商的上游供应商和经销商的下游顾客。当前电子商务（即网上销售）和移动商务（通过移动电话和平板电脑进行销售）等科技媒介正在改变消费者的购物方式和零售商的销售方式。

1. 设计和管理整合营销渠道

大多数生产者并非将其产品直接出售给最终顾客，在生产者和最终顾客之间有一系列的营销中间机构执行不同的功能。这些中间机构共同组成了营销渠道。一般来说，营销渠道是一整套相互依存的组织，这些组织促使最终顾客能顺利地使用或消费产品及服务。它们是产品或服务在生产环节后所经历的一系列途径，以被最终使用者购买并消费而告终。

2. 管理批发、零售和物流

零售是将商品或服务直接卖给最终消费者，满足其个人和非商业用途。零售商主要分为，店面零售、无店面零售和零售组织。其主要形式有：专营店、百货商店、超市、便利店、折扣店、特价零售店、大卖场等。

批发是将产品或服务卖给那些以转卖或其他商业用途为目的的组织的活动。批发商的主要功能包括：销售和提升销售、化整为零、仓储、产品运输、融资、承担风险、传递市场信息，以及提供管理和咨询服务等。

和所有营销者一样，无论是批发商还是零售商都必须制订自己的营销方案，包括决定目标市场、渠道、产品组合、采购、定价、服务、商店氛围、商店活动和体验、传播以及店铺选址。此外，实际产品和服务的制造商必须决定市场物流策略，即选择最佳方式储存商品和服务并将其运送到市场目的地，协调供货商、代理购买商、制造商、营销人员、渠道成员和客户间的关系。信息技术的进步可以提高物流效率，进而带来更多好处。

（七）传播价值

营销传播是指公司试图用来直接或间接向消费者告知、说服和提醒有关其销售的产品和品牌相关信息的方法。某种意义上，营销传播代表着公司及其品牌的声音，它们是公司建立与消费者对话和联系的工具。营销传播组合包括以下八种主要的传播模式。

1. 广告

特定赞助商采用付费形式，通过印刷媒体（报纸和杂志）、广播媒体（无线电和电视）、网络媒体（电话、有线电视、卫星）、电子媒体（智能手机、平板电脑、移动电子设备），以及户外媒体（广告牌、招牌、海报）等，对观念、产品或服务进行的非人员展示和推广。

2. 促销

多种短期激励工具的组合，鼓励消费者试用或购买某一产品或服务，包括消费者促销（如样品、优惠券和赠品）、中间商促销（如广告和陈列折让），以及销售人员促销（销售代表竞争）。

3. 事件和体验

公司赞助的活动和项目，旨在创造品牌与消费者之间的某种特定联系，包括体育、艺术、娱乐、公益事件以及一些非正式的活动。

4. 公共关系和宣传

针对公司内部员工或外部消费者、其他公司、政府及媒体，用来推广、保护公司形象或其个别产品的各种方案。

5. 在线和社交媒体营销

旨在吸引消费者或潜在客户、直接或间接提高关注度、提升品牌形象，以及推动产品和服务销量的各种在线活动和项目。

6. 移动营销

一种特殊的在线营销形式，即通过消费者的移动电话、智能手机或平板电脑进行营销传播。

7. 直复营销和数据库营销

利用邮件、电话、传真或互联网向特定顾客或潜在客户进行营销传播，或是得到他们的回复。

8. 人员推销

以展示、答疑和获得订单为目标，与一个或多个潜在购买者进行的面对面交流。

（八）执行营销计划

1. 有效实施计划的注意事项

（1）有明确的行动方案。

战略和计划的有效实施，要有详细、具体的行动方案，以帮助理解和明晰营销计划的关键性环境、项目和措施，正确地把任务、责任落实到个人、团队或部门。

（2）需要调整组织结构。

组织结构应该与任务、责任相一致，与自身的特点、环境相适应，根据战略和计划适时调整、优化组织结构。

（3）要有完善的规章制度。

必须明确与计划有关的环节、岗位和人员的责权利，明确具体要求和奖惩措施，建章立制进行约束和管理。

（4）注意协调关键流程。

为了有效实施战略和计划，尤其是相关机构、人员在大目标下协调一致，需要界定相互之间的工作关系，构建作业流程，保障操作层面相互配合。

2. 影响计划实施的常见问题和原因

（1）计划脱离实际。

计划通常由专业计划人员负责制订，基层人员具体操作和执行。专业计划人员可能更多考虑的是总体方向和原则，疏于关注过程和实施细节，使得计划较为笼统和形式化；计划人员可能了解现实中的具体问题不够，导致营销计划偏离实际；计划人员和基层操作人员交流不足，后者不能很好地理解需要执行的计划，最终导致计划人员和基层人员对立，互不信任。所以，制订计划不能只靠专业计划人员，也可由他们联系基层人员一起讨论、制订。基层人员比计划人员更了解实际情况，将他们纳入计划管理过程，有助于营销计划的制订和实施。

（2）长期目标和短期目标的矛盾。

计划常常涉及长期目标，但企业对具体执行计划的人员可能是依据短期的绩效，如销量、市场份额或利润等进行评估和奖励，导致他们常常选择目光短浅的行为。要注意解决这一矛盾，设法求得两者之间的平衡。

（3）因循守旧的惰性。

一般来说，新战略、新计划如果不符合传统和思维习惯，就容易遭到抵制。新旧战略和计划之间差异越大，实施中阻力也越大。要推动与原来思路截然不同的计划，常常需要打破传统组织结构和流程，甚至重建管理体制。

（4）缺乏具体、明确的行动方案。

有些计划之所以失败，是因为没有切实可行的具体方案，缺乏促使各部门、各环节协调一致、共同出力的依据。

五、电子商务环境下的营销管理

近年来，我国电子商务的迅猛发展不仅为企业带来了新的发展契机，同时也对企业营销产生了重大的冲击和挑战。电子商务下的营销有其新的特点：全球性、共享性、专业性、高效性、针对性等。在电子商务环境下，传统的营销管理发生了巨大的变化，这些变化表现在以下几个方面。

（一）改变传统的营销方式

传统营销依赖层层严密的渠道，辅助以大量人力和宣传投入来争夺市场，不仅费时费力而且成本高。在网络时代，由于网络与新兴传播媒介的广泛普及，企业可以将商务活动的范围扩大到全球。

（二）改变企业竞争形态

通过开展电子商务，网络上信息的公开性使得市场竞争更为公平，产业界限也将变得更为模糊，大企业不仅面临同行中小企业的竞争，同行企业也面临着其他行业企业的竞争，因此，如何顺应潮流，采取相应策略再创竞争优势，已是企业经营面临的一大挑战。

（三）改变企业的生产方式

传统的生产方式中企业采取的多是流水线、统一操作和组织分工的形式，注重的目标是产值、速度和质量的提升，可是进入电子商务环境中这样的生产方式不仅不能满足消费者的需求，同时也使企业的整体经济效益得不到保障。

（四）改变人们传统的消费习惯

在电子商务条件下，每个消费者获得信息的速度和内容都比以往要快得多、多得多，因此他们求新求变的愿望也就越发强烈，随着新技术的不断产生，产品的升级换代也不断加快，消费者对企业产品和服务的要求也就日新月异。

（五）改变市场营销环境

电子商务使消费者购买行为日趋个性化，生产者对市场机会的反应更加敏捷，生产者与消费者直接交易的可能性在增加，中间商的作用将被削弱。

（六）改变企业的营销策略

以舒尔茨教授为首的营销学者从顾客角度提出的新的营销理论4C组合：顾客（Customer）、成本（Cost）、便利性（Convenience）、营销沟通（Communication）对电子商务运作下的市场营销有着重要的指导意义。在这一理论背景下，企业能清楚地了解每个顾客个性化的需求，从而更好地制定出相应的精准营销策略。

第四节　品牌塑造

一、品牌的含义与特征

（一）品牌的含义

不同的学者站在不同的视角对品牌概述的定义也有所不同。美国市场营销协会（AMA）将品牌定义为："一个名称、术语、标志、符号或设计，或者是它们的结合体，以识别某个销售商或某一群销售商的产品或服务，使其与它们的竞争者的产品或服务区别开来。"

在市场营销学中，品牌就实质来说，它代表着企业对交付给顾客的产品特征、利益和服务的一贯性的承诺，久负盛名的品牌就是优良质量的保证。不仅如此，品牌还是一个更为复杂的符号，蕴含着丰富的市场信息。为了深刻揭示品牌的含义，还须从以下六个方面透视。

1. 属性

品牌代表着特定的商品属性，这是品牌最基本的含义。例如，奔驰牌汽车意味着工艺精湛、制造优良、昂贵、耐用、信誉好、声誉高等。这些属性是奔驰生产经营者广为宣传的重要内容。

2. 利益

品牌不仅代表着一系列属性，而且还体现着某种特定的利益。顾客购买商品的实质是购买某种利益，这就需要将属性转化为功能性或情感性利益。或者说，品牌利益相当程度地受制于品牌属性。就奔驰而言，"工艺精湛、制造优良"的属性可转化为"安全"这种功能性和情感性利益；"昂贵"的属性可转化为情感性利益，"这车令人羡慕，让我感觉到自己很重要并受人尊重"；"耐用"属性可转化为功能性利益，"多年内我不需要买新车"。

3. 价值

品牌体现了生产者的某些价值感。例如，奔驰代表着高绩效、安全、声望等。品牌的价值感客观要求企业营销者必须分辨出对这些价值感兴趣的购买者群体。

4. 文化

品牌还附着特定的文化。从奔驰汽车给人们带来的利益等方面来看，奔驰品牌蕴含着“有组织、高效率和高品质”的德国文化。

5. 个性

品牌也反映一定的个性。如果品牌是一个人、一种动物或一个物体，那么，不同的品牌会使人们产生不同的品牌个性联想。奔驰会让人想到一位严谨的老板、一只勇猛的雄狮或一座庄严质朴的宫殿。

6. 用户

品牌暗示了购买或使用产品的消费者类型。

一个企业最有价值的无形资产之一就是其品牌，而管理品牌价值亦是营销者的责任。企业塑造一个强势品牌既是一门艺术，也是一门科学，其核心是向市场提供优质的产品或服务。它要求认真的计划、长期深入的承诺以及创造性的设计和执行营销活动。图 7-8 显示了品牌运营的全过程。

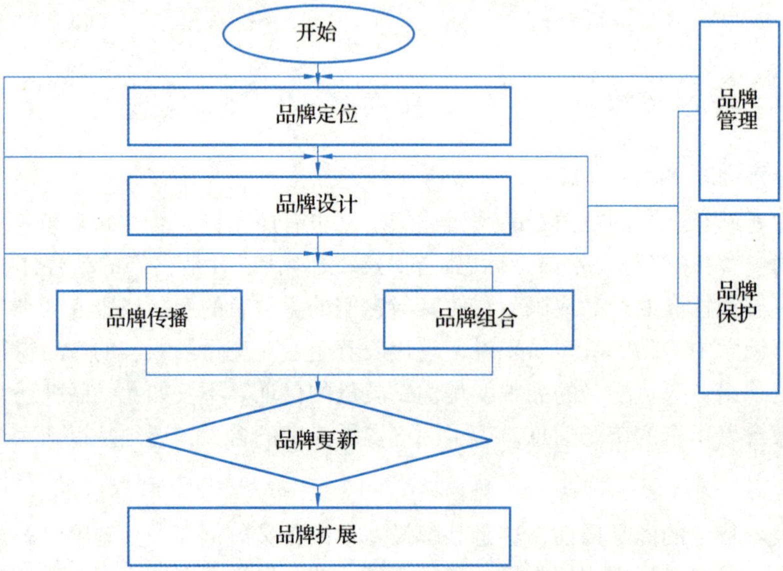

图 7-8　品牌运营过程

（二）品牌的特征

1. 导向性

品牌是以消费者为中心的。在对品牌概念的认识上，普遍存在一种误区，把品牌当作企业自己的东西，忽略消费者的作用。

2. 无形性

品牌是企业的一种无形资产。品牌是有价值的，品牌的拥有者凭借品牌能够不断获取利润，但品牌价值是无形的，它不像企业的其他有形资产直接体现在资产负债上。品牌价值有时已超过企业有形资产的价值。

3. 排他专有性

品牌排他专有性是指产品一经企业注册或申请专利等，其他企业便不得再用。一件产品可以被竞争者模仿，但品牌却是独一无二的。

4. 表象性

品牌是企业的无形资产，不具有独立的实体，不占有空间，但它最原始的目的就是让人们通过一个比较容易记忆的形式来记住某一产品或企业。因此，品牌必须有物质载体，需要通过一系列的物质载体来表现自己，使品牌形式化。品牌的直接载体主要是文字、图案和符号，间接载体主要有产品质量、产品服务、知名度、美誉度、市场占有率。没有物质载体，品牌就无法表现出来，更不可能达到品牌的整体传播效果。

5. 风险及不确定性

品牌创立后，在其成长的过程中，由于市场的不断变化、需求的不断提高，企业的品牌资本可能壮大，也可能缩小，甚至在竞争中退出市场。因此，品牌的成长存在一定的风险，对其评估也存在难度。品牌的风险，有时是由于企业的产品质量出现意外，有时是由于服务不过关导致。

二、品牌资产的构成

品牌资产是一种超过商品或服务本身利益以外的价值。它通过为消费者和企业提供附加利益来体现其价值，并与某一特定的品牌紧密联系着。若某种品牌给消费者提供的超过商品或服务本身以外的附加利益越多，则该品牌对消费者的吸引力就越大，从而品牌资产价值也就越高。如果该品牌的名称或标志发生变更，则附着在该品牌上的财产也将部分或全部丧失。品牌资产的构成主要体现在以下五个方面。

1. 品牌知名度

品牌知名度（Brand Awareness）就是指品牌为消费者所知晓的程度，故也称品牌知晓度。对某一个特定的品牌来说，品牌知名度反映了消费者总体中有多少或多大比例的消费者知晓它。可见，品牌知名度反映的是品牌的影响范围或品牌的影响广度。

品牌知名度有益于提高品牌影响力，也有益于抑制竞争品牌知名度。品牌知名度的高低，直接影响着消费者对品牌的态度，并在此基础上不仅影响消费者的购买选择，而且还会抑制竞争品牌知名度的提高。这是因为，一方面，在过度传播的时代，人脑对信息的吸纳能力是有限的，有较大选择性的能够形成长时记忆的信息更是有限的；另一方面，人脑在吸纳信息的过程中，对同种信息而言，还有先入为主的特性。

品牌知名度是通过富有成效的宣传来提升的，而品牌知名度就可以用品牌再识率和品牌回忆率来衡量。前者反映的是消费者总体中知悉该品牌的数量及其比例，而后者则反映消费者总体有多少或多大比例的消费者在只提示产品领域的情况下就能够回忆起该品牌。

2. 品牌忠诚度

品牌忠诚度（Brand Loyalty）作为消费者对某一品牌偏爱程度的衡量指标，它反映了对该品牌的信任和依赖程度。一般来说，忠诚度越高的品牌，顾客对其重复购买行为发生的次数越多。

品牌忠诚的价值具体表现在这样几方面：其一是降低营销费用。如果消费者对某品牌持有偏好，形成了品牌忠诚，有较高的信任度和依赖性，进而经常购买该品牌产品，就会使品牌拥有者节省广告等促销费用。其二是易于吸引消费者，扩大市场规模。品牌忠诚度高，表明企业的生产经营活动得到了顾客的认可。顾客的连续重复性购买也是一种富有诱导性的示范，口碑甚佳又使老顾客成了义务宣传员。这些都是消费者群体扩大的重要而又十分有效的条件。

3. 品牌联想

对品牌而言，不同的品牌会使消费者在脑海中产生不同的联想（Brand Association），进而形成不同的品牌印象。不难想象，提及华为，消费者可能就会想起：手机、国货、科技、创新等。这种品牌联想所形成的对品牌的印象最终将成为消费者选择品牌的重要依据。因此，品牌联想成为品牌资产的构成要素。

提及一个品牌，通常会让消费者联想到其产品特征、消费者利益、竞争对手等，其联想内容因品牌不同而各异。消费者通过对不同品牌产生不同的联想，使品牌间的差异得以显露。广告宣传等传播品牌的主要目的就是试图使消费者“产生联想—产生差别化认知—产生好感—产生购买欲望”。同时，由于绝大部分联想会想到消费者利益或与此关联，而这又是消费者购买与放弃购买的依据或缘由。所以，品牌联想能提供消费者选购的理由。此外，可以利用“品牌次级联想”的杠杆作用建立品牌资产，即“借”用人物、地点、事件等将品牌与那些可以把意义传递给消费者的记忆中的其他信息联系起来，从而创建品牌资产。

4. 品质形象

品牌的品质形象（Perceived Quality）是指消费者对某一品牌的总体质量感受或在品质上的整体印象。不言而喻，品牌品质形象相当程度地影响品牌的市场声誉，进而影响品牌或产品的获利能力。

（1）品牌的品质形象不同于产品的实际质量。

品牌的品质形象以品牌标定下的产品的实际质量为基础，但两者又并非完全等同。一方面，品牌的品质形象依赖于该品牌标定下的产品的功能、特点、耐用性、产品外观和销售服务能力等影响产品质量的各有关因素；另一方面，品牌品质形象作为消费者对品牌在质量上的整体感知，它并非必然与产品的实际质量不可分割。

（2）品牌的品质形象是企业实实在在努力的结果。

品牌品质形象形成的过程中，企业是主角。正是企业积极主动的营销，使得企业的品牌相关信息触及了消费者的心灵，并存留在消费者的头脑里、记忆中。也可以说，品牌的品质形象的形成反映了企业在品质方面所做的承诺以及企业为兑现这种承诺所做的各种努力。

5. 其他资产

作为品牌资产的重要组成部分，这些被称为附着在品牌之上的其他资产是指那些与品牌密切相关的、对品牌的增值能力有重大影响的、不易准确归类的特殊资产，一般包括专利、专有技术、分销渠道等。例如，可口可乐公司津津乐道的令其感到自豪的配方即是一种专有技术，是一种品牌资产。正是对其神秘化的宣传，使“可口可乐”品牌具有了无可比拟的价值。

上述品牌资产的五个方面，具体到某一个特定的品牌时，有时并非均衡的。有的品牌知名度很高，但在消费者心目中产生的联想却不一定十分理想；有的品牌虽能激起一种独特的或美好的联想，但其品质形象可能并不尽如人意；等等。

三、品牌塑造的内涵

一个品牌的塑造过程，虽然离不开企业营销方案和其他活动来推动，但是不可否认的一点是：品牌最终还是存在于消费者的心智中。它是一种根植于现实中的感知实体，但是反映的是消费者的感知和习性。

品牌化是赋予产品或服务以品牌力量的过程。它的本质就是创建产品之间的差异。营销者需要通过赋予名称以及其他识别元素教会消费者产品是“谁”、它是干什么的、消费者为什么要在乎它。品牌化创建了一种心理结构，帮助消费者组织有关产品和服务的知识，在某种程度上明确他们的决策，在这个过程中为公司创造了价值。

（一）品牌认知

品牌认知与消费者记忆中对品牌储存的信息和概念的强度有关，它反映了顾客在不同情况下辨认该品牌的能力。在建立品牌资产的阶段中，品牌认知是必需的，但并不充分。另一些需要考虑的事项，如品牌形象等，也经常参与其中。

如何创建品牌认知？从理论上说，品牌认知是通过不断展示从而提高品牌熟悉程度来创建的。也就是说，消费者通过看、听、想对品牌的了解越多，品牌在记忆中就会越牢固。因此，可以使消费者体验到品牌名称、符号、商标、特点、包装或者标语（包括广告与促销、赞助与事件营销、宣传与公共关系以及户外广告）的任何要素，都能提高人们对品牌元素的熟悉程度及其知名度。

（二）品牌形象

品牌形象一直被认为是营销中一个非常重要的概念。尽管对于如何测量品牌形象并没有统一的观点，但是一个普遍接受的观点是，品牌形象可以被定义为顾客对品牌的感知，它反映为顾客记忆中关于该品牌的联想。换言之，品牌联想是记忆中与品牌信息相关联的其他信息节点，它包含顾客心目中的品牌含义。品牌联想有不同的形式，也会随着不同的顾客群体而发生变化，有时甚至表现出非常大的差异，它或者反映产品本身的性能，或者与产品本身的特点无关。

积极的品牌形象是通过营销活动将强有力的、偏好的、独特的联想与记忆中的品牌联系起来而建立的。品牌联想可以是品牌属性，也可以是品牌利益。品牌属性是指那些赋予产品或服务以特征的说明，品牌利益是指消费者赋予产品或服务的个人价值观和含义。

（三）品牌定位

1. 市场细分、目标市场选择与定位

定位是设计公司的产品和形象以在目标市场的心智中占据一个独特位置的营销行为。目标是要将品牌留在消费者的心中，形成与竞争者之间的差异化，以实现公司的整体营销目标。

品牌定位是指设计企业的产品服务以及形象，从而在目标顾客的印象中占据独特的价值地位，即在目标顾客群的心智中找到合适的“位置”。品牌定位是建立在市场细分、目标市

场选择和市场定位基础之上的一项重要营销管理行为和过程。即企业首先需要在市场中发现有不同的需求和群体，并以更优的方式满足之。其次，确定目标市场，最后定位它的产品和服务，使得目标市场认知并认可公司独特的产品和形象。品牌定位不仅要清晰明确，还需要遵循从消费者出发、体现产品或服务的优点、凸显竞争优势三个方面的标准。

定位的结果之一就是成功地创立以顾客为基础的价值主张，确定产品或服务的竞争性质。即为什么目标市场应该购买这种产品或服务的一个令人信服的理由。表 7-5 呈现了四家企业这些年来在既定的目标顾客中所定义的价值主张。

表 7-5　不同品牌向消费者定义的价值主张

品牌及其产品	目标顾客	主要价值主张
Apple（手机）	收入中高端的年轻消费者	科技
OPPO（手机）	追求时尚、注重手机外观和拍照功能的年轻消费者	时尚
长城哈弗（SUV 汽车）	追求驾驶性能和通过性能的消费者	性能
Volvo（沃尔沃汽车）	较注重汽车安全性的中高端消费者	安全

2. 竞争特性

当决定以哪类消费者作为目标市场时，通常也就决定了竞争的特性，原因是，其他企业在过去或未来也会将这类消费者作为目标市场，或者是这类消费者在购买决策中会注意到其他品牌。当然，竞争还会出现在其他方面，如分销渠道。进行竞争分析时要考虑很多因素，包括资源、能力、其他公司的可能动向等，以确定为哪一个市场的消费者提供服务能够得到最大的利润。

在当今，企业品牌建设过程中需要格外注意的是间接竞争。许多企业的营销管理者在定义竞争时有时过于狭窄，即使一个品牌在其品类或行业中没有面临直接的竞争，也不和其他品牌共享与产品有关的品质属性，但是越来越多的案例告诉我们，竞争的本质只会发生在利益层次，而不是属性层次。比如，一个教育类软件的生产商可能间接地和其他所有的教育、娱乐产品形成竞争，如图书、电视机和杂志等。正因为如此，竞争战略规划中，企业最好多思考其产品的差异点。

3. 品牌共同点和差异点联想

除了选择目标市场，品牌定位过程中，共同点和差异点联想（本品牌和竞争品牌的相似性与差异性）的提炼和设计对品牌定位而言也是很重要的工具。

共同点联想是那些不一定为品牌所独有而实际上可能与其他品牌共享的联想。这些联想的指向大都为品牌商品的物质属性。比如，当前新能源汽车的提速快、经济性、环保性等就是所有新能源汽车品牌的共同点联想。这些属性联想构成了消费者对一个品类的最基本认知。

另一方面，差异点联想的是消费者与品牌相关联的基本属性和利益，消费者对这些属性和利益具有积极、正面的评价，并且相信竞争者品牌无法达到相同的程度。差异点可能有多种不同类型，可能是来自产品或服务的某个功能，如电动剃须刀的方便快捷性能、汽车驾驶辅助功能提供的安全性等，也可能是基于消费者的某些常见的心理，如购买奢侈品的消费者彰显地位形象的心理等。但无论是哪种途径提炼出的差异点，通常都是基于消费者利益进行定义的，这些利益通常具有重要的“利益点”或让消费者发生购买行为的信服理由，提炼的途径通常来自企业产品或服务的独特的销售主张和情感销售主张。

一般而言，一个企业只有先在产品的大类中建立起品类共同点联想，才有可能逐步引入构建起品牌差异点联想，以建立品牌在市场中的竞争优势。

（四）品牌传播

品牌传播又称品牌推广，是指在品牌定位的基础上将品牌信息传递给消费者，实现品牌价值的一种传播行为。品牌传播元素、传播手段、传播媒介、传播对象是品牌传播的核心构成要素。常见的品牌传播的方式包括。

1. 广告传播

广告作为一种主要的品牌传播手段，是指品牌所有者以付费方式，委托广告经营部门通过传播媒介，对目标受众所进行的以品牌名称、标志等为内容的宣传活动。对品牌而言，广告是最重要的传播方式，有人甚至认为：品牌=产品+广告，由此可见广告对于品牌传播的重要性。

2. 公关传播

公关传播其实比较复杂，需要巧妙创新运用新闻点，塑造组织的形象和知名度。树立企业的正面形象，帮助企业在公众心目中取得心理上的认同，也是品牌传播中较难的步骤。

3. 促销传播（销售传播）

促销传播，我们每天的生活中都在接触，诸如领券、满减、大转盘活动抽券。我们既是受众，也可以成为策划者。这样的传播方式，往往能够直接激发起顾客的购买欲，从而达到宣传品牌的作用。

4. 人际传播

人际传播的作用就是让公众了解和认识品牌及企业，并形成对企业的印象和评价。人际传播是形成品牌美誉度的重要途径，在品牌传播的方式中，人际传播最易为消费者接受。

四、品牌塑造的原则

企业进行品牌设计的目的是将品牌个性化为品牌形象，为了更好地实现这一目标，在进行品牌方案设计和实施时，应遵循下列原则。

（一）全面兼顾的原则

企业导入品牌战略，会涉及企业的方方面面，因此，品牌设计必须从企业内外环境、内容结构、组织实施、传播媒介等方面综合考虑，以利于全面贯彻落实。具体而言，品牌设计要适应企业内外环境，符合企业的长远发展战略，在实施时具体措施要配套合理，以免因为某一环节的失误影响到全局。

（二）以消费者为中心的原则

品牌设计的目的是表现品牌形象，只有为公众所接受和认可，设计才是成功的，否则，即便说得天花乱坠也没有意义。要坚持以消费者为中心，企业就需要做到：

①进行准确的市场定位，对目标市场不了解，品牌设计就是无的放矢。

②努力满足消费者的需要，消费者的需要是企业一切活动包括品牌设计的出发点和归宿。

③尊重风俗，风俗是一种已形成的定式，它既是企业品牌设计的障碍，也是企业品牌设计的机会。

④正确引导消费者的观念，以消费者为中心并不表示一切都迎合消费者的需要，企业应坚持自我原则，科学合理地引导消费者的观念。

（三）实事求是的原则

品牌设计要立足于企业的现实条件，按照品牌定位的目标市场和品牌形象的传播要求来进行。品牌设计要对外展示企业的竞争优势，坚持实事求是的原则，不隐瞒问题、不回避矛盾，努力把真实的企业形态展现给公众，不但不会降低企业的声誉，反而更有利于树立起真实可靠的企业形象。

（四）求异创新的原则

求异创新就是要塑造独特的企业文化和个性鲜明的企业形象。为此，品牌设计必须有创新，发掘企业独特的文化观念，设计不同凡响的视觉标志，运用新颖别致的实施手段。

（五）经济效益和社会效益兼顾的原则

企业作为社会经济组织，在追求经济效益的同时，也要努力实现良好的社会效益，做到两者兼顾，这是一切企业活动必须坚持的原则，也是品牌设计中要充分体现的原则。

五、品牌创建的步骤

根据美国品牌专家凯文·莱恩·凯勒在其著作《战略品牌管理》中的品牌共鸣模型，如图 7-9 所示，将创建一个优势品牌的过程分为四个阶段：品牌识别、品牌含义、品牌响应与品牌关系。其中的每一阶段都是基于前一步成功实现之上的。这四个步骤也相应体现了消费者普遍关心的四个问题，即什么品牌（品牌识别或品牌形象）、有什么用途（品牌含义）、对该品牌印象或感觉如何（品牌响应）以及我和该品牌的关系如何（品牌关系）。

也就是说，只有在建立品牌识别之后，才可考虑品牌含义；而只有在确定正确的品牌含义之后，才可能有品牌响应；也只有在引导适当的品牌响应之后，才可能建立品牌关系。即当品牌处于金字塔塔尖时，才能产生具有深远价值的品牌资产。

（一）品牌识别

品牌塑造的首要目标是建立突出性或知名度，让受众可以一眼识别。这不仅是指消费者对品牌的认知程度，还包括他们对品牌信息的回忆程度。建设这一层的作用是确保顾客能对品牌产生正确的认知。在这个阶段，品牌管理者需要做的是：

①明确定义品牌。对品牌的错误认知可能会吸引错误的市场受众，或者将品牌与其他类似的品牌混淆。

②确保消费者始终可以接触到品牌。

③发挥创意。品牌的特征就是强调品牌的突出点。仅拥有品牌曝光率只是其一，它更需要强调自己的突出程度，是与其他品牌不一样的。

（二）品牌含义

一般而言，品牌的内涵可以分为理性方面和感性方面。

理性方面被称为“产品功效”，这是品牌满足消费者需求的最基本方式。它是衡量产品

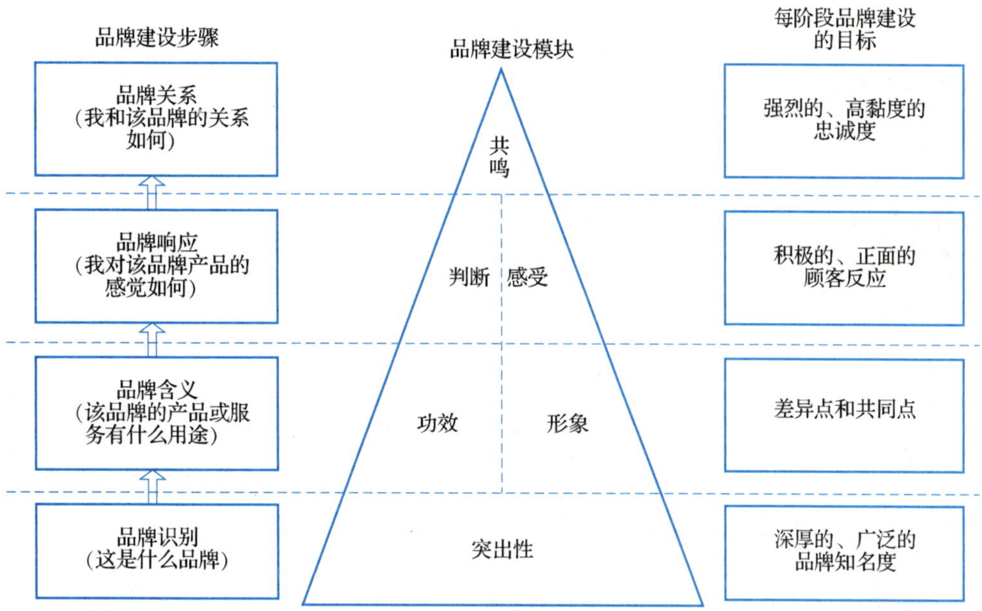

图 7-9 品牌共鸣金字塔

或服务的效率和有效性的指标。核心要素有：可靠性、价格和设计。而让品牌表现脱颖而出的最有效方式是通过差异化，即给人们一个理由，为什么他们应该更喜欢这个品牌而不是其他人的。想要做好这一块，需要仔细考虑要如何解决顾客的需求，让服务或产品符合品牌信息，保持产品或服务与品牌之间的一致性。具有环保意识的品牌可以在工作中传达这一点。

情感方面被称为“形象”，它指的是品牌的形象，也就是品牌在社交或心理层面上与他人的关系如何。这与消费者对品牌本身的体验有关，无论是直接的还是间接的。我们经常放在嘴边的 LOGO（标志）和字体并不能完全代表品牌形象，它只是品牌形象的一小部分。

（三）品牌响应

1. 理性响应

理性响应是消费者基于品牌的质量、信誉、是否符合其需求以及与其他品牌的对比后的反应，也是消费者对品牌最直接的反应。这是基于品牌的质量、信誉、是否符合消费者的需求以及与其他品牌对比后的地位。具体的针对性的优化措施包括：提高产品或服务的实际或感知质量，以更好地满足顾客需求；或者改善营销策略，尤其是改善顾客感知和有效沟通。

2. 感性响应

品牌需要让客户对品牌产生积极的感受，例如，温暖、有趣、兴奋、安全、社会认可和自尊等。品牌可以借助图像来调起用户的情感，而不仅仅是依靠文字。在感性层面，企业的品牌营销策略应要侧重于个性化品牌内容，让消费者更容易产生“它适合我”的感觉，从而与品牌建立联系。此外，需要专注于打造强大、积极的品牌体验，这些体验将会为与品牌建立关系和记忆奠定基础，并使共鸣变得更加容易。

（四）品牌关系

一旦受众与品牌形成了深厚的心理纽带，基本就实现了品牌共鸣。而在此之下的每一层都为品牌共鸣做出了贡献。在创建品牌时，营销者应该以品牌共鸣为目标和手段，来诠释与品牌相关的营销活动。

品牌共鸣模型为品牌创建提供了路标和指导。它不仅提供了一个标准，企业能够用这个标准评定品牌建设成果的进程，而且提供了营销调研启动的指导。

项目实操

项目实操名称：新创企业品牌建设方案

[项目情景]

项目 7-4：新创企业品牌建设方案

背景：

在新创企业发展的初期阶段，品牌建设是非常重要的。优秀的品牌形象可以帮助企业吸引更多的客户、提高客户忠诚度、增加销售额。因此，一份有效的品牌建设方案对于新创企业的成功非常重要。

项目目标：

设计一份适合新创企业的品牌建设方案，以提升企业品牌形象、提高品牌认知度和忠诚度、增加销售额为目标。

项目实操步骤：

1. 明确品牌定位

品牌定位是品牌战略的核心，它决定了品牌在目标市场中的竞争地位和消费者心中的印象。在制定品牌定位时，需要考虑目标客户、市场竞争格局、企业特点等因素。

2. 制定品牌形象设计

品牌形象设计包括品牌名称、标志、形象、口号等，这些元素构成了品牌的形象，是品牌认知度和忠诚度的关键因素。在制定品牌形象设计时，需要考虑品牌定位和目标客户等因素。

3. 确定品牌传播策略

品牌传播策略包括广告、公关、促销、直销等各种方式，它们的目标是提高品牌的认知度、建立品牌形象、增加销售额。在确定品牌传播策略时，需要考虑目标客户、市场竞争格局、传播渠道等因素。

4. 执行品牌管理

品牌管理是品牌战略的重要组成部分，它包括品牌保护、品牌升级、品牌扩张等各个方面。在执行品牌管理时，需要注重品牌形象的一致性和稳定性，同时还需要及时调整品牌战略和传播策略。

5. 评估品牌效果

品牌效果评估是品牌管理的重要环节，它可以帮助企业了解品牌形象、市场反馈等方面的情况，进而调整品牌战略和传播策略。在评估品牌效果时，需要关注品牌知名度、品牌形象、销售额等指标。

预期成果：

一份全面的品牌建设方案，包括品牌定位、品牌形象设计、品牌传播策略、品牌管理和品牌保护措施。

具体实施措施，如制定品牌规范手册、建立品牌宣传平台、优化客户体验等，以确保品牌形象的一致性和连贯性。

实施后，公司的品牌形象得到提升，品牌知名度和美誉度得到提高，进而促进了公司业务的发展和竞争力的增强。同时，品牌保护措施的实施还可以有效避免品牌声誉受损的风险，确保品牌的长期价值和生命力。

[**实操任务**]

根据所学知识，完成新创企业品牌管理方案设计。

第五节 风险管理

案例导入

项目 7-5：小张的新创企业风险管理

小张是一名年轻的创业者，他的公司是一家提供智能家居产品和服务的新创企业。在初创阶段，公司面临着许多风险管理方面的挑战，例如市场风险、技术风险、人力资源风险等。

为了解决这些问题，小张开始制订一份风险管理计划，包括制定风险管理政策、识别和评估风险、制定应对措施等。他还招聘专业人才建立一个专业的风险管理团队，确保公司风险管理的高效和准确。

在执行计划的过程中，小张发现市场风险是一个至关重要的问题，因为公司需要了解市场需求并及时调整产品和服务的定位。他还意识到技术风险也是一个重要的问题，因为技术更新迭代的速度非常快，公司需要不断保持技术领先地位。此外，人力资源风险也是一个重要的问题，因为公司需要保证拥有足够的人才和稳定的人力资源管理，以保持业务的稳定发展。

通过小张的努力和团队的配合，公司的风险管理得到了有效的控制，市场和技术风险得到了及时的预测和应对，人力资源管理也得到了优化，使得公司能够更加专注于业务发展，提高竞争力。

思考：

1. 小张在公司风险管理方面有哪些优点和不足之处？
2. 在小张所在的行业中，有哪些潜在的风险，它们如何影响公司的发展？

3. 在小张的风险管理计划中，有哪些措施可以采取来减少风险并确保公司的可持续发展？

4. 在小张实施风险管理的过程中，他是否需要寻求专业的帮助和支持？如果需要，他应该去哪里寻求帮助？

5. 在小张的风险管理计划中，如何平衡风险与收益之间的关系？他采取了哪些措施来降低风险并提高收益？

一、风险分析与评估

新创企业是指新成立不久的企业。创业者通过分析创业机会，整合各类资源，创建了一个具有法人资格的实体，这个实体能向市场提供产品或服务，并从中获得利益。新创企业通常不具备良好的运营管理制度、积淀的企业文化、成熟的市场资源和完备的人力资源，还须在企业运营与管理过程中不断总结经验，吸取教训，不断地强身健体，以适应内外环境的变化，应对来自各方面的风险。

（一）风险的概念与来源

1. 什么是风险

风险是在一定条件下、一定时期内某一事件预期结果与实际结果之间的变动程度，变动程度越大，风险越大；反之，风险则越小。简单地说，风险是损失发生的不确定性，即风险由“损失”和“不确定性”两个方面组成。

创业风险是指在创业过程中存在的风险，这种风险来自复杂的创业环境、有限的创业资源，同时创业者、创业团队的能力与实力也是有限的，这就可能导致创业活动偏离原来的目标，产生的这种后果就是创业风险。

2. 风险的特点

为了更深入地了解创业风险的内涵，就要分析风险本身呈现的特点，把握这些特点，有利于正确认识与对待创业风险。

（1）客观性。

事物的发展在未来呈现的状态存在不确定性，而这种不确定性是客观存在的。创业也是如此，创业过程将会产生各种各样的风险，创业风险本身客观存在于整个创业过程。创业风险的客观性要求不仅要正确认识创业风险的重要性，而且还要用积极的心态对待创业过程产生的风险。

（2）可测性。

依据以往的经验、成功或失败的案例以及相关统计资料，可以通过定性或定量的方法来判断风险发生的概率以及造成不利影响的程度。

（3）可控性。

可以通过适当的方法或技术规避风险，控制风险的发生或减小风险带来的损失。

（4）关联性。

创业风险不会单独存在。创业风险除了与创业环境有关联以外，还与创业者本身的创业行为及决策有关联性。

（5）损益双重性。

创业风险就意味着有可能出现坏的结果，如果能够正确认识并有效地管理创业风险，则有可能将创业风险转化为大量的收益。

（6）不确定性。

创业过程本身没有既定的模式和规律可循，随时可能出现许多不确定因素的干扰，创业风险体现出不确定性的特征。风险的不确定性体现为风险来源不确定、风险强度不确定、风险影响不确定等。

3. 风险的来源

资源、管理等因素的作用是创业风险的“直接来源”。以下重点介绍创业风险的“直接来源”。

（1）资金。

资金风险是导致创业失败的常见风险。许多创业者往往在实施创业计划、推进创业实现的过程中，因为没有足够的资金，导致创业过程受阻，难以实现从创业机会到市场交易的转变，从而给创业带来致命的风险。创业者可以通过银行、风险投资等方式融资来减小资金风险的影响。

（2）信息。

创业者所需掌握的信息有许多，例如市场信息、政策信息、技术信息等。创业者对信息的把握不充分，往往造成决策的偏差或失误，特别是一些依靠技术创业的创业者可能对管理方面的信息不太敏感，或是一些依靠市场或管理经验的创业者可能对技术方面的信息不敏感。

（3）信任。

新创企业团队是新组建的团队，人员之间缺乏合作的经验，相互之间的信任关系不牢固，造成团队成员之间的信任缺失。经营者与投资者之间、管理者与下属之间、部门与部门之间还需要一些时间来磨合，慢慢形成信任格局。

（4）资源。

创业者需要整合各类资源以形成有价值的产品或服务，缺少或没有某类资源，即使创业者的构想很好，也“巧妇难为无米之炊”，创业者将一筹莫展。因此，合理地寻找资源，有效地整合资源，是创业过程的重点。

（5）管理。

优秀的创业者并不一定是优秀的管理者，创业者可能是因为某一项技术可以转化，从而进行创业，即可能只是技术专业人才，而管理水平不高。另外，创业者能产生新的创意、构想、方法，但并不意味着他有很好的执行力与领导力。

（二）风险的类型

为了能够更好地理解风险的内涵，更有效地在创业过程中洞察风险和管理风险，就需要了解创业风险的各种类型。这里按不同的标准和角度对创业风险进行分类整理，如表 7-6 所示。

表 7-6 风险的主要类别

划分标准	分 类
按创业风险来源的主客观性分类	主观性风险、客观性风险
按创业风险的内容分类	行业风险、市场风险、技术风险、资金风险、管理风险、环境风险、法律风险、机会风险
按创业过程分类	创业机会的识别与评估的风险、撰写创业计划的风险、获取创业资源的风险、新创企业管理风险

1. 按创业风险来源的主客观性分类

（1）主观性风险。

这是由于创业者自身原因导致的创业风险。创业者经验、素质、能力、品质等方面的问题可能导致创业过程产生风险。例如，创业者由于洞察力不强，而对市场前景过于乐观，导致前期投入过大而资金链断裂。

（2）客观性风险。

这是由于外界环境的变化而导致的创业风险。国内政治经济形势的变化、国际金融经济的变动、产品市场环境的复杂性等都可能导致创业过程产生风险。

2. 按创业风险的内容分类

（1）行业风险。

这是指在特定行业中与经营相关的风险，包括行业的生命周期、行业的波动性、行业的集中程度。

（2）市场风险。

这是指市场主体从事经济活动所面临的盈利或亏损的可能性和不确定性。市场风险涉及的因素有市场需求、市场接受时间、市场价格、市场战略等。

（3）技术风险。

这是指企业产品设计或服务创新过程中，因技术原因导致创业可能失败的风险，包括产品设计与开发的技术是否成熟、技术转移是否可行、技术前景是否乐观、技术效果是否明显、技术寿命是否可测等。

（4）资金风险。

这是指因资金不能适合供应而导致创业失败的可能性。资金风险主要有两类：一是缺少创业资金风险；二是融资成本风险。

（5）管理风险。

这是指企业在经营过程中存在的内部风险，包括管理者素质能力风险、组织管理风险、人才选拔与使用风险等。

（6）环境风险。

这是指一项高技术产品创新活动由于所处的社会、政治、政策、法律环境变化或由于意外灾害发生而造成失败的可能性。

（7）法律风险。

这是指因为企业的产品、服务、经营场所的缺陷和员工行为而给他人的财产和生命造成侵害后需要承担的法律责任，并因此给企业造成损害的可能性。

（8）机会风险。

选择创业也就放弃了自己原先所从事的职业，一个人同一时期往往只能做一件事。

3. 按创业过程分类

（1）创业机会的识别与评估的风险。

这是指在寻找、识别与评估机会的过程中，由于各种主客观的因素使创业面临一开始就选择错误方向的风险。具体包括错误地了解创业机会来源、从创意到创业机会的转化存在漏洞、错误的创业机会评估与评价等风险因素。

（2）撰写创业计划的风险。

在制订创业计划时，存在许多不确定因素，包括环境的不确定与创业者自身能力的局限性，这些因素制约了创业计划制订的科学性和可行性，具体包括计划撰写准备不充分、信息细分与整合不合理、计划规划不科学、计划不全面等。

（3）获取创业资源的风险。

创业过程中，创业者可能难以获得所需的创业资源，或者获得的成本较高，也会给创业活动带来风险，具体包括创业者手头拥有的资源不足、可获得的资源供给有限等因素。

（4）新创企业管理风险。

这种风险主要来自新创企业的内部管理，例如，管理方式选择存在问题、企业文化内容与企业管理风格不匹配、战略目标定得过高或过低、组织结构过于烦琐或过于简单、营销手段不科学、激励机制单一、薪酬考核不合理等各方面的管理中存在的风险。

二、常见风险的防范

（一）常见的创业风险

1. 团队风险

在创业初期，要有一个强有力的团队才能保障新创企业成立之后的正常运转。但是往往当新创企业开始走向成熟时，创业团队内部就可能开始出现一些不协调，利益分配、商业模式选择、技术引入、营销手段、融资渠道等，都可能是初创企业团队成员之间的矛盾点。一旦成员之间不能够求同存异，妥善处理分歧，就容易产生内部矛盾，甚至破裂。要通过建立合理的收益共享机制、差异化激励机制、信息传递机制、学习机制和奖罚机制等刚性制度，约束团队行为，实施长效的激励和保障制度，才能有效处理好创业团队风险。

2. 财务风险

处在生存期的新创企业，由于需要扩大规模和拓展市场，资金需求量大，对资金的筹集和使用、收益的分析等都存在风险，财务风险是新创企业面临的主要风险之一。

（1）融资风险。

这是指企业因融资而产生的风险，包括无力还债的风险、利率波动的风险以及负债率过高而产生的资不抵债的风险。

（2）营运风险。

这是企业在资金投入与利润回收方面存在的风险。主要有原材料采购、产品生产与销售、货款回收等方面的问题。特别是货款的回收风险较大，许多企业因为应收账款无法及时回收导致经营困难。

(3) 收益分配风险。

这是指企业对税后利润进行分配时产生的风险。企业税后利润一部分分配给投资者，另一部分做留存收益用于企业发展。如果留存多，分配少，则可能导致团队积极性降低；如果留存少，分配多，则可能导致企业发展难以为继。

新创企业如果不顾自身条件，负债经营，盲目扩张，就可能产生一些不良资产和业务，导致财务危机。新创企业财务风险预防与控制的办法如下：

第一，优化财务结构。理论上说“资金成本最低，企业价值最大”是理想的财务结构。因此，新创企业要科学调整资本、资产、负债和投资结构，使其保持合理比率。

第二，加强现金流量管理。新创企业要高度关注现金流向、数量和资金周转率，避免资金链断裂。企业规模扩张要在资金可供的安全区域内，不要过度扩张，应将债务流动性风险控制在合理的范围内。

第三，健全企业内部控制。新创企业要不断打造良好的内部控制环境，完善内部控制程序，健全会计系统；要建立和实施授权批准控制、组织结构控制、会计记录控制、资产保护控制等制度，特别是不相容职务分离制度、利息支付制度、股利分配制度、负债及权益的会计记录制度。另外，要完善公司治理结构，建立监控机制，充分发挥内部审计的作用等。

第四，建立财务风险预警机制。财务风险预警主要是以财务会计信息为基础，通过计算、统计、分析等方法，设置财务预警指标，观察指标变动，对企业可能面临的财务风险进行实时监控和预测。建立财务风险预警机制可以帮助企业在财务危机发生之前，通过定性分析和定量分析，及时发现财务风险，提前发出预警信号，提醒企业及时分析财务恶化的原因，发现企业财务运营体系中的隐性问题，积极采取措施改善财务状况。

3. 创新风险

依靠创新驱动是新创企业健康高效发展的主要方式。新创企业的创新驱动需要专业人才、资金投入和创新意识三个要素的有机结合：

①关于专业人才。技术掌握在人才手中，尤其是优秀的专业人才是企业发展的稀缺资源，但是随着企业的发展，专业人才可能会由于种种原因而流失。

②关于资金投入。技术研发需要大量经费，用于研发条件的保障和对技术人员的激励。

③关于创新意识。新创企业由于前期投入较大，往往在开始盈利后就急于压缩成本，收回投资，创新已经不再那么强烈，开始重视营销或生产，研发投入大打折扣。对现有产品的升级换代、市场细分等工作也可能出现懈怠。

这里所指的创新风险主要是指缺少创新人才和资金投入，缺乏创新意识所带来的企业发展风险，即创新乏力的风险。企业要充满创新的活力，一方面，管理层要站在更高的战略高度进行合理的战略定位，不要只看重眼前利益而忽略长远发展；另一方面，新创企业要形成具有创新意识的企业文化，形成一整套人才发展制度，包括选才、用才、育才和人才激励制度等，努力将新创企业建成学习型组织，只有这样，企业的发展才有充足的动力源泉。

(二) 风险的有效防范

一般来说，创业风险的有效防范程序为风险的识别和风险的管理。

1. 风险的识别

风险的识别首先要判断风险的来源。创业风险主要直接来自资金、信息、信任、资源和管理。找到风险的来源之后，就须界定风险的内容。风险的界定需要明确风险属于哪一类型。创业风险按内容可以分为行业风险、市场风险、技术风险、资金风险、管理风险、环境风险、法律风险和机会风险。具体的创业风险可能是上述某一类风险，也可能是几类风险的综合，要具体问题具体分析。

风险的识别可以分为风险筛选、风险监测和风险诊断三个步骤。

（1）风险筛选。

风险筛选是将一些具有潜在风险的内容进行分类选择。这些内容可能包括公司的产品、管理过程、事件、现象和人员等。

（2）风险监测。

风险监测是指在风险出现后，也可能是风险出现前，对产生或可能产生风险的内容进行观测、记录和分析的过程。

（3）风险诊断。

风险诊断是对风险及损失的前兆、风险的后果以及产生风险的各种原因进行评价与判断，找出问题的主要原因并进行仔细检查的过程。

2. 风险的管理

在对风险进行评估后，就须知道如何管理风险。首先，要清楚风险管理的对象是风险，风险管理的主体是人或组织；其次，要明白风险管理的目标就是以最小的成本收获最大的安全保障。风险管理要考虑风险的成本效益、影响效果、可控性和必要性等方面。常见的管理风险的措施有规避风险、接受风险、降低风险和分担风险。

（1）规避风险。

简单地说，规避风险就是绕开风险。例如，通过公司政策来阻止一些高风险的经营活动或交易行为。在确定业务发展和市场扩张目标时，避免去尝试追求战略以外的机会，通过从已经占有的市场撤退，或者处理出售某个产品组合或业务来规避风险等。

（2）接受风险。

接受风险就是认可风险，同时也不采取行动，任其产生和造成影响。此类风险可能造成的影响不太大，或可控，但考虑风险控制成本，可以不加以控制。

（3）降低风险。

降低风险是指利用相关手段或措施将风险降低到可接受的程度。例如，将资产分散放置，借助内部管理或外部公关，将不良事件发生的可能性降低到可接受的程度等。

（4）分担风险。

企业可以通过恰当的手段和方式将风险分配于风险参与者，这就是风险分担。例如信托公司作为受托管理资产的金融机构，就可以分担企业风险。实行风险分担时要分析和评估风险，确定风险种类与危害程度，要将风险分担以合同条款的形式固定下来。

项目实操

项目实操名称：新创企业风险管理方案

[项目情景]

项目 7-6：新创企业风险管理方案

项目目标：

帮助新创企业建立风险意识和风险管理体系，规避潜在风险，提高企业的生存能力和稳定性。

项目实操步骤：

1. 识别潜在风险

根据企业的业务模式、市场环境、法律法规等方面的情况，识别企业可能面临的各种潜在风险，如市场风险、技术风险、法律风险、财务风险等。

2. 评估风险的可能性和影响程度

对于已经识别出来的潜在风险，进行风险评估，评估每种风险的可能性和影响程度，并确定优先级。

3. 制定风险管理策略

根据风险评估结果，制定相应的风险管理策略，包括风险规避、风险转移、风险减轻和风险承担等，针对每种风险进行相应的措施。

4. 实施风险管理措施

根据风险管理策略，制订实施计划，并实施。例如，加强对市场环境的监测和分析，采取合理的市场营销策略来应对市场风险；建立专门的质量管理团队，加强对产品质量的监督和控制，规避技术风险等。

5. 定期评估和改进

定期评估风险管理的效果，发现问题及时改进。例如，根据实际情况调整风险管理策略，完善风险管理措施，不断提高企业的风险管理水平。

预期成果：

1. 一份完整的风险管理方案，包括风险识别、风险评估、风险管理策略、风险管理措施和风险管理改进等内容。

2. 有效的风险管理措施的实施和风险管理效果的评估报告。

3. 提高企业的风险管理水平，规避潜在风险，提高企业的生存能力和稳定性。

[实操任务]

根据所学知识，完成新创企业风险管理方案设计。

【本章课后思考】

一、选择题

1. 企业在塑造企业文化的过程中应坚持（　　）、公平公正的原则。

A. 以人为本　B. 以产为本　C. 以销为本　D. 以技为本

2. 企业市场营销的基本目标是（　　）。

A. 获取、维持和增加顾客　B. 利润最大化

C. 向顾客推销产品或服务　D. 降低营销成本费用

3. 一般来说，企业在市场定位之前需要完成的工作是（　　）。

A. 市场细分　B. 设计分销渠道　C. 品牌设计　D. 资金筹备

4. 品牌的导向性特征是强调品牌的创建需要以（　　）为中心。

A. 企业　B. 利润　C. 消费者　D. 包装

5. 品牌塑造的原则包括（　　）。

A. 全面兼顾的原则　B. 以消费者为中心的原则

C. 实事求是的原则　D. 求异创新的原则

E. 经济效益和社会效益兼顾的原则

二、填空题

1. 消费者的购买决策过程包括________、________、________、________和________。

2. 4P 理论中的营销要素包括________、________、________、________，4C 理论中的营销要素包括________、________、________、________。

3. 常见的品牌传播方式包括________、________、________和________。

4. 品牌定位的前提工作是________。

5. 创业风险的“直接来源”包括__________、__________、________、________、________。

三、问答题

1. 如何构建新创企业人力资源管理的机制？

2. 营销管理的主要内容有哪些？

3. 简述新创企业财务管理的重点内容。

4. 你对品牌的理解是什么？举例说明为什么。

5. 谈谈如何防范常见的创业风险。

第八章

聚焦创新创业活动

【学习目标】

理解：理解各类创新创业大赛的目标、任务和规则，理解创新大赛的概况和目的，理解毕业实习与创业训练的关系，理解各类创新创业赛事的意义。

掌握：掌握各类创新创业大赛的内容，掌握创新大赛的流程，掌握创新创业人才培养体系，掌握高校学科竞赛管理存在的问题和奖励政策。

应用：搜集历届重点赛事的优秀作品，在创新创业大赛中认识各类赛事的比赛规则和赛事内容，根据所在专业设计一份毕业实习方案以提升创新创业能力，为学校各类创新创业大赛的过程管理提出建议。

【思政目标】

“聚焦创新创业活动”章节，可以围绕以下六个方面来设计思政内容：

1. 引导大学生深入了解当前的创新创业热潮，熟悉创新创业领域重要的赛事，认识到创新创业对于经济发展和社会进步的重要性。同时，鼓励大学生敢于创新、敢于创业，营造创新创业的浓厚氛围。

2. 引导大学生了解创新创业政策和支持措施，熟悉创新创业的基本知识和流程，提高创新创业计划的编制和管理能力。同时，鼓励大学生组建创业团队，集中各方优势，协力创新创业。

3. 引导大学生深入了解国家对于创新创业的政策支持，包括创新基金、税收优惠、人才引进等方面的政策，以及近年来国家鼓励创新创业的发展趋势。

4. 鼓励大学生积极参与创新创业活动，参加各类创新创业大赛、论坛等，发掘自身的创业潜力，拓展创业资源。

5. 帮助大学生培养团队协作和沟通能力，学习如何与合作伙伴、投资人、客户等建立良好的关系。

6. 培养大学生创新思维，注重创新创业中的科技、商业模式等方面创新，鼓励大学生敢于尝试新的事物，勇于创新。

第一节　重点赛事解读

一、中国“互联网+”大学生创新创业大赛

中国“互联网+”大学生创新创业大赛，是由教育部与地方省级人民政府、各高校共同主办的一项国家级学科大赛。大赛旨在深化高等教育综合改革，激发大学生的创造力，培养造就“大众创业、万众创新”的主力军；推动赛事成果转化，促进“互联网+”新业态形成，服务经济提质增效升级；以创新引领创业、创业带动就业，推动高校毕业生更高质量创业就业。大赛创立于2015年，每年举办一届。我们以《教育部关于举办第八届中国国际“互联网+”大学生创新创业大赛的通知》来解读此项赛事。

（一）总体目标

更中国、更国际、更教育、更全面、更创新，传承和弘扬红色基因，聚焦“五育”融合创新创业教育实践，激发青年学生创新创造热情，线上线下相融合，打造共建共享、融通中外的国际创新创业盛会，开启创新创业教育改革新征程。

（二）主要任务

1. 以赛促教，探索人才培养新途径

全面推进高校课程思政建设，深入推进新工科、新医科、新农科、新文科建设，不断深化创新创业教育改革，引领各类学校人才培养范式深刻变革，形成新的人才培养质量观和质量标准，切实提高学生的创新精神、创业意识和创新创业能力。

2. 以赛促学，培养创新创业生力军

服务构建新发展格局和高水平自立自强，激发学生的创造力，激励广大青年扎根中国大地了解国情民情，在创新创业中增长智慧才干，坚定执着追理想，实事求是闯新路，把激昂的青春梦融入伟大的中国梦，努力成长为德才兼备的有为人才。

3. 以赛促创，搭建产教融合新平台

把教育融入经济社会发展，推动成果转化和产学研用融合，促进教育链、人才链与产业链、创新链有机衔接，以创新引领创业、以创业带动就业，推动形成高校毕业生更高质量创业就业的新局面。

（三）大赛内容

主体赛事，包括高教主赛道、“青年红色筑梦之旅”赛道、职教赛道、萌芽赛道和产业命题赛道。

1. 高教主赛道

（1）参赛项目类型。

新工科类项目：大数据、云计算、人工智能、区块链、虚拟现实、智能制造、网络空间安全、机器人工程、工业自动化、新材料等领域，符合新工科建设理念和要求的项目。

新医科类项目：现代医疗技术、智能医疗设备、新药研发、健康康养、食药保健、智能医学、生物技术、生物材料等领域，符合新医科建设理念和要求的项目。

新农科类项目：现代种业、智慧农业、智能农机装备、农业大数据、食品营养、休闲农业、森林康养、生态修复、农业碳汇等领域，符合新农科建设理念和要求的项目。

新文科类项目：文化教育、数字经济、金融科技、财经、法务、融媒体、翻译、旅游休闲、动漫、文创设计与开发、电子商务、物流、体育、非物质文化遗产保护、社会工作、家政服务、养老服务等领域，符合新文科建设理念和要求的项目。

参赛项目团队应认真了解和把握“四新”发展要求，结合以上分类及项目实际，合理选择参赛项目类别。参赛项目不只限于“互联网+”项目，鼓励各类创新创业项目参赛，根据“四新”建设内涵和产业发展方向选择相应类型。

（2）参赛方式。

本赛道以团队为单位报名参赛。允许跨校组建参赛团队，每个团队的成员不少于 3 人，不多于 15 人（含团队负责人），须为项目的实际核心成员。参赛团队所报参赛创业项目，须为本团队策划或经营的项目，不得借用他人项目参赛。

（3）参赛组别和对象。

根据参赛申报人所处学习阶段，项目分为本科生组、研究生组。根据所处创业阶段，本科生组和研究生组均内设创意组、初创组、成长组，并按照新工科、新医科、新农科、新文科设置参赛项目类型。

以本科生组为例：

①创意组。参赛项目具有较好的创意和较为成型的产品原型或服务模式，在大赛通知下发之日前尚未完成工商等各类登记注册。参赛申报人须为项目负责人，项目负责人及成员均须为普通高等学校全日制在校本专科生（不含在职教育）。学校科技成果转化项目不能参加本组比赛（科技成果的完成人、所有人中参赛申报人排名第一的除外）。

②初创组。参赛项目工商等各类登记注册未满 3 年。参赛申报人须为项目负责人且为参赛企业法定代表人，须为普通高等学校全日制在校本专科生（不含在职教育），或毕业 5 年以内的全日制本专科学生。企业法定代表人在大赛通知发布之日后进行变更的不予认可。项目的股权结构中，企业法定代表人的股权不得少于 1/3，参赛团队成员股权合计不得少于 51%。

③成长组。参赛项目工商等各类登记注册 3 年以上。参赛申报人须为项目负责人且为参赛企业法定代表人，须为普通高等学校全日制在校本专科生（不含在职教育），或毕业 5 年以内的全日制本专科学生企业法定代表人在大赛通知发布之日后进行变更的不予认可。项

目的股权结构中，企业法定代表人的股权不得少于 10%，参赛团队成员股权合计不得少于 1/3。

2. “青年红色筑梦之旅”活动

（1）参赛项目要求。

参加“青年红色筑梦之旅”赛道的项目应符合大赛参赛项目要求，同时在推进农业农村、城乡社区经济社会发展等方面有创新性、实效性和可持续性。以团队为单位报名参赛。允许跨校组建团队，每个团队的参赛成员不少于 3 人，不多于 15 人（含团队负责人），须为项目的实际核心成员。参赛团队所报参赛创业项目，须为本团队策划或经营的项目，不得借用他人项目参赛。参赛申报人须为项目负责人，须为普通高等学校全日制在校生（包括本专科生、研究生，不含在职教育），或毕业 5 年以内的全日制学生、国家开放大学学生（仅限学历教育）。企业法定代表人在大赛通知发布之日后进行变更的不予认可。

（2）参赛组别和对象。

参加“青年红色筑梦之旅”赛道的项目，须为参加“青年红色筑梦之旅”活动的项目。否则一经发现，取消参赛资格。根据项目性质和特点，分为公益组、创意组、创业组。

①公益组。参赛项目不以营利为目标，积极弘扬公益精神，在公益服务领域具有较好的创意、产品或服务模式的创业计划和实践。参赛申报主体为独立的公益项目或社会组织，注册或未注册成立公益机构（或社会组织）的项目均可参赛。

②创意组。参赛项目基于专业和学科背景或相关资源，解决农业农村和城乡社区发展面临的主要问题，助力乡村振兴和社区治理，推动经济价值和社会价值的共同发展。参赛项目在大赛通知下发之日前尚未完成工商等各类登记注册。

③创业组。参赛项目以商业手段解决农业农村和城乡社区发展面临的主要问题、助力乡村振兴和社区治理，实现经济价值和社会价值的共同发展，推动共同富裕。参赛项目在大赛通知下发之日前已完成工商等各类登记注册，学生须为法定代表人。项目的股权结构中，企业法定代表人的股权不得少于 10%，参赛成员股权合计不得少于 1/3。

二、“挑战杯”全国大学生系列科技学术竞赛

（一）基本信息

挑战杯是“挑战杯”全国大学生系列科技学术竞赛的简称，是由共青团中央、中国科协、教育部和全国学联共同主办的全国性的大学生课外学术实践竞赛，竞赛官方网站为 www. tiaozhanbei. net。“挑战杯”竞赛在我国共有两个并列项目，一个是“挑战杯”全国大学生课外学术科技作品竞赛（简称“大挑”），另一个则是“挑战杯”中国大学生创业计划竞赛（简称“小挑”）。这两个项目的全国竞赛交叉轮流开展，每个项目每两年举办一届。

（二）“挑战杯”全国大学生课外学术科技作品竞赛

竞赛的宗旨：崇尚科学、追求真知、勤奋学习、锐意创新、迎接挑战。

竞赛的目的：引导和激励高校学生实事求是、刻苦钻研、勇于创新、多出成果、提高素质，培养大学生创新精神和实践能力，并在此基础上促进高校学生课外学术科技活动的蓬勃开展，发现和培养一批在学术科技上有作为、有潜力的优秀人才。鼓励学以致用，推动产学

研融合互促，紧密围绕创新驱动发展战略，服务国家经济、政治、文化、社会、生态文明建设。

竞赛的基本方式：高等学校在校学生申报自然科学类学术论文、哲学社会科学类社会调查报告和学术论文、科技发明制作三类作品参赛；聘请专家评定出具有较高学术理论水平、实际应用价值和创新意义的优秀作品，给予奖励；组织学术交流和科技成果的展览、转让活动。

参赛资格：凡在举办竞赛终审决赛的当年6月1日以前正式注册的全日制非成人教育的各类高等院校在校专科生、本科生、硕士研究生（不含在职研究生）都可申报作品参赛。

作品申报：申报参赛的作品必须是距竞赛终审决赛当年6月1日前两年内完成的学生课外学术科技或社会实践活动成果，可分为个人作品和集体作品。申报个人作品的，申报者必须承担申报作品60%以上的研究工作，作品鉴定证书、专利证书及发表的有关作品上的署名均应为第一作者，合作者必须是学生且不得超过2人；凡作者超过3人的项目或者不超过3人，但无法区分第一作者的项目，均须申报集体作品。集体作品的作者必须均为学生。

申报参赛的作品分为自然科学类学术论文、哲学社会科学类社会调查报告和学术论文、科技发明制作三类。自然科学类学术论文作者限本专科生。哲学社会科学类支持围绕发展成就、文明文化、美丽中国、民生福祉、中国之治和战役行动等6个组别形成社会调查报告，也可以按照哲学、经济、社会、法律、教育、管理6个学科报送社会调查报告和学术论文。科技发明制作类分为A、B两类：A类指科技含量较高、制作投入较大的作品；B类指投入较少，且为生产技术或社会生活带来便利的小发明、小制作等。

（三）“挑战杯”中国大学生创业计划竞赛

竞赛目的：深入学习贯彻习近平新时代中国特色社会主义思想，聚焦为党育人功能，从实践教育角度出发，引导和激励大学生弘扬时代精神，把握时代脉搏，通过开展广泛的社会实践、深刻的社会观察，不断增强对国情社情的了解，将所学知识与经济社会发展紧密结合，提高创新、创意、创造、创业的意识和能力，提升社会化能力，为建设社会主义现代化强国、实现中华民族伟大复兴的中国梦贡献青春力量。

竞赛内容：根据参赛对象，分普通高校、职业院校两类。设科技创新和未来产业、乡村振兴和农业农村现代化、社会治理和公共服务、生态环保和可持续发展、文化创意和区域合作5个组别。

竞赛方式：竞赛分校级初赛、省级复赛、全国决赛。校级初赛由各校组织，广泛发动学生参与，遴选参加省级复赛项目。省级复赛由各省份组织，遴选参加全国决赛项目。全国决赛由全国组委会聘请专家根据项目社会价值、实践过程、创新意义、发展前景和团队协作等综合评定金奖、银奖、铜奖等奖项。竞赛期间组织参赛项目参与交流展示活动。

参赛资格：①普通高校学生：在举办竞赛决赛的当年6月1日以前正式注册的全日制非成人教育的各类普通高等学校在校专科生、本科生、硕士研究生（不含在职研究生）可参加。硕博连读生、直接攻读博士生若在举办竞赛决赛的当年6月1日前未通过博士资格考试的，可以按硕士研究生学历申报作品；没有实行资格考试制度的学校，前两年可以按硕士研究生学历申报作品；本硕博连读生，按照四年、二年分别对应本、硕申报。博士研究生仅可作为项目团队成员参赛（不作项目负责人），且人数不超过团队成员数量的30%。②职业院校学生：在举办竞赛决赛的当年6月1日以前正式注册的全日制职业教育本科、高职高专和中职中专在校学生。

参赛项目申报：按普通高校和职业院校分类申报，每所学校限参加一类。聚焦创新、协调、绿色、开放、共享五大发展理念，设五个组别。①科技创新和未来产业：围绕创新驱动发展战略，推动数字经济健康发展，在智能制造、信息技术、大数据、人工智能、生命科学、新材料、军民融合等领域，结合实践观察设计项目。②乡村振兴和农业农村现代化：围绕实施乡村振兴战略，在农林牧渔、电子商务、乡村旅游、城乡融合等领域，结合实践观察设计项目。③社会治理和公共服务：围绕国家治理体系和治理能力现代化建设，在政务服务、消费生活、公共卫生与医疗服务、金融与财经法务、教育培训、交通物流、人力资源等领域，结合实践观察设计项目。④生态环保和可持续发展：围绕可持续发展战略和碳达峰、碳中和目标，在环境治理、可持续资源开发、生态环保、清洁能源应用等领域，结合实践观察设计项目。⑤文化创意和区域合作：突出共融、共享，紧密围绕"一带一路"和京津冀、长三角、粤港澳大湾区以及成渝地区双城经济圈、长江中游城市群等区域合作，在工业设计、动漫广告、体育竞技和国际文化传播、对外交流培训、对外经贸等领域，结合实践观察设计项目。

三、全国大学生电子商务"创新、创意及创业"挑战赛

全国大学生电子商务"创新、创意及创业"挑战赛（以下简称三创赛）是从 2009 年开始，根据教育部、财政部（教高函〔2010〕13 号）文件精神创办，由教育部委托教育部高校电子商务类专业教学指导委员会主办的全国性在校大学生学科性竞赛。三创赛采用校赛、省赛和国赛三级竞赛体制，是激发大学生兴趣与潜能，培养大学生创新意识、创意思维、创业能力以及团队协同实战精神的学科性竞赛，对开展创新教育和实践教学改革、加强产学研之间联系发挥了积极作用。

（一）大赛题目来源

（1）大赛强调理论与实践相结合，校企合作办大赛，大赛主题包括：

①三农电子商务；②工业电子商务；③跨境电子商务；④电子商务物流；⑤互联网金融；⑥移动电子商务；⑦旅游电子商务；⑧校园电子商务；⑨其他类电子商务。

（2）参赛队伍应该围绕大赛主题给出具体作品名称，参赛作品名称（不超出 30 个字符）及内容应当充满正能量、符合主旋律，不能含有色情、暴力和低俗等内容，更不能与中华人民共和国法律相抵触。团队名不能超过 16 个字符。

（3）合作企业围绕大赛主题给出具体题目，引导和指导学生参加竞赛。

（二）大赛参赛资格和指导原则

（1）凡是经教育部批准的普通高等学校全日制在校大学生，每位选手经本校教务处等机构证明都有资格参赛；高校教师既可以作为指导教师（在学生队中）也可以作为参赛选手（在混合队中做队长或队员）组成师生混合队参赛。

（2）参赛选手有两种组队方式：

①学生队：学生作为队长，队长和队员须全部为全日制在校学生。

②混合队：高校教师作为队长，队员中学生数量必须多于教师。

（3）参赛选手每人每年只能参加一个团队的竞赛，一个团队成员 3~5 名，其中一名为队长。可以跨校组队，以队长所在学校为该队报名学校。队员身份信息的真实性由队长负

责。提倡合理分工，学科交叉，优势结合。

（4）一个团队可以有0~2名高校指导教师、0~2名企业指导教师参加。

（5）团队参赛过程中提交的作品文档中和演讲中团队学生成员信息、高校指导教师信息、企业指导教师信息必须与官网注册完全一致，校赛开始之日不得更改。

（6）大赛鼓励参赛选手：创新思维、创意设计和创业实施。

第二节　大赛备赛指南

案例导入

项目8-1：小王的大赛备赛

在大学生创新创业大赛备赛的过程中，参赛者需要进行充分的准备和规划，以保证自己的项目能够顺利地展示并得到评委的认可。以下是一个案例导读，介绍一名大学生如何备赛并成功参加大赛的过程。

小王是一名大学生，他在一次课程作业中发现了一个有趣的问题，并认为这个问题有市场和商业价值。他决定在这个问题的基础上展开创业项目，并计划参加大学生创新创业大赛。

为了备赛，小王首先对自己的项目进行了深入的市场调研和竞争对手分析，明确了自己的目标用户和产品特点，并制定了详细的商业计划书。他还在大学生创新创业大赛官网上查询了比赛规则和评审标准，为自己的项目准备了符合要求的PPT和演讲稿以及多媒体方案。

在备赛的过程中，小王还主动寻求了学校的创新创业导师和相关企业的咨询帮助，收集了更多的专业知识和经验，并得到了有价值的反馈和建议。他还通过与同学和其他参赛者的交流和合作，增加了自己的人脉和团队资源，并得到了更多的支持和帮助。

在备赛的过程中，小王付出了很多时间和精力，最终他的努力得到了回报。他成功地参加了大学生创新创业大赛，并得到了评委的认可和荣获了奖项。同时，他的项目也得到了更多的关注和投资，成为一项具有实际商业价值和前景的创业项目。

通过小王的案例，我们可以看到备赛过程的重要性，以及准备充分和充分利用资源的重要性。同时，这也提示我们，创业不是一件容易的事情，需要付出大量的努力和时间，并且需要不断学习和改进自己的方案。

思考：

请结合小王的大赛备赛过程，思考大学生如何进行大赛备赛。

一、创新大赛的概况

教育部于2007年启动国家大学生创新性实验计划，并于2012年在全国推广实施国家级大学生创新创业训练计划（以下简称“国创计划”）。“国创计划”已经成为面向全体大学生的一项创新创业人才基础培育工程，成为高校培养大学生创新创业能力的重要载体，在激发学生的创新思维和创新意识中发挥了重大作用。

为了将创新创业教育融入人才培养全过程，广泛开展各类创新创业竞赛和活动，深入实施大学生创新创业训练计划项目，积极推进完善创新创业训练体系，提升大学生创新创业能力，地方教育行政部门成立了高校创新创业教育领导小组，设立创新创业教育办公室，统筹制定、完善、核准大学生学科和技能竞赛项目的实施细则、竞赛承办单位管理办法和管理体制。

教育部公认的各类创新创业大赛，主要是以理工科专业的大赛为主，其中：中国“互联网+”大学生创新创业大赛，参赛类别包含“互联网+现代农业”“互联网+制造业”“互联网+信息技术服务”“互联网+文化创意服务”“互联网+社会服务”。“挑战杯”竞赛包含两个并列项目，分别为“挑战杯”中国大学生创业计划竞赛和“挑战杯”全国大学生课外学术科技作品竞赛。这两个项目的全国竞赛交叉轮流开展，每个项目每两年举办一届。中国大学生创新创业计划竞赛，主要是以“科技创新，成就大业”为主题的全国性创业比赛。中国大学生计算机设计大赛，是全国普通高校学科竞赛排行榜榜单的赛事之一。“中国大学生好创意”全国大学生广告艺术大赛，是迄今为止全国规模大、覆盖高等院校广、参与师生人数多、作品水准高、受高校教师欢迎、有较大社会影响力的全国性高校文科竞赛。

二、创新大赛的目的

创新大赛的主体是高校学生，客体是高校，受益对象是企业。创新大赛目的是以培养大学生兴趣为驱动，自主实践，注重过程，以提升大学生创新创业能力为导向，以激发大学生创新创业兴趣为出发点，引导和支持各高校建立创新创业教育体系，改革培养模式，提升培养质量，促进赛事的成果转化为企业服务。

以赛促学，培养创新创业生力军。大赛旨在激发大学生的创造力，激励广大青年扎根中国大地了解国情民情，锤炼意志品质，开阔国际视野，在创新创业中增长智慧才干，把激昂的青春梦融入伟大的中国梦，努力成长为德才兼备的有为人才。

以赛促教，探索素质教育新途径。把大赛作为深化创新创业教育改革的重要抓手，引导各类学校主动服务国家战略和区域发展，深化人才培养综合改革，全面推进素质教育，切实提高大学生的创新精神、创业意识和创新创业能力。推动人才培养范式深刻变革，形成新的人才质量观、教学质量观、质量文化观。

以赛促创，搭建成果转化新平台，通过赛事转化成果，根据产（Product）、学（Study）、研（Research）、用（Use），简称为PSRU原则，抓住“互联网+”新业态的模式，促进地方应用型大学的转型发展，开创毕业生的高质量创业就业新格局，通过成果转化，设立各类基金支持，促进与各类优势企业对接合作，打造资源共享、共赢的创新生态圈，促进产业创新融通，以服务区域经济高质量发展为目标。

三、创新大赛的各类政策保障

为贯彻落实中共中央、国务院关于全面深化改革战略部署和促进高校毕业生就业创业工作的要求，统筹做好学校创新创业教育、创业工作平台建设和促进毕业生自主创业工作，国务院办公厅出台《关于发展众创空间，推进大众创新创业的指导意见》（国办发〔2015〕9号）、《关于做好2014年全国普通高等学校毕业生就业创业工作的通知》（国办发〔2014〕22号）、《关于深化高等学校创新创业教育改革的实施意见》（国办发〔2015〕36号），教育部出台《关于做好2015年全国普通高等学校毕业生就业创业工作的通知》（教学〔2014〕15号），人力资源和社会保障部等九部门出台《关于实施大学生创业引领计划的通知》（人社部发〔2014〕38号），地方教育行政部门也出台相应文件，确保创新创业的落实。

健全的管理体制保障创新大赛在教学环节实施中的重要地位，学校为了培养各类创新型人才，通过各种手段保障创新创业训练的落实，利用学校自身的特点，在各类专业的培养计划中利用学分互换、第二课堂以及培养方案的设定等方面全方位保障创新创业大赛的落地和大学生的深入参与。

在建设创新创业师资队伍方面，鼓励高校通过“五位一体——选、训、引、聘、挂”的思路，结合学校发展，通过“双能型、双师型”师资认定筛选、不定期培训、从企业引进高级人才、外聘企业或高校等创新创业导师、选派教师到企业定期挂职等方式培养创新创业师资队伍，提高教师的创新创业教育能力和意识。

强化创新课程的资源开发和课程资源建设，全面提升五育培养，加强人文素质教育、感受劳动魅力的劳动教育、提升美好事物感知的美育教育，加强身体素质的体能教育，同时利用创新课程的实施过程中加强大学生的心理健康的团队合作教育。充分发挥大数据、物联网、人工智能等技术，建立具有高阶性、创新型、挑战性的线上、线下、线上线下混合式、虚拟仿真和社会实践等各类的创新课程资源，打造成“金课”；同时加强与行业企业合作共同开发行业的创新创业课程，为大学生提供丰富的课程资源。

项目实操

项目实操名称：大学生创新创业大赛备赛

［项目情景］

项目8-2：大学生创新创业大赛备赛

项目实操要点：

(1) 确定参赛项目：首先需要挑选出具有创新和创业潜力的项目，其次要求项目能够解决实际问题或者满足市场需求。

(2) 团队建设：为每个项目组建一个强有力的团队，包括策划、技术、营销、财务等方面的人才。确保团队成员之间的合作和沟通，共同为项目的实现而努力。

(3) 制订项目计划：为了确保比赛的顺利进行，需要为每个项目制订详细的计划，包括时间表、任务分配和预算等，以及项目执行过程中可能遇到的问题和应对方案。

(4) 深入市场调研：要深入了解项目所在市场的需求和竞争状况，明确项目的市场定位和目标客户群体，并根据市场情况进行调整和优化。

(5) 技术研发：根据项目的技术要求和市场需求，进行技术研发和测试，确保项目技术的可行性和稳定性，同时对技术进行持续的优化和改进。

(6) 营销策略：制定营销策略，包括品牌定位、推广渠道和宣传方案等，提高项目的知名度和市场占有率，同时建立与客户的良好关系，增强市场竞争力。

(7) 财务管理：制订详细的财务预算和费用支出计划，确保项目的财务状况可控和可持续。同时，建立一套完整的财务管理制度，及时监控项目的财务状况，并进行合理的财务规划和决策。

(8) 实践演练：在比赛前，对每个项目进行充分的实践演练和模拟，发现并解决潜在问题，提高项目的整体实现效果和成功率。

通过以上的项目实操，可以为大学生创新创业大赛的备赛提供有效的指导和支持，提高项目的创新性、实用性和竞争力，最终取得比赛的优异成绩。

[实操任务]

根据所学知识，参加一次大学生创新创业大赛，并按照大学生创新创业大赛备赛要点，用心备案。

第三节　毕业实习、创业训练

案例导入

项目8-3：大学生的毕业实习与创业训练

在大学生毕业前，进行实习和创业训练是非常有价值的一步，这可以帮助他们获得实践经验、发掘自己的潜力、提高职业竞争力。本项目案例将围绕毕业实习和创业训练，设计一个实操方案，帮助大学生更好地准备和规划他们的职业发展和创业之路。

项目目标：

帮助大学生通过实习和创业训练，发展实践能力和创业精神，为未来的职业发展和创业打下坚实基础。

项目实操步骤：

(1) 确定实习或创业方向：大学生可以根据自己的专业、兴趣和市场需求，选择适合自己的实习或创业方向，例如互联网技术、人工智能、营销推广等。

(2) 寻找实习或创业机会：大学生可以通过校内外招聘网站、社交媒体、校友关系等途径寻找实习或创业机会。学校也可以组织实习招聘会和创业比赛，为大学生提供更多机会。

(3) 制订实习或创业计划：大学生需要制订实习或创业计划，包括实习或创业目标、任务和计划，制定时间表和预算，并与导师或指导教师进行沟通和确认。

(4) 执行实习或创业计划：大学生需要按照计划执行实习或创业任务，积极参与项目，学习和实践相关知识和技能。同时，他们需要保持良好的沟通和合作，与导师、指导教师、团队成员和合作伙伴进行密切合作，共同完成项目。

(5) 总结和评估：大学生需要在实习或创业结束后，进行总结和评估。他们需要反思和总结自己的工作经验、收获和不足，与导师或指导教师进行交流和讨论，并做出改进和提高的计划。

预期成果：

(1) 实习或创业经验：通过实习或创业训练，大学生可以获得实践经验，发展职业能力和创业精神，为未来的职业发展和创业打下坚实基础。

(2) 实践成果：大学生可以通过实习或创业，实现一定的实践成果，例如完成实习任务、创业计划、产品设计等，这些成果可以作为大学生职业生涯发展的重要参考。

(3) 职业规划：通过实习或创业训练，大学生可以更好地了解自己的职业兴趣和能力，并逐步制订职业规划，为未来的职业发展做好准备。

(4) 团队合作：在实习或创业训练中，大学生需要与同事和上级进行有效的沟通和协作，锻炼团队合作和沟通能力。

(5) 行业了解：实习或创业训练可以让大学生深入了解所在行业的发展趋势、竞争状况、市场需求等，为未来的职业规划提供更加准确的信息。

在毕业实习和创业训练中，学校可以提供以下支持：

(1) 为大学生提供实习或创业机会：学校可以与企业、机构合作，为大学生提供实习或创业机会，让大学生有机会在真实的工作环境中学习和实践。

(2) 提供相关培训：学校可以为大学生提供相关的培训，例如职业规划、团队合作、沟通技巧等，帮助大学生更好地适应实习或创业环境。

(3) 导师指导：学校可以为大学生指派导师，提供实习或创业指导和建议，帮助大学生更好地完成实习或创业任务。

(4) 资源支持：学校可以为大学生提供资源支持，例如提供办公场所、设备和资金等，帮助大学生顺利完成实习或创业任务。

通过毕业实习和创业训练，大学生可以获得丰富的实践经验和职业发展机会，为未来的职业道路奠定坚实的基础。

思考：

1. 对于大学生而言，实习和创业训练哪一个更有价值？为什么？

2. 实习和创业训练有何相似之处和不同之处？如何在实践中找到平衡点？

3. 实习和创业训练对于未来职业发展和创业的影响是什么？如何在实践中发挥最大的价值？

4. 如何选择适合自己的实习或创业机会？在实践中如何确保学习和成长的效果？

5. 对于高校而言，如何设计更有效的实习和创业训练计划，促进大学生的发展和企业的创新发展？

一、毕业实习

毕业实习是教学环节的延伸和拓展，是理论向实践的延伸和过渡阶段，利用创新创业训练可以优化实习的质量，提高创业训练的成果，保证多方位立体培养人才模式的开展。实习目的是培养大学生的实践能力，在毕业实习的创业训练中，设计新的理念，解决实际的问题，从毕业实习中寻求课题研究思路，培养大学生的创新思维和解决方案。

大学生创新创业训练实习是在完成一定的理论教学之后，对大学生进行的锻炼性、操作性的一项教学基本任务之一，是专业人才培养计划的一部分，也是其他工科类专业教学任务的主要内容。通过本环节的淬炼之后，大学生能够加深对创新创业理论与方法的掌握。

二、创新创业训练

创新创业训练的培养形式应该具有多元化，应该贯穿整个人才培养的全过程，为了培养多元化的创新创业人才，实现五育并举的人才培养目标，将德、智、体、美、劳的基本素质培养作为创新创业训练的导向性任务，图 8-1 是创新创业人才培养的体系结构示意图。

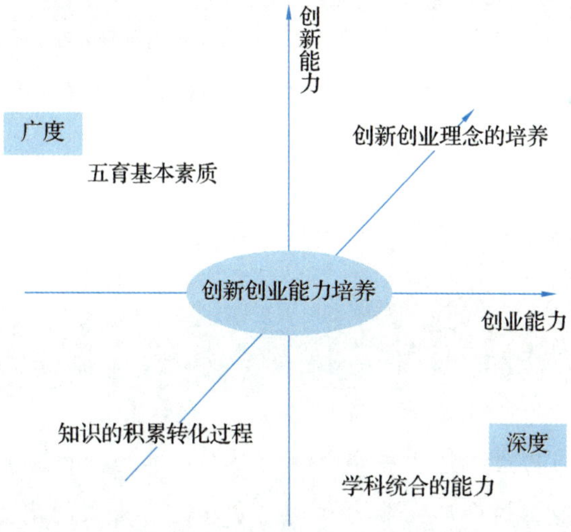

图 8-1　全方位立体的创新创业人才培养体系结构图

专业实习的安排主要是要根据专业特点和社会发展现实等要求，为各专业的培养计划和教学任务服务，终究是为了培养具有创新创业的理念和综合素质人才服务。例如，国际贸易专业学生要去从事跨境电商与数字实践指导与训练，微电子专业要去微电子企业进行集成半导体成品的全链条的过程专业实习。各类不同专业要根据本专业的就业行情，进行对口的创业训练专业实习，根据专业实习过程发现人才培养过程的短板，不断完善各类专业的课程体系结构，通过专业实习培养大学生的创新创业能力和思维方法。

三、创业训练的提升

提升创业训练效果最终目标为提升校外创业占比，而提升创新训练效果的途径包括各类竞赛、课程设计、毕业论文（设计）和创新训练。目前，在创新创业训练项目全过程管理中，以获得继续深造、就业或者创业为毕业去向成为最终衡量创新性人才培养体系的重要指标。图 8-2 是以创新项目为轴心的人才培养体系图。创新创业训练的目的是进一步提升受教育者的专业素质，找准人才培养过程中的不足，从而进一步改进培养计划。

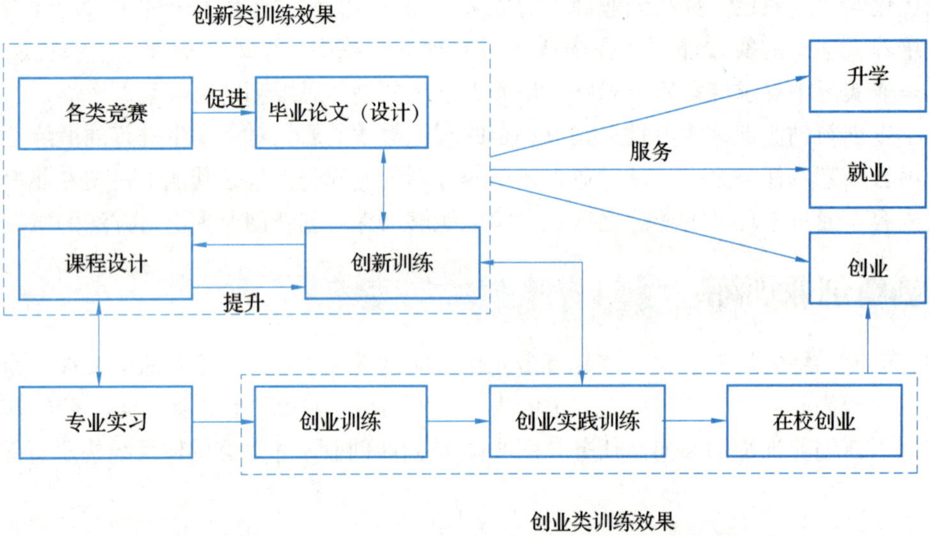

图 8-2　以创新项目为轴心的复合型人才培养体系

项目实操

项目实操名称：大学生的毕业实习与创业训练

[项目情景]

项目 8-4：大学的毕业实习与创业训练

项目背景：

本项目旨在为即将毕业的大学生提供实习和创业训练机会，帮助他们在实践中掌握专业知识和技能，提升职业能力和创业素养，为未来的职业发展和创业打下坚实基础。

项目目标：

(1) 为大学生提供实践经验，让他们了解并适应工作环境，掌握相关技能和知识。

(2) 提升大学生的职业能力和创业素养，为未来的职业发展和创业做好准备。

(3) 推动校企合作，搭建大学生和企业之间的桥梁，促进产业升级和人才培养。

项目内容：

（1）实习项目：与企业合作，为大学生提供实习机会。大学生将在指定的时间内参与企业的日常工作，了解企业运营模式、业务流程和组织管理等，掌握相关技能和知识。

（2）创业训练项目：为有创业意向的大学生提供创业训练机会。大学生将参加创业课程，学习创业基础知识和技能，了解创业流程和市场环境等，通过创业模拟和实践，提升创业能力和素养。

（3）大学生实践成果展示：学校将在实习或创业训练结束后，组织大学生实践成果展示活动，让大学生分享实习或创业的经验和收获，并向企业和其他大学生展示自己的实践成果。

（4）企业合作推荐：在实习或创业训练结束后，企业可以推荐优秀的大学生加入企业，为企业输送人才。

项目实操步骤：

（1）确定实习或创业训练的时间和地点，制订详细的项目计划和安排。

（2）与企业或创业导师协商，确定实习或创业任务和要求，明确大学生的职责和权利。

（3）为大学生提供必要的培训和指导，帮助他们了解实习或创业的流程和要求，掌握相关技能和知识。

（4）定期组织大学生进行实习或创业反馈和总结，及时发现问题和改进方案。

（5）在实习或创业结束后，组织大学生实践成果展示和评估，根据大学生表现和实践成果，评价实习或创业的效果，并为大学生提供相关证书和荣誉。

同时，学校可以积极联系企业和社会资源，为大学生提供更多的实习和创业机会，拓展大学生的职业发展和创业道路。

[实操任务]

根据所学知识，开展大学生的毕业实习或创业训练。

【本章课后思考】

一、选择题

1. 中国“互联网+”大学生创新创业大赛主要包括（　　）赛道。

A. 高教主赛道　　B. 职教赛道

C. 萌芽赛道　　D. 产业命题赛道

E. 青年红色筑梦之旅赛道

2. 创业和创新类大赛不同体现在（　　）。

A. 比赛主办方　　B. 比赛规则　　C. 评分标准　　D. 评委构成

3. 关于创业大赛描述正确的是（　　）。

A. 参赛选手诚信的品格很重要　　B. 分数决定一切

C. 它是对真实商业的模拟　　D. 没有苛刻的绝对标准的比赛赛制

4. 参加创新创业大赛至少需要准备的内容包括（　　）。

A. 商业机会　　B. 商业模式　　C. 财务状况　　D. 团队构成

5. 创新创业大赛赛前准备最核心的部分是（　　）。

A. 商业计划书的准备　　B. 资金准备

C. 心理准备　　D. 一分钟演讲准备

二、填空题

1. 中国“互联网+”大学生创新创业大赛中的高教主赛道参赛项目类型包括________、________、________、________。

2. “挑战杯”全国大学生系列科技学术竞赛包括________、________、________三类作品参赛。

3. 中国“互联网+”大学生创新创业大赛中的“青年红色筑梦之旅”，参赛组别包括________、________、________三类。

4. 中国“互联网+”大学生创新创业大赛包括________、________、________、________、________等赛道。

5. 创新创业大赛的目的包括________、________、________。

三、问答题

1. 简要分析毕业实习对大学生创新创业的影响。

2. “以赛促创”的 PSRU 原则是什么？

3. 创新创业师资队伍建设的“五位一体”是什么？

参考文献

[1] 孙佐，陈建兵. 大学生创新创业素养[M]. 南京：江苏凤凰美术出版社，2015.
[2] 由建勋. 创新创业实务[M]. 2 版. 北京：高等教育出版社，2019.
[3] 王自红，赵成丽，吴洁. 大学生创业实务基础教程[M]. 成都：西南交通大学出版社，2021.
[4] 曹俊娜，闫建勋，张瑞祺，等. 当代大学生创业精神培育研究[M]. 北京：经济日报出版社，2018.
[5] 邱鑫，温和瑞，古莹奎. 创新创业基础[M]. 北京：高等教育出版社，2020.
[6] 习近平. 在欧美同学会成立 100 周年庆祝大会上的讲话[N]. 中国青年报，2013-10-22(02).
[7] 习近平. 决胜全面建成小康社会 夺取新时代中国特色社会主义伟大胜利——在中国共产党第十九次全国代表大会上的报告[N]. 人民日报，2017-10-28(05).
[8] 刘胜辉. 大学生创新创业基础[M]. 北京：北京理工大学出版社，2016.
[9] 王亚非，梁成刚，胡智强. 创新思维与创新方法[M]. 北京：北京理工大学出版社，2018.
[10] 菲利普·科特勒，凯文·莱恩·凯勒. 营销管理[M]. 15 版. 何佳讯，于洪彦，牛永革，等译. 上海：格致出版社，上海人民出版社，2001.
[11] 凯文·莱恩·凯勒. 战略品牌管理[M]. 4 版. 吴水龙，何云，译. 北京：中国人民大学出版社，2014.
[12] 刘大椿. 中国人民大学中国人文社会科学发展研究报告 2006 社会和谐与人文关怀[M]. 北京：中国人民大学出版社，2006.
[13] 马冰清，刘蜀. 创新创业[M]. 成都：电子科技大学出版社，2018.
[14] 任锡源，郑丽楠. 营销策划[M]. 2 版. 北京：中国人民大学出版社，2020.

[15] 李克军. 大学生创新基础[M]. 成都：电子科技大学出版社，2019.

[16] 孙爱花. “大众创业、万众创新”背景下大学生创新创业教育研究[J]. 高教学刊，2022(2)：34-37.

[17] 吕胜男，方法林. “创新创业+”的内涵、构建、特征与价值[J]. 教育与职业，2016(14)：92-94.